EinFach Religion

Interpretationen
Unterrichtsmodell

Schöningh

Der Seewandel Jesu
Mt 14, 22 – 33

Erarbeitet von
Volker Garske

Herausgegeben von
Volker Garske
Hermann-Josef Vogt

9.–13. Schuljahr

Bildnachweis

11: © mauritius images/age – **102:** John Powell/Das Fotoarchiv – **112:** Mayr/CCC, www.c5.net – **113:** Mayr (Original)/Berghahn (Modifikation)/CCC, www.c5.net – **114:** Matthias Berghahn/Verlagsarchiv Schöningh – **132:** © Humacot – **134:** © Alte Leipziger – **Anlage:** Volker Garske

Der Schöningh Verlag dankt dem Verlag DIE BLAUE EULE und seinem Herausgeber Roland Kollmann für die freundliche Abdruckgenehmigung größerer Textpassagen aus dem Werk von Volker Garske: „Er ging auf dem See." Raumsymbolik in Bibel, Literatur und Popmusik, Reihe Religionspädagogische Perspektiven, Bd. 43, Die Blaue Eule, Essen 2005.

© 2008 Bildungshaus Schulbuchverlage
Westermann Schroedel Diesterweg Schöningh Winklers GmbH
Braunschweig, Paderborn, Darmstadt

www.schoeningh-schulbuch.de
Schöningh Verlag, Jühenplatz 1–3, 33098 Paderborn

Das Werk und seine Teile sind urheberrechtlich geschützt.
Jede Nutzung in anderen als den gesetzlich zugelassenen Fällen bedarf der vorherigen schriftlichen Einwilligung des Verlages.
Hinweis zu § 52a UrhG: Weder das Werk noch seine Teile dürfen ohne eine solche Einwilligung gescannt und in ein Netzwerk gestellt werden.
Das gilt auch für Intranets von Schulen und sonstigen Bildungseinrichtungen.

Auf verschiedenen Seiten dieses Buches befinden sich Verweise (Links) auf Internet-Adressen. Haftungshinweis: Trotz sorgfältiger inhaltlicher Kontrolle wird die Haftung für die Inhalte der externen Seiten ausgeschlossen. Für den Inhalt dieser externen Seiten sind ausschließlich deren Betreiber verantwortlich. Sollten Sie dabei auf kostenpflichtige, illegale oder anstößige Inhalte treffen, so bedauern wir dies ausdrücklich und bitten Sie, uns umgehend per E-Mail davon in Kenntnis zu setzen, damit beim Nachdruck der Verweis gelöscht wird.

Druck 5 4 3 2 1 / Jahr 2012 11 10 09 08
Die letzte Zahl bezeichnet das Jahr dieses Druckes.

Umschlaggestaltung: Jennifer Kirchhof
Druck und Bindung: AZ Druck und Datentechnik GmbH/Kempten (Allgäu)

ISBN 978-3-14-053601-1

Der Seewandel Jesu (Mt 14, 22–33)

Baustein 5 — Vorschläge zur Leistungsüberprüfung — S. 116–137
- Gedicht
- Popmusik
- Karikatur
- Zeitungsartikel
- Werbeanzeige
- Roman

Baustein 4 — Motive aus Mt 14, 22–33 in der Literatur, Werbung, Karikatur und Todesanzeige — S. 104–115
- B. Lebert. Crazy
- J. Mayr. Karikatur
- Todesanzeige

Baustein 3 — Texterschließung: die Raumsymbolik in Mt 14, 22–33 — S. 93–103
- E. Drewermann. Tiefenpsycholog. Deutung
- Außerchristliche Erzählungen
- Foto. Mädchen auf dem Pausenhof
- V. Garske. Seewandel – Bilderfries

Baustein 2 — Mythische Elemente aus Mt 14, 22–33 in der Lyrik der Popmusik und der Chansons — S. 57–92
- H. v. Veen. Suzanne
- H. Grönemeyer. Land unter
- R. Mey. Ich bring dich durch die Nacht
- PUR. Funkelperlenaugen

Baustein 1 — Bildhaftes Sprechen in der Popkultur — S. 49–56
- H. Grönemeyer. Der Weg

Interpretationen Mt 14, 22–33 Der Seewandel Jesu — S. 12–48

Leistungsüberprüfung

Vertiefung:
Moderne Rezeptionen der Metaphorik aus Mt 14, 22–33 (Teil 2)

Erarbeitung:
Analyse der Seewandelperikope

Hinführung:
Moderne Rezeptionen der Metaphorik aus Mt 14, 22–33 (Teil 1)

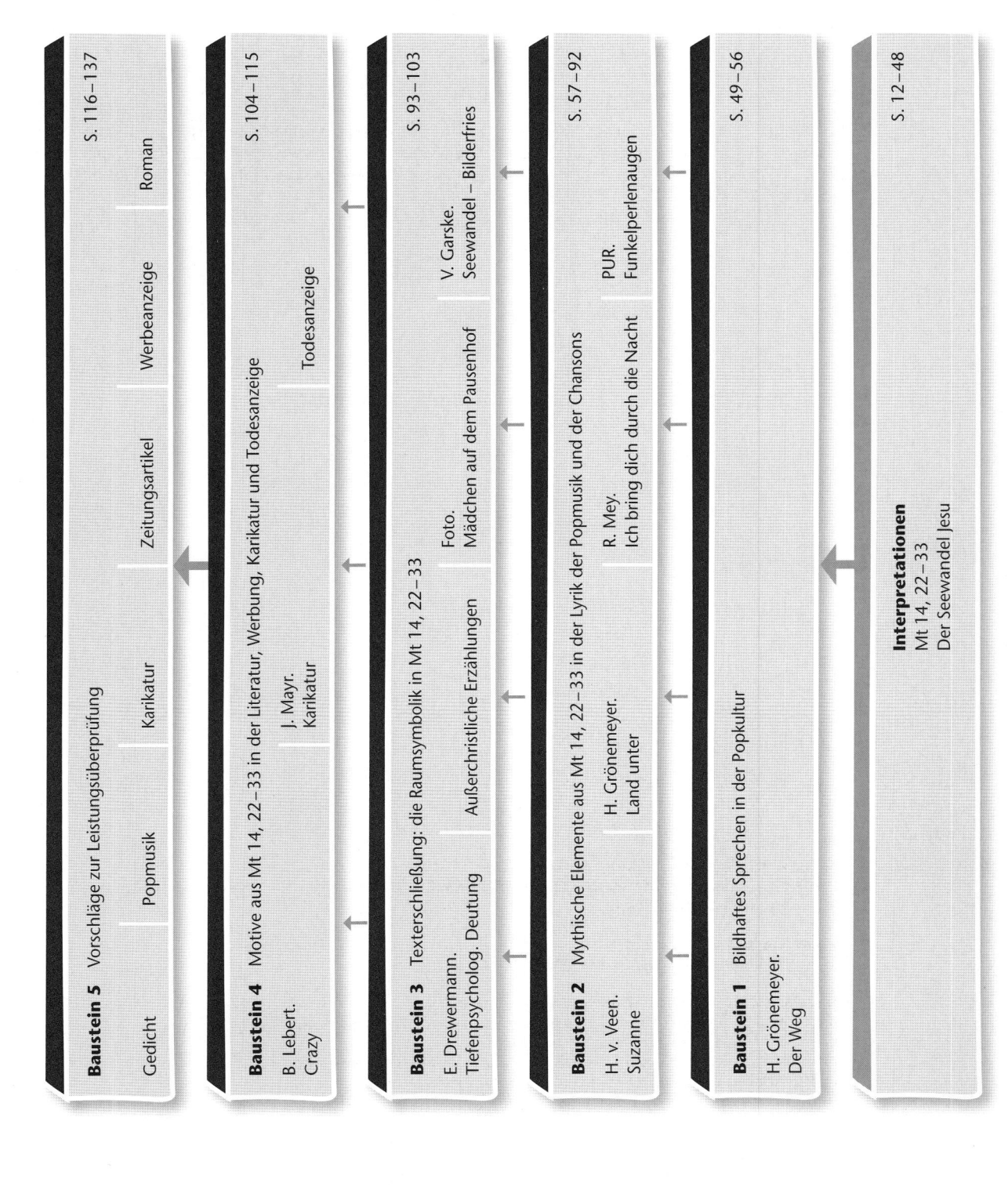

Einleitung:
Das Sprechen in Bildern

Interpretationen

Inhaltsverzeichnis

Interpretationen:
Mt 14, 22–33: Der Seewandel Jesu 12

Themen

1 Der Seewandel als Thema im RU: Schwierigkeiten und Chancen 12

2 Der Seewandel Jesu (Mt 14, 22–33). Eine Sachanalyse 17

2.1 Literaturwissenschaftliche Prämissen: Die Erzählelemente 17
2.2 Der geschichtliche Kontext des Evangeliums 22
2.3 Die Symbolik des Berges 23
2.4 Die Symbolik von Wasser, Dunkelheit und Wind 28
2.5 Die Symbolik des Seewandels Jesu 36
2.6 Die Symbolik des missglückten Seewandels Petri 42
2.7 Zusammenfassung: Die Symbolik des Raumes 46

Medien

Zusatzmaterial 1: Mt 14, 22–33 (Einheitsübersetzung) 21

Kompetenzen

- didaktisches und exegetisches Problembewusstsein entwickeln
- den aktuellen historisch-kritischen Forschungsstand realisieren und annehmen
- sich vom wörtlichen Textverständnis deutlich distanzieren
- die tiefenpsychologische und literaturwissenschaftliche Auslegung der Symbolik erfassen und würdigen
- die Aktualität und Bedeutung mythischer Bilder für das eigene Leben bedenken

Methoden

- historisch-kritische Exegese
- vergleichende Religionswissenschaft
- tiefenpsychologische Exegese
- literaturwissenschaftliche Analyse der Erzählelemente

Baustein 1:
Bildhaftes Sprechen in der Popkultur 49

Themen

- Die ästhetische Bewältigung von Abschied, Verlust und Trauer mithilfe von lyrischen Bildern in der Popmusik

Medien

Arbeitsblatt 1:   Lied: H. Grönemeyer. Der Weg   56

Kompetenzen

- sich in die Lage des lyrischen Ich hineinversetzen und seine psychische Verfassung erahnen
- Verständnis für bildhaftes Sprechen, insbesondere für die Raumsymbolik gewinnen, Bilder entschlüsseln können, Verständnisschwierigkeiten reflektieren und hermeneutisches Problembewusstsein entwickeln
- das Zusammenspiel von lyrischer und musikalischer Form und Inhalt beobachten und auswerten
- die schriftliche Interpretation eines Popsongs schulen

Methoden

- Analyse von Popmusik und ihrer Lyrik unter besonderer Berücksichtigung der lyrischen Bilder
- Aufsatzschema zur Interpretation fiktionaler Texte aus dem Deutschunterricht

Baustein 2: Mythische Elemente aus Mt 14, 22–33 in der Lyrik der Popmusik und der Chansons   57

Themen

- Strukturelle Analogien zwischen Mt 14, 22–33 und ausgewählten (Liebes-)Liedern der Popmusik und der Chansons, unter besonderer Berücksichtigung der Raumsymbolik

Medien

Arbeitsblatt 2:   Liedtext: H. v. Veen. Suzanne (Fragment)   85
Arbeitsblatt 3:   Lied: H. v. Veen. Suzanne (Original)   86
Arbeitsblatt 4:   Text: V. Garske. Verfremdung Mt 14, 22–33   87
Arbeitsblatt 5:   Liedtext: R. Mey. Ich bring dich durch die Nacht (Fragment)   88
Arbeitsblatt 6:   Lied: PUR. Funkelperlenaugen   89
Zusatzmaterial 2:   Lied: H. Grönemeyer. Land unter   90
Zusatzmaterial 3:   Lied: R. Mey. Ich bring dich durch die Nacht (Original)   91
Zusatzmaterial 4:   Lied: H. Grönemeyer. Angst   92

Kompetenzen

- die lyrischen Bilder und Themenschwerpunkte der Lieder erfassen
- unterschiedliche Lesarten realisieren und diskutieren
- hypothetisch erste Bezüge zur biblischen Thematik herstellen
- Textverfremdungen erforschen und entschlüsseln

Methoden

- Analyse von Lyrik und Musik des Pops und der Chansons
- handlungs- und produktionsorientierte Zugänge zu fiktionalen (Lied-)Texten (Textfragment – Textcollage – Leerstellenfüllung – Malauftrag)

Baustein 3:
Texterschließung: Die Raumsymbolik in Mt 14, 22–33   93

Themen

- die Verwandtschaft mythisch geprägter Bilder aus Mt 14, 22–33 mit der Bilderwelt unserer Sprachkultur
- Angst und Vertrauen als Parameter zum Verständnis des Glaubens der (Ur-)Christen
- der erzähltechnische Zusammenhang zwischen Raumsymbolik und seelischer Verfassung der Figuren
- der Seewandel Jesu als Bild für erfüllte Liebesbeziehungen und Freundschaften
- außerchristliche Erzählungen vom Gang über das Wasser

Medien

Arbeitsblatt 7:	Text: E. Drewermann. Tiefenpsychologische Deutung des Seewandels 98
Arbeitsblatt 8:	Texte: W. Berg/R. Kratz u. R. Pesch. Außerchristliche Erzählungen vom Gang über das Wasser 100
Arbeitsblatt 9:	Foto: Mädchen auf einem Pausenhof 102
Zusatzmaterial 5–11:	Bildfolge: V. Garske. Mt 14, 22–33 (s. Anlage)
Zusatzmaterial 12:	Text: V. Garske. Textverfremdung zu Mt 14, 22–33 103

Kompetenzen

- den Bildern zu Mt 14, 22–33 moderne Redewendungen begründet zuordnen und sensibel für die biblische Metaphorik werden
- die exegetischen Aussagen zu Mt 14, 22–33, insbesondere die Raumsymbolik verinnerlichen und das wörtliche Textverständnis begründet infrage stellen
- Mt 14, 22–33 mit Motiven verschiedener Lieder und außerchristlicher Seewandelerzählungen vergleichen, ihrer Ähnlichkeiten und Unterschiede gewahr werden und sie würdigen
- die Aktualität der Wundergeschichte (besonders für die Liebes- und Freundschaftsthematik) begreifen und diesbezüglich Transfermöglichkeiten erkunden

Methoden

- Transformation der biblischen Erzählung Mt 14, 22–33 über eine Bildfolge
- Analyse der mythisch geprägten Bildwelt von Mt 14, 22–33 mithilfe von Redewendungen und Sprichwörtern der deutschen Sprache
- historisch-kritische Exegese
- tiefenpsychologische Exegese

Baustein 4:
Motive aus Mt 14, 22–33 in der Literatur, Werbung, Karikatur und Todesanzeige 104

Themen

- Deutung des Meeres- und Sonnenmotivs als Symbole der Angst und Hoffnung in einem Roman
- Der biblische Glaubensbegriff als Schlüsselmotiv in der Werbung
- Kritik eines Karikaturisten an einem wörtlichen Verständnis des Seewandels Jesu
- Motive einer Todesanzeige als Hoffnungschiffren für ein Leben nach dem Tod

Medien

Arbeitsblatt 10:	Romanauszug: B. Lebert. Crazy 111
Arbeitsblatt 11:	Karikatur: J. Mayr. „Üben, üben, üben, mein Sohn!" (Original) 112
Arbeitsblatt 12:	Karikatur: V. Garske/M. Berghahn. Verfremdung der Mayr-Zeichnung 113
Arbeitsblatt 13:	Motive aus Mt 14, 22–33 in einer Todesanzeige 114
Zusatzmaterial 13:	Definition: H. J. Schmidt-Rhaesa/V. Garske. „Karikatur" 115

Kompetenzen

- strukturelle Analogien zwischen Motiven moderner Medien und Mt 14, 22–33 entdecken und kritisch diskutieren; dabei insbesondere
  - das Meer als Symbol der Lebensängste in B. Leberts Roman „Crazy" erfassen und das Motiv als akzeptablen Transfer des Seewandel-Bildes in die Welt der Jugendlichen anerkennen
  - die raffinierte Aufnahme biblischer Motive in der Werbung entlarven und deren Botschaft kritisch hinterfragen
  - die Wesensmerkmale einer Karikatur erarbeiten und somit bereit sein, die Kritik an einem wörtlichen Verständnis des Seewandels mitzukonzipieren und sie zu bejahen
  - sich von den Hoffnungsbildern einer Todesanzeige angesprochen fühlen und weitere Anzeigen konzipieren, die mit Blick auf Mt 14, 22–33 Hoffnung und Zuversicht spenden

Methoden

- Kurzreferat
- Analyse einer Werbeanzeige mit produktivem Schreibauftrag und Bildverfremdung
- kreative Erschließung einer Karikatur (Malauftrag) und Bestimmung ihrer Definition
- meditatives Schreibgespräch
- kreative Entwürfe von Todesanzeigen

Baustein 5:
Vorschläge zur Leistungsüberprüfung 116

Themen
- Angst und Vertrauen als zentrale Motive in einem Gedicht zu Mt 14, 22–33
- das Missverständnis mythischer Sprache in der Popmusik
- Kritik eines Karikaturisten an einem wörtlichen Verständnis des Seewandels Jesu
- das Missverständnis mythischer Sprache bei Wissenschaftlern
- das Motiv des Vertrauens in der Werbung
- das symbolische Verständnis des Seewandelmotivs im Spiegel eines Kriminalromans

Medien
Arbeitsblatt 14:   Gedicht: W. Bruners. Abschied (Fragment) 128
Arbeitsblatt 15:   Lied: Die Doofen. Jesus 129
Arbeitsblatt 16:   Lied: M. Müller-Westernhagen. Es geht mir gut 130
Arbeitsblatt 17:   Lied: Ich und Ich. stark 131
Arbeitsblatt 18:   Karikatur: Humarot. „Sei brav, bade jetzt!" 132
Arbeitsblatt 19:   Zeitungsartikel: dpa. „Eiskaltes Wunder" 133
Arbeitsblatt 20a: Werbeanzeige: „Wie weit reicht Ihre Sicherheit?" 134
Arbeitsblatt 20b: Text: E. Drewermann. „Wie weit reicht Ihre Sicherheit?" 135
Arbeitsblatt 21:   Text: Impulse für ein Referat/eine Facharbeit zu dem Roman „Schuld und Sühne" von Fjodor Michailowitsch Dostojewski 136
Zusatzmaterial 14:   Gedicht: W. Bruners. Abschied (Original) 137

Kompetenzen
- die Seewandelmetaphorik im Spiegel eines zeitgenössischen Gedichtes als überzeugende Aktualisierung der Spannung von Angst und Vertrauen begreifen, angedeutete Abschieds- und Trennungssituationen konkretisieren und sich dadurch des biblischen Glaubensbegriffes nachhaltig bewusst werden
- den Inhalt der Popsongs erläutern und dabei das (historische) Missverständnis des Seewandels in der Popmusik entschleiern bzw. die Motive vom Chaos und der Sonne mit Mt 14, 22–33 ins Gespräch bringen
- eine Karikatur zum Seewandelmotiv sachgemäß interpretieren und nach weiteren Transfermöglichkeiten des Seewandels suchen
- eine Werbeanzeige interpretieren und ihre Botschaft aus Sicht der Theologie kritisch kommentieren
- die symbolische Deutung des Seewandels Jesu stringent auf die Liebesgeschichte zweier Romanfiguren beziehen und dazu ein ansprechendes Referat halten bzw. eine sachgerechte Facharbeit verfassen

Methoden
- produktionsorientierte Analyse eines Gedichtes
- kognitiv ausgerichtete Interpretationen von Popsongs, einer Karikatur und einer Werbeanzeige mit kritischem Kommentar
- schriftliche Erörterung zum mythischen Hintergrund des christlichen Glaubens
- Referat bzw. Facharbeit
- historisch-kritische Exegese
- tiefenpsychologische Exegese

Vorwort

Der vorliegende Band setzt die Reihe von Unterrichtsmodellen, die von Lehrerinnen und Lehrern erprobt wurden und an den Bedürfnissen der Schulpraxis in den Sekundarstufen orientiert sind, fort. Nach dem ersten Band zum „Besessenen von Gerasa" (Mk 5, 1–20) folgt nun eine weitere Wundergeschichte, diesmal aus der Gattung der Naturwunder. Mit dem „Seewandel Jesu" (Mt 14, 22–33) wird wohl eine der für die christliche Religion und den christlichen Glauben bedeutendsten ntl. Erzählungen thematisiert. Ihr großer Aktualitätsbezug und ihre poetische Dichte, ihre Fülle an sinnstiftenden mythischen, aus den verschiedenen antiken Kulturen und Religionen beerbten Bildern machen sie zu einem wesentlichen und ertragreichen Unterrichtsgegenstand.

Die Herausgeber setzen damit ihr Bemühen fort, im RU eine intensivere Lektüre der Bibel zur Förderung des Wissens über die christlich-jüdische Religion anzuregen, und geben in „EinFach Religion" besonders (aber nicht ausschließlich) den biblischen Erzählungen Raum.

„EinFach Religion" wartet in diesem Zusammenhang mit einer Besonderheit auf: Die Herausgeber setzen darauf, dass die Beschäftigung mit einer begrenzten theologischen Thematik (etwa einer einzigen biblischen Erzählung) über einen längeren Zeitraum hinweg zu ertragreicheren und nachhaltigeren Lernergebnissen führen wird. An die Stelle hektisch abgearbeiteter Ketten von verschiedenen Wundergeschichten oder Gleichnissen etwa tritt eine in die Tiefe gehende und mit Muße geführte Unterrichtsreihe zu einem singulären theologischen Aspekt, der jedoch den breiten Transfer in die Schülerwelt erlaubt.

Zunächst werden zu den verhandelten Themen ausführliche Sachanalysen angeboten, die den Kolleginnen und Kollegen den souveränen und den Schulalltag entlastenden Umgang mit den theologischen Inhalten ermöglichen. Diese Interpretationen stellen bewusst keine schmalspurige „Fast-Food-Information" dar und spiegeln den aktuellen Forschungsstand zum jeweiligen Schwerpunkt.

Vor dem Hintergrund dieser Sachinformationen werden dann Unterrichtsbausteine empfohlen, die ihrerseits eine Analyse der eingesetzten Medien und einen methodischen Kommentar zur Lernorganisation beinhalten. Kopierfähige Arbeitsblätter und Zusatzmaterialien berücksichtigen handlungsorientierte Methoden ebenso wie eher traditionelle Verfahren der Erarbeitung. Beispiele zur Leistungsüberprüfung, denkbare Tafelbilder, Projektvorschläge und Kooperationsmöglichkeiten mit anderen Fächern ergänzen das Angebot. Das Bausteinprinzip ermöglicht die problemlose und variable Konzeption von Unterrichtsreihen mit verschiedenen Schwerpunktsetzungen.

Herausgeber und Autoren stehen für eine humane religiöse Bildung und Erziehung, die sich kritischer Fragen an Gesellschaft, Schule und Kirche nicht entziehen und Wert auf konfessionelle Kooperation und interreligiöse Offenheit legen.

Volker Garske und Hermann-Josef Vogt

„Ist Sterben schwer, Daddy?"
„Nein, ich glaube, es ist ziemlich leicht, Nick. Es kommt drauf an."
Sie saßen im Boot, Nick im Heck; sein Vater ruderte. Die Sonne stieg über den Bergen auf. Ein Barsch schnellte hoch und machte einen Kreis im Wasser. Nick ließ seine Hand im Wasser schleifen. Es fühlte sich warm an im schneidenden Morgenfrost. Am frühen Morgen auf dem See, als er im Heck des Bootes seinem rudernden Vater gegenübersaß, war er überzeugt davon, dass er niemals sterben würde.

Ernest Hemingway, „Indianerlager"
aus: Ernest Hemingway, Die Stories. Gesammelte Erzählungen
Deutsche Übersetzung von Annemarie Horschitz-Horst
Copyright © 1966, 1977 by Rowohlt Verlag GmbH, Reinbek bei Hamburg

Interpretationen

1 Der Seewandel als Thema im RU: Schwierigkeiten und Chancen

Gleich zu Beginn seiner Meditation über den Seewandel Petri (Mt 14, 22–33) schildert E. Drewermann den kurzen Dialog mit einem katholischen Geistlichen, dessen inhaltlicher Kern uns Religionslehrern[1] aus vielen Stundengesprächen über Wundergeschichten bekannt sein dürfte. Der Geistliche eröffnet das Gespräch: „‚Was halten Sie von den Wundern Jesu?' Ich sagte: ‚Ich glaube an die Wunder Jesu. Die Welt ist noch heute voll von ihnen.' Er sagte: ‚Das will ich nicht wissen. Glauben Sie zum Beispiel an den Seewandel des Petrus?' Ich sagte: ‚Ganz sicher glaube ich an den Seewandel Petri.' ‚Nein, ich bin bei Ihnen nicht sicher. Meinen Sie das symbolisch oder wirklich?' Ich sagte: ‚Ich glaube, dass die symbolische Wirklichkeit die einzige Wirklichkeit ist.' ‚Dann glauben Sie also nicht?' sagte er."[2]

fatale Folgen des historischen Verständnisses von Mt 14, 22–33

Dass für den Geistlichen das historische Verständnis des Seewandels Jesu zum Kriterium echter Gläubigkeit erklärt wird, mag man angesichts des exegetischen Forschungsstandes an sich schon bedauern. Äußerst bedenklich jedoch, dass sich diese Glaubenshaltung auf fatale Weise auf den Schulalltag auswirken kann, insofern der Geistliche bei der religiösen Sozialisation unserer Schüler in der Gemeinde und – was nicht selten ist – im Religionsunterricht (RU) der Schule einen nicht unbedeutenden Einfluss ausübt. Es darf nicht verwundern, wenn es im Oberstufenunterricht dann zu einem Abbild der von Drewermann geschilderten Unterredung kommt, die Irritationen, aber auch persönliche Enttäuschungen impliziert, wie ich erleben konnte. Bei keiner anderen Wundergeschichte nämlich schlugen die Wogen in meinem Religionskurs der Oberstufe so hoch wie bei der Erzählung vom Seewandel Jesu und Petri (Mt 14, 22–33) und nie wehte der Wind der Kritik mir eisiger ins Gesicht: „Sie sind gerade dabei, mir meinen Kinderglauben zu zerstören!" Ich werde nie vergessen, welche Wut und Empörung aus Christianes Gesicht sprachen. Die Schülerin eines Grundkurses Religion in der Jahrgangsstufe 12 hatte Tränen in den Augen und sie machte aus ihrer Verletzung kein Hehl.

notwendige Aufklärung über exegetischen Forschungsstand

Für jeden Religionslehrer, der dem aktuellen wissenschaftlichen Forschungsstand Rechnung trägt, kommt spätestens in der gymnasialen Oberstufe der Zeitpunkt, da er seine Schüler – mit welchen methodischen Zugängen auch immer – über den exegetischen Befund aufklären muss, dass die Wunder Jesu bezüglich ihrer Historizität differenziert zu beurteilen sind (auch wenn damit natürlich für unsere Lebensgestaltung noch nicht viel gewonnen ist). Aufgrund gattungstypischer Merkmale gilt es zu unterscheiden zwischen den Wundergeschichten, denen die aktuelle Forschung nahezu übereinstimmend grundsätzlich einen Ursprung beim historischen Jesus zugesteht, auch wenn es sich bei ihnen nicht um einen Tatsachenbericht handelt, und den Erzählungen, die als nachösterliche Dichtungen der Evangelisten zu begreifen sind und deren Tendenz zur fantastischen Ausschmückung ins forschende Auge fällt. Zu Ersteren zählen die Exorzismen, Therapien und Normenwunder, zu den Letztgenannten die Geschenk-, Rettungswunder und Epiphanien.[3]

---

[1] Um den Text lesbarer zu halten, wird im Folgenden von dem Schüler und dem Lehrer gesprochen und diese Form auch im Plural als Nomen generale genutzt.
[2] E. Drewermann, Taten der Liebe. Meditationen über die Wunder Jesu, Freiburg ⁵1995, 59
[3] Vgl. G. Theißen u. A. Merz, Der historische Jesus. Ein Lehrbuch, Göttingen ²1997, 268 ff.; vgl. B. Kollmann, Neutestamentliche Wundergeschichten. Biblisch-theologische Zugänge und Impulse für die Praxis, Stuttgart 2002, 63 f.

Dieser Moment der Differenzierung war in meinem Unterricht nun gekommen und Christiane reagierte auf ihn in einer Art und Weise, die mit T. Eggers als allgemeine religionspädagogische Rahmenbedingung des Einsatzes von Wundergeschichten im RU zu verstehen und geradezu typisch für eine bestimmte Gruppe von Schülern ist: „Für Schüler/-innen, die innerhalb traditioneller Strukturen aufwachsen, gilt das historische (Miss-)Verständnis der Wundergeschichten als Kriterium rechter Gläubigkeit; wird es zur Disposition gestellt, steht nicht nur gleichzeitig die Glaubwürdigkeit der Eltern und kirchlichen Amtsträger, sondern die Glaubwürdigkeit auch des Glaubens selbst auf dem Spiel."[1] Für Christiane stand die Historizität des Erzählten außer Frage: Jesus war über den See gewandelt, man hätte ihn dabei filmen können, wäre bereits damals eine Kamera zur Hand gewesen. Es war nicht ihr mangelnder Intellekt (sie war eine leistungsstarke Schülerin), der die Unterscheidung zwischen historischer und Glaubenswahrheit blockierte, denn man konnte ihr im Verlauf der Reihe anmerken, wie „in ihrer Brust zwei Seelen wohnten".

historisches Verständnis als Kriterium rechter Gläubigkeit?

Wie fest verankert die im Verlauf von Kindheit und Jugend erworbenen missverständlichen Lesarten biblischer Texte sind, bestätigte sich nur wenige Monate später in einem Seminar der Universität. Ein Student der Theologie und zukünftiger Religionslehrer reagierte in demselben thematischen Kontext ähnlich emotional: „Ich lasse mir von Ihnen nicht ausreden, dass Jesus wirklich über das Wasser gegangen ist!" Erneut stand hier ganz offenkundig der persönliche, in Elternhaus und Gemeinde geprägte Glaube, das Fürwahrhalten des biblischen Textes in seiner Wortwörtlichkeit auf dem Spiel. Als spiegele in beiden Fällen das starre und uneinsichtige Verhalten meiner Schüler jenes Motiv, das als zentrales der Seewandelperikope und sogar der Religion überhaupt betrachtet werden kann: die Angst.[2] Fast scheint es, als habe die religiöse Sozialisation bei Schülerin und Student jene Angst geschürt, die für Petrus so charakteristisch ist, die Angst, den neuen Wegen (der unterrichtlichen Textbegegnung) vollständig zu trauen und das Gewohnte (wörtliche Textverständnis) selbstsicher hinter sich zu lassen. Beide Fälle repräsentieren jene Schülergruppe, in deren Bewusstsein das als wahr gilt, was von Kindheit an von Eltern, Kirche und sicher auch von manchen Lehrern diesbezüglich gelehrt worden ist. „Theologie und kirchliche Verkündigung haben mit ihren apologetischen Versuchen, die Wundergeschichten gegen skeptische Rückfragen zu verteidigen, dem Religionsunterricht zusätzlich eine schwere Hypothek hinterlassen. Die Eltern der Schüler/-innen, die heute am Religionsunterricht teilnehmen, sind noch ziemlich ausnahmslos in einer buchstäblichen Leseart biblischer Texte belehrt worden. Als Mitgift ihrer religiösen Sozialisation haben sie ein Jesusbild gewonnen und zumeist auch über die Schulzeit hinaus erhalten, das alle Züge des göttlichen Wundermannes trug: ‚ein Jesus, [...] der auf sein Wort einen Sturm stillt oder über das Wasser geht wie über festen Grund [...]'."[3]

→ Kapitel 2.6
→ Baustein 2
→ Baustein 3

schwere didaktische Hypothek von Theologie und Kirche

Es wird zu zeigen sein, was an Erfahrungsspielräumen, an ganzheitlich-unmittelbarem Erleben verloren geht, wenn Schüler bei einem derart vordergründigen Wunderverständnis stehen bleiben (wollen). Entwicklungspsychologisch gesprochen gelangen nämlich die zitierten erwachsenen Lerner unbewusst nicht über die ersten Stufen des Denkens im Grundschulalter hinaus, was hier nicht als arrogante Abwertung der Theologie der Kinder vom Standpunkt des Erwachsenen aus missverstanden werden darf.[4] Kinder dieser Altersstufe,

→ Baustein 2
→ Baustein 4
→ Baustein 5

---

[1] T. Eggers, Wenn das Wunder Schule macht. Ein Beitrag zur Bibeldidaktik und zum Religionsunterricht, Düsseldorf 1991, 30

[2] Vgl. E. Drewermann, Tiefenpsychologie und Exegese. Band I: Die Wahrheit der Formen. Traum, Mythos, Märchen, Sage und Legende, Düsseldorf ⁶2001, 12, der dort von der Überwindung der Angst als „einzig wesentliche(m) Thema der Religion" spricht; zum „innerkirchlichen Zwang" im Katholizismus, gegen die Forschungseinsichten am historischen Verständnis der mythischen Bilder festzuhalten, vgl. ebd., 96

[3] T. Eggers, Wenn das Wunder Schule macht, 29f.; Eggers zitiert am Ende E. Schillebeeckx.

[4] Vgl. W. Ritter, Wundergeschichten für Grundschulkinder? Aspekte einer religionspädagogischen Kontroverse und weiterführende religionsdidaktische Überlegungen, in: F. Harz u. M. Schreiner (Hg.), Glauben im Lebenszyklus, München 1994, 139–159, 149f.

Interpretationen

deren Theologie durchaus für den Erwachsenen sehr lehrreich ist, nehmen die mythischen Vorstellungen[1] im wörtlichen Sinne auf, ohne sie als Symbole in Betracht ziehen zu können. Sie bleiben folglich der Vordergründigkeit des konkreten Wundergeschehens verhaftet[2] – wie dies auch die mittlerweile von heutigen Kollegen stark kritisierten Exegeten über Jahrzehnte hinweg taten, deren Prämisse zum Seewandel Jesu lautete: „Durch das Gehen auf dem Wasser zeigt Jesus seine Göttlichkeit, sein übermenschliches Wesen, seine göttliche Macht, weil er dadurch die Naturgesetze überwindet."[3]

zauberhaftes Eingreifen Gottes?

Derartige verzerrende christologische Deutungen haben nun aber verheerende Konsequenzen für das Gottesbild. Wenn bei diesen ein supranaturalistisches Wunderverständnis dominiert, rechnen alle offenbar mit dem zauberhaften Eingreifen Gottes in die Naturgesetze, ähnlich dem Deus-ex-machina des antiken Theaterstückes. Interviewskripte belegen vergleichbare Argumentationsstrukturen bei Kindern. Wenn beispielsweise ein Neunjähriger erklärt, „dass Gott ihm [Jesus] die Kraft dazu gibt und ihm das ermöglicht, dass er [im wörtlichen Sinn] nicht untergehen kann"[4], stimmt dieses Gottesbild mit den Vorstellungen der antiquierten Exegese, des Geistlichen, Christianes und des Studenten überein. Ist das der Glaube, den der Student zukünftig als Lehrer im Religionsunterricht der Mittel- und Oberstufe lehren wird, dass Jesus – ungeachtet der Naturgesetze – in der Lage war, über das Wasser gehen zu können – ein offenbar einmaliger Vorgang der Hilfe, der sich von da an nie wiederholte, weil den Menschen die Kräfte, die er besessen hat, bis heute fehlen?

→ Baustein 5

viele Schüler bezweifeln Historizität des Seewandels

Entwicklungspsychologisch betrachtet, ist es nahezu verständlich, dass viele Schüler angesichts der Reaktionen von Christiane nur den Kopf schütteln konnten. Jene, die die Wirklichkeit aufgrund ihres rational-aufgeklärten Weltbildes vornehmlich sachlich wahrnehmen und beurteilen, konnten dem Seewandel Jesu auf den ersten Blick nicht viel mehr abgewinnen als ein unglaubliches und außergewöhnliches Ereignis, das allen geltenden Naturgesetzen widerspricht und insofern nur mit Ablehnung, Widerspruch, Skepsis und Gleichgültigkeit zu kommentieren war. Sie bestätigten die entwicklungspsychologischen Forschungsergebnisse, dass Jugendliche dieses Alters den Seewandel überwiegend in seiner Historizität bezweifeln.[5] Völlig zu Recht fragen die meisten von ihnen nach einem Zusammenhang von einem einmaligen Seegang Jesu mit anschließender Rettung der Jünger und dem Leid in der Welt heute. Das von Drewermann genannte historische Beispiel des Untergangs der „Wilhelm Gustloff" im Jahre 1945 bringt ihre Argumentation auf den Punkt: „Was soll man daraus lernen? Ein unsinniges Christentum, das darin besteht, zu glauben, dass Gott, wenn er will, uns diese Art von Tod ersparen kann oder dass wir, wenn wir nur tapfer glauben, übers Wasser gehen können, unerachtet feindlicher Torpedos. Ist das der Glaube, den wir haben müssten?"[6] Und was soll man den Hinterbliebenen der über 200.000 Todesopfer des See-

---

[1] Der hier verwendete Mythenbegriff folgt jenem Verständnis, das den Religionslehrern und Schülern aus zahlreichen Schulbüchern vieler Jahrgangsstufen und Lehrerhandbüchern bekannt ist, folglich vorausgesetzt werden kann und hier lediglich anhand von Mt 14, 22–33 konkretisiert wird. Vgl. etwa H. Halbfas, Mythos in der Bibel, in: Religionsunterricht in Sekundarschulen. Lehrerhandbuch 8, Düsseldorf 1995, 116 ff.; analog H. Halbfas (Hg.), Religionsbuch für das 7./8. Schuljahr, Düsseldorf ⁶1997, 153–162; vgl. W. Trutwin (Hg.), Zeichen der Hoffnung. Religion – Sekundarstufe I. Jahrgangsstufen 9/10, Düsseldorf 2002, 34–55; G. Bubolz u. Tietz (Hg.), Zwischen Sintflut und Regenbogen. Einführungskurs (Reihe: Akzente Religion 1. Arbeitsbuch Religion – Sekundarstufe II), Düsseldorf ⁴1998, besonders 21 ff., dort mit ausdrücklichem Bezug auf E. Drewermanns Mythenverständnis; vgl. W. Trutwin (Hg.), Rechenschaft vom Glauben. Einführungskurs (Reihe: Forum Religion 1), Düsseldorf 2000, Kap. III. 1

[2] Vgl. B. Kollmann, Wundergeschichten, 179

[3] W. Berg, Die Rezeption alttestamentlicher Motive im Neuen Testament – dargestellt an den Seewandelerzählungen, Freiburg 1979, 314

[4] Zitiert nach H. Bee-Schroedter, Neutestamentliche Wundergeschichten im Spiegel vergangener und gegenwärtiger Rezeptionen. Historisch-exegetische und empirisch-entwicklungspsychologische Studien, Stuttgart 1998, 275

[5] Vgl. H. Bee-Schroedter, Wundergeschichten, 389 ff.

[6] E. Drewermann, Taten der Liebe, 59

bebens in Südostasien in den Weihnachtstagen (!) des Jahres 2004 sagen? Dass ihr Glaube nicht groß genug war, um der Flutwelle standzuhalten?

Kritische Schüler fanden Gefallen an einer mythologischen Bilddeutung, wonach der Seewandel dann durchaus „als Träger für etwas anderes mit sinnstiftender Kraft"¹ begriffen wurde, doch bleibt fraglich, ob der biblische Unterricht ihr Weltbild langfristig korrigiert hat und ob die Erwartungshaltung gegenüber biblischen Texten eine radikal andere wurde. Insgesamt nämlich darf nicht übersehen werden, dass die Mehrheit unserer Schüler ein Weltbild besitzt, das sich fundamental von dem der Antike unterscheidet und das sich der biblischen Sprache nur sehr zögerlich und schwer öffnet. Das verwundert angesichts einer Medialisierung und Technisierung unserer (Schul-)Welt natürlich nicht. Die Folge: „Die Fähigkeit zum ganzheitlich-unmittelbaren Erleben ist grundlegend eingeschränkt; die Wirklichkeit wird vornehmlich rational-sachlich wahrgenommen und als Konstrukt technisch begriffen."² Zwar hat in dieser technisierten Welt und besonders in der Jugendkultur der Begriff des Wunders überlebt, doch wird es lediglich als außergewöhnliches und leicht kurioses Ereignis verstanden, keineswegs jedoch als tiefe religiöse Erfahrung.

rationales Weltbild versperrt mythologische Deutung

→ **Baustein 5**

Es drängt sich folglich ein Verdacht auf. Sowohl für Christiane und den Studenten, die den Seewandel Jesu historisch für wahr hielten, als auch für die Schüler, die der Erzählung aufgrund ihres eigenen technisch und rational geprägten Weltbildes keinen historischen Wert beimessen wollten, gilt daher bei der Begegnung mit Wundergeschichten zunächst eimal: Sie erwarten im Grunde von der Erzählung wenig, vielleicht sogar nichts mehr, keinen Mehrwert, keinen Erfahrungsüberschuss, der das eigene Leben beeinflussen könnte. Ihnen ist daher mit T. Eggers zu attestieren, dass „sie unbeholfen im Umgang mit Poesie und Dichtung (sind). Wer über sich und die Welt Bescheid wissen will, sucht seine Auskünfte anderorts."³ Ich meine, dass dieses Urteil nicht allein jenen Jugendlichen gilt, die sich enttäuscht von der kirchlichen Autorität abwenden, damit aber auch der biblischen Botschaft den Rücken kehren. Auch die Schüler, die leichtfertig eine buchstäbliche Lesart der Bibel bevorzugen, erweisen sich im Grunde als „unbeholfen im Umgang mit Poesie und Dichtung", eben weil sie zu leicht, zu schnell die wunderbare Kraft der biblischen Poesie übersehen.

Gefahr: Wundergeschichten ohne Bezug zum Leben

unbeholfener Umgang mit Dichtung

Wenn Eggers mit seiner Hypothese Recht hat und Jugendliche grundsätzlich Schwierigkeiten beim Umgang mit (biblischer) Dichtung haben, dann ist es konsequent, einen Zugang zu Wundergeschichten nicht allein von der Theologie her zu wagen, sondern in einem religionsdidaktischen Kontext die Literatur- und Sprachwissenschaft stärker und ausdrücklich zu bemühen. W. Bösen meint entsprechend: „Die Wundergeschichten sind so zu behandeln, dass sie in ihrer Intention als Glaubensgeschichten, d.h. als Erfahrungsberichte not- und leidgeprüfter Jesusgläubiger, nicht aber als historische Berichte verstanden werden. Zu diesem Zweck ist darauf zu achten, … dass Wundergeschichten im Rahmen einer Unterrichtseinheit bzw. eines fächerübergreifenden Unterrichtes (Deutschunterricht) über bildhaft-hintergründiges Sprechen im Alltag, besonders aber in der Bibel behandelt werden. Nach einer intensiven Beschäftigung mit bildlicher Ausdrucksweise erst gelingt es, den Schülern die hinter der Wortoberfläche verborgene Tiefenaussage mancher Wundererzählungen aufzuschließen."⁴

didaktischer Schwerpunkt: bildhaftes Sprechen im Alltag

→ **Baustein 1**
→ **Baustein 2**

Wer also ein verengtes Wirklichkeitsverständnis durchbrechen und sich in die Bildhaftigkeit der (biblischen) Sprache einüben möchte, tut gut daran, das „bildhafte Sprechen im Alltag"

---

¹ B. Kollmann, Wundergeschichten, 181
² T. Eggers, Wenn das Wunder Schule macht, 29
³ T. Eggers, Wenn das Wunder Schule macht, 29
⁴ W. Bösen, zitiert nach B. Kollmann, Wundergeschichten, 183

genauer zu analysieren und mit der Sprach- und Literaturwissenschaft zu kooperieren. Folgende Medien, die bildhaftes Sprechen dokumentieren, sollen in den Unterrichtsbausteinen daher näher ins Blickfeld rücken: diverse Bilder der heutigen Medienwelt (Literatur, Karikaturen, Todesanzeige, Werbung), Redewendungen der deutschen Alltagssprache, die sich in den Bildern der Wundergeschichte wiederfinden lassen, und besonders die Lyrik der Rock- und Popmusik und der Chansons. Sie lassen sich zweifellos isoliert verhandeln, bieten aber gerade hinsichtlich des Seewandels Jesu in ihrem Zusammenspiel ein beeindruckendes Panorama der Bilderwelt unserer Sprache.

Würdigung der Poplyrik

Als Reflex der Jugendkultur unterstützt gerade die Popmusik die Korrelationsdidaktik in ausgezeichneter Weise, und sie hat daher in viele Lehrwerke Eingang gefunden. Sie vermag die allgemeinen menschlichen Grunderfahrungen mit einer religiösen und bisweilen ausdrücklichen Wunderthematik zu verbinden. Begreifen wir die sprachlich anspruchsvollen Popmusiker und Chansoniers auch als Poeten, was die Deutschdidaktik im Falle H. Grönemeyers etwa bereits eingelöst hat,[1] dann müsste sich bei ihnen eine poetische Arbeitstechnik nachweisen lassen, die der der biblischen strukturell vergleichbar ist. Einige Musikpoeten verwenden in der Tat Topoi (besonders wieder in der Raumgestaltung), die denen der biblischen Erzählung vom Seewandel Jesu gleichen und z. T. sogar unter ausdrücklichem Verweis auf sie montiert werden.

→ Baustein 1
→ Baustein 2
→ Baustein 5

Den Unterrichtsbausteinen wird eine dem Vorhaben angemessene Sachanalyse zur Seewandelperikope Mt 14, 22–33 vorgeschaltet, die sowohl diachrone als auch synchrone exegetische Arbeitsformen und -ergebnisse berücksichtigt, wobei die tiefenpsychologische Interpretation den Schwerpunkt bildet. Die Päpstliche Bibelkommission betont grundsätzlich, dass die „psychologischen und psychoanalytischen Forschungen zur Bereicherung der biblischen Exegese bei(tragen)." Und sie sieht die „Notwendigkeit gemeinsamer Bemühungen der Exegeten und Psychologen […], so z. B. wenn es darum geht, […] die bildliche Sprache der Bibel zu entschlüsseln, die metaphorische Tragweite der Wundererzählungen […] zu bestimmen."[2]

Würdigung der Tiefenpsychologie

Für den Ansatz Drewermanns spricht in diesem Rahmen zum einen die Tatsache, dass er aufgrund seines überzeugenden Beitrages für einen korrelativen RU mittlerweile in den neuesten Oberstufenlehrwerken mit seinen Wundergeschichtendeutungen vertreten ist[3] und auch sonst gewinnbringend in der didaktischen und exegetischen Diskussion über den Einsatz von Wundergeschichten im RU eingebunden wird, denn „(es) gelingt […] Drewermann in beeindruckender Weise, dass sich die heutigen Adressaten der neutestamentlichen Wundergeschichten mit dem, was ihnen auf der Seele brennt, in den Texten wiederfinden und Hoffnung auf Heilung aus ihnen gewinnen können. […] In solcher neuen Unmittelbarkeit, welche den ‚garstigen Graben' zwischen Text und Gegenwart überwindet, liegt die große Stärke tiefenpsychologischer Wunderauslegung."[4] Das Plädoyer für seinen Deutungsansatz leitet sich aus dem Versuch ab, Bilder aus moderner und biblischer Dich-

---

[1] Vgl. R. Werner, Unterrichtsideen Lyrik in den Klassen 8–10. Handlungs- und produktionsorientierte Vorschläge, Stuttgart 1995, 92

[2] Päpstliche Bibelkommission, Die Interpretation der Bibel in der Kirche. Das Dokument der Päpstlichen Bibelkommission vom 23.4.1993 mit einer kommentierenden Einführung von Lothar Ruppert und einer Würdigung von Hans-Josef Klauck, Stuttgart 1995, 116f.

[3] Vgl. E. Breit, Jesus der Nazarener (Reihe: G. Neumüller (Hg.), Im Dialog. Kurs Religion für die Sekundarstufe II. Band 2), München 1995, 72–75; vgl. G. Bubolz u. U. Tietz (Hg.), Jesus begegnen. Impulse aus dem Evangelium (Reihe: Akzente Religion 3), Düsseldorf 1999, 59–62

[4] B. Kollmann, Wundergeschichten, 158f.; vgl. zu einer didaktischen Würdigung T. Eggers, Wenn das Wunder Schule macht, 28ff., und F. Albrecht, Blindheit und Lähmung. Heilungserzählungen als Schlüsseltexte für Erfahrungen von Kindern und Jugendlichen, Münster 1999, 107f., 148; vgl. schließlich die Wertschätzung Drewermanns von H.K. Berg, Methoden biblischer Texterschließung, in: G. Adam u. R. Lachmann (Hg.), Methodisches Kompendium für den Religionsunterricht 1. Basisband, Göttingen ⁴2002, 163–186, 164; zur geforderten Kooperation der Religionspädagogik mit der Tiefenpsychologie, insbesondere mit E. Drewermanns Ansätzen, um Glaubenssymbole auf „relevante Lebensthemen hin zu entschlüsseln", vgl. N. Mette, Religionspädagogik, Düsseldorf ²2000, 168

tung aufeinander zu beziehen. Dies geschieht nicht unreflektiert. Wenn nämlich die biblischen Geschichten menschliche Erfahrungen so verdichten, „dass sie in der Form von scheinbar einmaligen und unerhörten Begebenheiten gleichwohl etwas Typisches, Allgemein-Menschliches zum Ausdruck bringen, dessen vorgestellte Realität zu einer *bestimmten* Zeit das Vertrauen in seine Möglichkeit zu *jeder* Zeit mit Recht begründen kann und soll"[1], dann ist die doppelte Suchbewegung dieses Beitrages nur logisch: Sie führt uns einerseits in die Zeit des Matthäus, sodann in die atl. und altorientalische, nicht zuletzt aber auch in die Welt anderer Kulturen, um aus religionswissenschaftlichen Vergleichen die Raumsymbolik bei Matthäus stärker erhellen zu können, denn – so die religionsdidaktische Prämisse aller Annäherungen an die Mythen: „Keine Religion der Welt ist ohne ihre mythische Matrix zu verstehen, auch nicht der christliche Glaube."[2] Die Suche führt uns aber andererseits auch zur Bildsprache unserer Zeit, in der sich diese allgemein-menschlichen Erfahrungsbilder in der einen oder anderen Schattierung widerspiegeln. Damit achte ich das methodische Vorgehen der Tiefenpsychologie, die religionswissenschaftliche und historisch-kritische exegetische Arbeitsergebnisse in die eigene Interpretation der poetischen Bilder integriert.[3]

→ Kapitel 2

keine Religion kann ohne mythischen Hintergrund verstanden werden

2 Der Seewandel Jesu (Mt 14, 22–33). Eine Sachanalyse

2.1 Literaturwissenschaftliche Prämissen: Die Erzählelemente

Ausgangspunkt der folgenden Textanalyse ist die Überlegung, Lehrern und Schülern formale Elemente der Gestaltung erzählender (biblischer) Prosa im Zusammenhang bewusst zu machen. Dabei lautet die Prämisse, dass der Autor (in unserem Fall: zunächst Matthäus) von einer konkreten Idee zu seinem fiktionalen Text ausgeht. Er recherchiert und sammelt eine Fülle von Material. Seine Leistung besteht nun in einer Strukturierung und der Lösung gestalterischer Fragen.[4] Gesetzt den Fall, Matthäus habe den Plan zur Darstellung eines ganz bestimmten Jesus-Bildes im Kopf, so muss er nun überlegen, wie er den Plot so komponieren kann, dass ein Leser oder Hörer dieses Bild möglichst intensiv realisiert. Die einzelnen Bestandteile jener Kompositionstechnik umschreibt die Literaturwissenschaft mit dem Terminus technicus „Erzählelemente".[5] In aller Regel – und Matthäus bildet hier keine Ausnahme – entfaltet der Schriftsteller folgende Aspekte mehr oder weniger intensiv und stimmt sie aufeinander ab:

Matthäus ist Schriftsteller

---

[1] E. Drewermann, Tiefenpsychologie und Exegese. Band II. Wunder, Vision, Weissagung, Apokalypse, Geschichte, Gleichnis, Düsseldorf ⁶2001, 28; vgl. den für Schüler transparent versprachlichten, aber nahezu identischen Gedanken bei H. Halbfas, Religionsbuch 7./8. Schuljahr, 155; vgl. die Rezeption dieser These Drewermanns in G. Bubolz u. U. Tietz, Sintflut, 23 f.
[2] H. Halbfas, Lehrerhandbuch 8, 84
[3] Vgl. E. Drewermann, Tiefenpsychologie und Exegese I, 383 f.
[4] Dem widerspricht nicht die Annahme, dass der Autor in seinen gewählten Topoi Symbole verwendet hat, mit denen unendlich mehr gesagt wird, als er subjektiv-reflexiv wissen konnte, wie Drewermann mit Recht betont. Literaturwissenschaftlich argumentiert, liegt die Kraft der symbolischen Sprache gerade in der Vielfalt ihres Deutungsangebotes, das ein Autor – rezeptionsästhetisch gesehen – alleine gar nicht bedacht haben kann. Vgl. zur tiefenpsychologischen Begründung dieser Interpretationsregel E. Drewermann, Tiefenpsychologie und Exegese I, 219
[5] Vgl. zu den folgenden Ausführungen den auch für Religionslehrer ohne literaturwissenschaftliche Vorkenntnisse sehr leicht zugänglichen Beitrag von F. Waldherr, Elemente erzählender Prosa, in: Deutsch betrifft uns (1990) H 5, 1 f.

__Interpretationen__

Erzählelement „Figuren"

a) Er bedenkt, welche Figuren in seiner Geschichte überhaupt „mitspielen" und von welcher Art die Beziehungen dieses Personals sind. Die Figuren sind „zentral für die Konstruktion eines epischen Textes"[1], da sie die Handlung in Gang setzen. Es gilt zu analysieren, wie der Dichter nun die Beziehungen der Figuren untereinander anlegt. Auch muss bedacht werden, ob eine Figur eher statisch oder dynamisch, mit vielen oder wenigen Merkmalen konzipiert wird. Wenn dabei entscheidend ist, ob die Figur sich selbst charakterisiert oder von anderen oder gar dem Erzähler beurteilt wird, sind wir bereits beim nächsten wichtigen Erzählelement, der Erzählperspektive.

Erzählelement „Perspektive"

b) Gemeint ist damit der „Blickwinkel, mit dem das epische Geschehen angeordnet, wiedergegeben und bewertet wird."[2] Diese Perspektive ist für die Deutung des Ereignisses durch den Leser fundamental. Grundsätzlich gilt es zu unterscheiden: Da gibt es den allwissenden (auktorialen) Erzähler, der über den Ablauf des Geschehens in allen Einzelheiten informiert ist, sich bisweilen kommentierend und wertend in das Geschehen einschaltet und den Leser direkt anspricht (der Seher von Patmos in der Offb etwa nutzt diese Technik des Öfteren). Dieser Erzähler kennt auch alle Gedankengänge der Figuren. Wird dagegen das Geschehen lediglich aus der Perspektive einer oder mehrerer Figuren organisiert, handelt es sich um eine personale Erzählperspektive (sog. Er-Erzählung), die den Eindruck der Unmittelbarkeit aufkommen lässt, weil die vermittelnde Instanz des allwissenden Erzählers fehlt. Das gilt auch für eine wichtige Nuance dieser Perspektive, das neutrale Erzählen.[3] Hierbei geht es um aperspektivisches Erzählen ohne Innensicht, ohne kommentierende Einmischung des Erzählers. Das neutrale Erzählen wirkt sehr objektiv. Die dritte Kategorie bildet die Ich-Erzählhaltung, die das Geschehen bewusst sehr subjektiv wiedergibt (für das biblische Beispiel hier aber ausscheidet). Häufig liegen die Erzählperspektiven in Mischformen vor.

Um zu veranschaulichen, zu welchen falschen Deutungen die Missachtung der Erzählperspektive führen kann, sind die exegetischen Auslegungen des Seewandels von B. Weiss (1912) und S. Mender (1958[!]) hilfreich. Beide nehmen an, die Jünger seien einer optischen Täuschung erlegen, Jesus sei vielmehr nur am Ufer des Sees entlanggegangen, nicht aber auf dem Wasser gewandelt.[4] Ein Blick in den Text (Mt 14, 25) und auf die Erzählperspektive zeigt jedoch, dass Matthäus für den Seewandel die neutrale Erzählperspektive wählt („In der vierten Nachtwache *kam* Jesus zu ihnen; er *ging* auf dem See")[5] und keineswegs eine optische Täuschung in Betracht zieht. Denn dann hätte er aus der subjektiven Sicht der Jünger erzählen und aus ihrem Innenleben heraus das Ereignis schildern lassen müssen. Ein entsprechender Text aus personaler Sicht hätte lauten können: „Sie *glaubten/vermuteten*, er ginge über das Wasser und käme auf sie zu". Die Verben (glauben und vermuten) bieten jetzt dem Leser in der Tat die Möglichkeit, das Ereignis als Täuschung der Jünger zu interpretieren. Auch die auktoriale Perspektive hätte diese Lesart fördern können, etwa: „Die Jünger *bildeten sich doch tatsächlich ein*, Jesus käme über das Wasser auf sie zu, wo doch jeder Mensch weiß, dass das unmöglich ist." Wir sehen, wie der Erzähler in diesem Fall das fantasierte Geschehen ironisch kommentiert und als Täuschung entlarvt. Im Original werden dem Leser solche subjektiven Deutungen nicht angeboten.

---

[1] F. Waldherr, Deutsch betrifft uns, 1
[2] F. Waldherr, Deutsch betrifft uns, 2
[3] Vgl. H. Fricke u. R. Zymner, Einübung in die Literaturwissenschaft. Parodieren geht über Studieren, Paderborn ³1996, 138
[4] Vgl. W. Berg, Rezeption, 44f.
[5] Vgl. R. Pesch u. R. Kratz, So liest man synoptisch. Anleitung und Kommentar zum Studium der synoptischen Evangelien. Bd. III. Wundergeschichten. Teil II: Rettungswunder – Geschenkwunder – Normenwunder – Fernheilungen, © Verlag Josef Knecht, Frankfurt am Main, 2. Auflage 1982, 34, die das Zusammenspiel der Erzählelemente sehr gut reflektieren, ohne näher auf unsere Erfahrungen heute zu sprechen zu kommen – bei der exegetischen Ausrichtung ihrer Arbeit verständlich, aber für Religionslehrer bedauerlich; vgl. zur neutralen Erzählperspektive auch W. Berg, Rezeption, 322

Matthäus signalisiert durch die Wahl der neutralen Erzählhaltung, dass er keinen Zweifel daran lässt, dass der Nazarener der Logik der Geschichte zufolge tatsächlich über das Wasser geht (was nicht heißt, dass er dieses Motiv als historisches Ereignis (miss-)verstanden wissen will! Selbstverständlich geht er davon aus, dass die Leser seiner Zeit in der Lage sind, Bildergeschichten nicht historisch zu hinterfragen, sondern sie in ihrer Symbolik für das eigene Leben zu deuten, s. u.). Ganz abgesehen davon, dass Jesus später vor dem Boot der Jünger erkannt wird und in ihr Boot steigt, folglich also keine optische Täuschung vorliegen konnte, gilt: Die zitierte Exegese verstößt eindeutig gegen literaturwissenschaftliche Interpretationsregeln und ist daher abzulehnen.

c) Wir haben erkannt, dass die psychischen Vorgänge für die Realisierung einer personalen oder auktorialen oder der Ich-Erzählperspektive von Bedeutung sind. Eindrücke, Bilder und Gedanken einer Figur werden dabei mithilfe verschiedener sprachlicher Techniken eingespielt (zusammengefasst als „Figurenrede"). Alle anderen Elemente eines Textes, die nicht Äußerungen oder Gedanken einer Figur sind, bilden den Erzählerbericht (der in dem Beispiel Mt 14, 25 ganz eindeutig vorliegt). Um Figurenrede und Erzählerbericht zu analysieren, benötigt man ein Auge für Satzbau, Wortwahl und rhetorische Figuren. Die Sprache eines Textes, weiteres wichtiges Erzählelement, hängt folglich aufs Engste mit der Perspektive und der Figurenanlage zusammen.

Erzählelement „Sprache"

d) Ein wichtiger Faktor für die Gestaltung eines epischen Textes ist die Zeit. Mit Zeitangaben werden die einzelnen Ereignisse zu einem Gefüge geordnet und ein guter Dichter entscheidet sich nicht willkürlich für eine bestimmte Tages-, Nacht- oder Jahreszeit, weil mit ihr immer auch andere Erzählelemente zusammenspielen. Damit ist zum einen die Chronologie der Ereignisse angesprochen. Deren Reihenfolge kann durch Rückblenden oder Vorausdeutungen unterbrochen werden. Zum anderen aber interessiert ein zweiter Aspekt der Zeitgestaltung: Der Zeitraum, über den erzählt wird („erzählte Zeit"), wird in Relation zu der Zeitspanne gesehen, die für das Erzählen benötigt wird („Erzählzeit"). Drei Möglichkeiten des Verhältnisses von erzählter und Erzählzeit sind denkbar. Sie können deckungsgleich sein („Zeitdeckung"). Oder aber die Erzählzeit ist geringer als die erzählte Zeit („Zeitraffung"); oder die Erzählzeit ist größer als die erzählte Zeit („Zeitdehnung"). Für unseren Zusammenhang ist nun wichtig, dass die Zeitangaben sehr stark mit den Raumattributen korrelieren können.

Erzählelement „Zeit"

e) Diese Raumdarstellung, so lautet die literaturwissenschaftliche These, ist „mehr als nur Schauplatz oder Kulisse der Handlung. Vielmehr ist es so, dass sich mit der Schilderung des Raumes eine inhaltliche Aussage verbindet. Dabei geht es dem Erzähler darum, zwischen der äußeren Welt und der *seelischen* Situation seiner Figuren Bezüge herzustellen."[1] Die Landschaftsskizze des Dichters unterliegt somit ebenfalls nicht dem Gesetz der Zufälligkeit, sondern muss im Zusammenspiel mit den anderen Erzählelementen (v.a. der Zeit und den Figuren und ihrer Psyche) gedeutet werden. Ich mache mir bewusst: Wer nach einem Transfer biblischer Erzählungen in unsere Welt sucht, dem sollte klar sein, dass – allein literaturwissenschaftlich argumentiert – die Psyche der Figuren zur Erhellung dieser Geschichten wesentlich beiträgt und damit die Frage der Korrelation v.a. eine Frage der Begegnung unserer seelischen Konflikte heute mit denen der biblischen Figuren darstellt. Auch von daher tun wir im RU gut daran, die tiefenpsychologische Interpretation bei Zeiten zu favorisieren, die ja gerade diese bereichernde Konfrontation eröffnet, indem eine ihrer Grundregeln genau der genannten literaturwissenschaftlichen Prämisse zur Textanalyse entspricht: Die Raumsymbolik einer Erzählung spiegelt stets innere Kräfte

Erzählelement „Raum"

der Raum ist Spiegel der Psyche von Figuren

Nähe von Tiefenpsychologie und Literaturwissenschaft

---

[1] F. Waldherr, Deutsch betrifft uns, 2; Kursivdruck V.G.

und Zustände des Menschen.[1] So werden in diesem Heft literaturwissenschaftliche (Zusammenspiel der Erzählelemente Raum und Psyche der Figuren) und theologische Einsichten aufeinander bezogen und wird mit Drewermann der theologischen *und* literaturwissenschaftlichen Frage nachgegangen, „inwieweit in der Psyche des Menschen selbst zu allen Zeiten Wahrheiten lebendig sind, die überhaupt nur in der Weise etwa des Mythos, des Märchens, der Sage oder der Legende mitgeteilt werden können."[2]

autororientierte Lesart

Die Auswertung der Erzählelemente könnte an sich bereits für eine rein textimmanente Interpretation ausreichen, die jedoch werkübergreifende Erklärungszusammenhänge wie die Lebenssituation des Autors oder den sozialgeschichtlichen Kontext der Textentstehung etc. ausblendet. Ich entscheide mich im Folgenden daher für ein werkübergreifendes Verfahren, das gleichzeitig die Analyse der Erzählelemente zur Basis nimmt. Hierbei rücken Lebens- und Glaubenserfahrungen des Autors Matthäus in das Blickfeld, die sich offenbar auf Themen- und Motivwahl sowie die Darstellungsweise ausgewirkt haben. Eng verflochten damit wird die Frage, wie der Autor die von ihm erfahrene Wirklichkeit in seinem Werk gestaltet hat (etwa soziale und politische Konflikte). Dazu zählt auch die Klärung, in welchem geistigen Strom sich Matthäus bewegt hat, wie sich also Vorstellungen und Ideen anderer Theologen und Dichter in seinem dichterischen Werk niederschlagen. Zu klären ist demnach, ob und inwieweit Matthäus in seiner Erzählung inhaltlich oder formal Typisches (Glaubenspositionen, Christusbilder, Motive, stilistische Figuren etc.) aufgenommen und verarbeitet hat.

Nach diesen literaturwissenschaftlichen Prämissen erfolgt nun die Interpretation des Textes, die sich an seiner Chronologie orientiert und dabei mit der Raumanalyse ein Erzählelement bewusst ins Zentrum rückt, ohne die weiteren Elemente ganz auszublenden. Im Folgenden wird die Herder-Einheitsübersetzung zitiert, die wohl in den Schulen geläufig sein dürfte, obgleich sie nicht immer die treffendste Textvariante bietet (**Zusatzmaterial 1**, S. 21).

---

[1] Vgl. E. Drewermann, Tiefenpsychologie und Exegese I, 376 f.
[2] E. Drewermann, Tiefenpsychologie und Exegese I, 95

Mt 14, 22–33 gemäß der Einheitsübersetzung

²²Gleich darauf forderte er die Jünger auf, ins Boot zu steigen und an das andere Ufer vorauszufahren. Inzwischen wollte er die Leute nach Hause schicken. ²³Nachdem er sie weggeschickt hatte, stieg er auf einen Berg, um in der Einsamkeit zu beten. Spät am Abend war er immer noch allein auf dem Berg. ²⁴Das Boot aber war schon viele Stadien vom Land entfernt und wurde von den Wellen hin und her geworfen; denn sie hatten Gegenwind. ²⁵In der vierten Nachtwache kam Jesus zu ihnen; er ging auf dem See. ²⁶Als ihn die Jünger über den See kommen sahen, erschraken sie, weil sie meinten, es sei ein Gespenst, und sie schrien vor Angst. ²⁷Doch Jesus begann mit ihnen zu reden und sagte: Habt Vertrauen, ich bin es; fürchtet euch nicht! ²⁸Darauf erwiderte ihm Petrus: Herr, wenn du es bist, so befiehl, dass ich auf dem Wasser zu dir komme. ²⁹Jesus sagte: Komm! Da stieg Petrus aus dem Boot und ging über das Wasser auf Jesus zu. ³⁰Als er aber sah, wie heftig der Wind war, bekam er Angst und begann unterzugehen. Er schrie: Herr, rette mich! ³¹Jesus streckte sofort die Hand aus, ergriff ihn und sagte zu ihm: Du Kleingläubiger, warum hast du gezweifelt? ³²Und als sie ins Boot gestiegen waren, legte sich der Wind. ³³Die Jünger im Boot aber fielen vor Jesus nieder und sagten: Wahrhaftig, du bist Gottes Sohn.

Aus: Einheitsübersetzung der Heiligen Schrift © 1980 Katholische Bibelanstalt, Stuttgart

2.2 Der geschichtliche Kontext des Evangeliums

bedrohte Gemeinde

Die Exegese ist sich einig: Matthäus erzählt eine Beispielerzählung (Paradigma) für eine Gemeinde, die ganz offensichtlich in der Anfechtung von außen lebt und die Schwierigkeiten hat, in dieser Situation der Bedrohung auf den Herrn zu vertrauen, „auch wenn das jeglicher Erfahrungswirklichkeit zu widersprechen scheint"[1]. Zweifellos schreibt Matthäus für Leser seiner Zeit eine handlungsorientierte und ekklesiologisch zu verstehende Wundergeschichte, um sie „dazu [zu] verleiten, die ganze Erzählung paränetisch-typologisch und symbolisch zu verstehen, als Situation der Christen und der Kirche in stürmischen Zeiten"[2]. Was war geschehen?

Als unser Schriftsteller Matthäus sich entschließt, die mündlichen Erzählungen über Jesus von Nazareth, die ihm vorliegenden schriftlichen Quellen des Mk-Evangeliums und der Spruchquelle Q und seine eigenen dichterischen Ideen zu einem einzigartigen neuen Erzähltext für seine Gemeinde zu verknüpfen, blickt er auf eine für die Kirche nicht ungefährliche politische Situation.[3] Die Zerstörung des Tempels und der Stadt Jerusalem durch die Römer im Jahre 70 n. Chr. ist für ihn zwar bereits Geschichte, doch die Folgen des jüdisch-römischen Krieges wirken nach. Die Römer akzeptieren und tolerieren den jüdischen Glauben in Form der pharisäischen Richtung der Schule des Rabbi Hillel und des Jesus von Nazareth. Auf nichtchristlicher Seite besteht Handlungsbedarf, denn mit der Zerstörung des Tempels fehlt dem Judentum die zentrale symbolische religiöse Integrationsinstitution. Die Notwendigkeit der Konsolidierung der mündlichen und schriftlichen Tradition führt fast zwangsläufig zu einem Prozess des Ausschlusses aller jüdischen Häretiker aus der Synagoge – und damit eben auch der Judenchristen. Umgekehrt ist zu beobachten: „auf christlicher Seite verläuft dazu parallel eine sich immer stärker profilierende Christologie durch judenchristliche und vor allem heidenchristliche Theologen; auf christlicher und jüdischer Seite findet (mit unterschiedlichen Strategien) eine Mission im gesamten Mittelmeerraum und darüber hinaus statt; nach dem Mit- und Nebeneinander kommt es schließlich zum Gegeneinander von Kirche und Synagoge [...] Das MtEv (wie das des Johannes) dürfte eine Reaktion sein auf das gegen Ende des Jahrhunderts erstarkte pharisäisch-rabbinische Judentum, unter dessen Polemik und Ausgrenzungen die matthäische Gemeinde zu leiden hat (vgl. etwa 5, 11; 10, 16–25)."[4]

Folgen des jüdisch-römischen Krieges

Spannungen zwischen Kirche und Synagoge

Inmitten des Konkurrenzkampfes zwischen Juden und Christen schreibt Matthäus für Christen (vermutlich im syro-palästinensischen Raum), die es schon lange sind (und die folglich nicht mehr missioniert werden müssen) und die profunde Kenntnisse in der Heiligen Schrift besitzen. Auf sie verweist Matthäus mit Vorliebe, und aufgrund dieser Schriftbezüge (sog. „Reflexionszitate") und seiner eigenen Ausdrucksweise gilt er gemeinhin als der „jüdischste" aller Evangelisten. Wenn er nun die Akzentuierungen seines Jesus-Bildes schriftstellerisch ausfeilt, schließt das ein, dass er „die eigene Geschichte im Lichte der Geschichte Jesu (deutet), die er erzählerisch so anlegt, dass in ihr die eigenen konkreten Probleme vorabgebildet sind"[5]. Unsere Aufmerksamkeit gilt nun eben jener erzählerischen Gestaltung, die Aufschlüsse über die Grundprobleme der Gemeindemitglieder zur Zeit des Matthäus gibt und damit zugleich einen dichterischen Brückenpfeiler bildet, der die Brücke in die Zeit und Welt unserer Schüler tragen kann. Denn – auch darin ist sich die historisch-kritische Exegese einig – Matthäus hat der Erzählung vom Seewandel Jesu, obwohl sie nachösterlich und folglich

der Seewandel Jesu: völlig unhistorisch, aber aktuell

---

[1] R. Pesch u. R. Kratz, So liest man synoptisch III, 37
[2] H. Frankemölle, Matthäus. Kommentar 2, Düsseldorf 1997, 199
[3] Vgl. zu den folgenden Ausführungen H. Frankemölle, Matthäus. Kommentar 1, Düsseldorf 1994, 48f.
[4] H. Frankemölle, Matthäus. Kommentar 1, 48
[5] H. Frankemölle, Matthäus. Kommentar 1, 50

völlig unhistorisch ist, „den Stempel einer Aktualität aufgeprägt"[1], die sie für eine Korrelationsdidaktik so wertvoll macht. Wie hat Matthäus die oben zitierten „stürmischen Zeiten" also in Szene gesetzt?

2.3 Die Symbolik des Berges

Nur mit leichten Veränderungen übernimmt Matthäus zunächst für die szenische Vorbereitung (Vorausschicken der Jünger ans andere Ufer, Entlassung der Menge und Absonderung auf den Berg) die Markus-Vorlage (Mk 6, 45–52). Die Eröffnungssequenz enthält somit zwei Raumattribute. Da ist zum einen vom Ufer die Rede, das die Jünger ohne Jesus ansteuern sollen, während er beschließt, auf einen Berg zu steigen, um dort in der Einsamkeit zu beten. Die personale Erzählperspektive macht einsichtig, dass den Jüngern dieses Vorhaben offensichtlich nicht mitgeteilt wird. Sie gehorchen dem Befehl ohne Rückfragen zur Motivation Jesu. Denkbar ist, aber der Erzähler verrät es uns nicht, dass sie derartige Absonderungen von ihrem Herrn gewohnt sind. Für die Leser des Matthäus ist aber nun ein Berg nicht einfach nur ein zufällig eingespieltes Raumelement. Von frühester Religionsgeschichte her gilt dem Judentum der Berg als Offenbarungsort Gottes.[2] Diese Symbolik verdient eine eingehende Erörterung.[3]

Die Menschen der Antike und noch früherer Zeiten respektierten die Berge als ewige majestätische Naturerscheinungen, die dem Menschen die eigene Vergänglichkeit und Bedeutungslosigkeit ins Bewusstsein brachten. Die Unerreichbarkeit der Höhen und die klima- und wetterabhängigen Licht- und Wolkenspiele rund um den Berg unterstrichen seine numinose Entzogenheit. „Deshalb wurden Erhebungen und Höhen oft als Ort für den Bau von Heiligtümern gewählt, herausragende Berge als Sitz von Göttern verehrt."[4] Verständlich wird der Respekt vor dem göttlichen Bereich des Berges, wenn wir uns veranschaulichen, dass die touristische Besteigung so mancher Berggipfel auch heute noch eine Grenzerfahrung bedeutet, die dem Hochmütigen nicht selten das Leben kostet, andererseits aber bei erfolgreichem Aufstieg ein erhebendes Gefühl auslösen kann. In frühester Zeit allerdings dachten die Menschen nicht an eine sportliche Herausforderung. Als der bekannte Bergsteiger R. Messner 1978 kurz vor dem Abflug zu seinem Alleingang auf den Nanga Parbat gefragt wurde, ob die Einheimischen die Motivation Messners für die Besteigung nachvollziehen können, antwortete er zutreffend: „Nein, die können diesen Alleingang nicht nachvollziehen. Die Leute dort leben immer in der Stimmung, die ich vielleicht unter dem Nanga-Parbat-Gipfel erlebe. Ein Asiate – ein Hindu oder ein Buddhist – würde nie auf die Idee kommen, auf einen so hohen Berg hinaufzuklettern. Er sucht die Vergeistigung. Er kann so oder so da oben sein."[5] Auch wenn viele religiöse Menschen im Verlauf der Religionsgeschichte doch auf die Berggipfel pilgerten, so dokumentiert Messners Aussage den großen Respekt der Einheimischen vor dem Berg, vor dem sie in tranceähnliche Verzückungszustände geraten können, wie das Beispiel der indischen und chinesischen Pilger zum Kailas belegt.[6] Gleich, ob der Berg wie dort realiter pilgernd erklommen oder meditierend „eingenommen" wird, stets gereicht er zum Symbol höchsten menschlichen Strebens.

> der Berg als Offenbarungsort der Götter

---

[1] A. Weiser, Was die Bibel Wunder nennt. Ein Sachbuch zu den Berichten der Evangelien, Stuttgart ⁵1982, 112
[2] Vgl. R. Pesch u. R. Kratz, So liest man synoptisch III, 31
[3] Vgl. zum Folgenden H. Halbfas, Religionsunterricht in der Grundschule. Lehrerhandbuch 4, Düsseldorf ⁷2001, 541–548
[4] U. Früchtel, Mit der Bibel Symbole entdecken, Göttingen ²1994, 73; vgl. ebenso O. Keel, Die Welt der altorientalischen Bildsymbolik und das Alte Testament. Am Beispiel der Psalmen, Zürich u. a. 1972, 17; vgl. H. Halbfas, Lehrerhandbuch 4, 542; vgl. M. Lurker, Wörterbuch biblischer Bilder und Symbole, München 1973, 44f.
[5] R. Messner, zitiert nach H. Halbfas, Lehrerhandbuch 4, 541
[6] Vgl. H. Halbfas, Lehrerhandbuch 4, 541f.

__Interpretationen__

dem Himmel so nah

→ Baustein 1

Zweifellos kommen daher auch die antiken Menschen zu der felsenfesten Überzeugung, dass der Berg ein zutreffendes Bild für das Göttliche darstellt. Denn nirgendwo ist man dem Himmel so nahe, nirgendwo stellt sich ein religiöses Hochgefühl eher ein als dort, wo der Mensch mit der Berührung (und sei es auch nur in Gedanken) der göttlichen Sphäre an seine eigenen Grenzen stößt. Ob Schüler, die im Zeitalter der Marserkundungen aufwachsen, diese religiöse Dimension des Berges noch nachvollziehen können?

Berg und Chaos im Schöpfungsmythos

Ein näherer Blick in die biblisch erzählte Welt, die dem Leser des Matthäus ja bekannt war, macht das ganze Ausmaß der Bergsymbolik in der Seewandelperikope deutlich. Zu berücksichtigen ist hierbei, dass die Symbolik der biblischen Welt zutiefst abhängig ist von den Religionen der Altorientalen, v. a. der Ägypter. Im Alten Orient beanspruchen die großen ägyptischen Heiligtümer, in ihren Tempelanlagen den Urhügel zu bergen, der einst aus den chaotischen Fluten bei der Weltschöpfung aufgetaucht ist.[1] Auf ihm war, so der Mythos, der Schöpfergott erschienen, der von dort aus die Welt nach seinen Vorstellungen ordnete. Einen solchen Zusammenhang vom Berg als Ausgangspunkt des Lebens und dem Sieg über den chaotischen Urzustand kennt auch der damalige ugaritische Raum. So wird auch dort anschaulich, dass die Tiefe des Meeres die Dimension des tödlich Chaotischen abbildet, während die Höhe des Berges den Menschen von jeher als Ort des Schöpfergottes gilt, dem zu Ehren an jener Stelle ein Tempel errichtet wird, in dem man sich geborgen weiß (Tempel können in den Religionen selbst in flacheren Regionen als „künstliche Berge" fungieren.).

Tempel als „künstlicher Berg": Ort der Geborgenheit und der Versenkung

Ethymologisch hängen daher auch im Deutschen „Berg" und „Geborgenheit" eng zusammen, fühlt sich der Mensch doch auf dem Berg bzw. im Tempel geborgen und findet dort einen Ort, um sich vor den Anfechtungen des Alltags zu ver*bergen*. Hier kann er – Jesus in der Mt-Perikope gleich – Ruhe finden für seine Seele. Bereits die Altorientalen vermuteten, dass vom Berg regenerierende Kräfte für die Lebenden und die Toten ausgingen.

Doch nicht nur die antiken Religionen des Alten Orients, nicht nur die Griechen mit dem Götter-Olymp und die bereits erwähnten Hindus (etwa mit dem Weltenberg Sumeru in Indien) und Buddhisten schrieben und schreiben dem Berg eine überragende Symbolik zu. Von den Ureinwohnern Australiens bis zu den Indianern Nordamerikas galten und gelten den „primitiven" Stammesreligionen die Berghügel ebenfalls als kultisch zu verehrende Stätten, „die als Überreste einer paradiesischen Einheit von Göttlichem und Menschlichem"[2] geschätzt und als Orakelstätten oft genutzt werden. Von der festen Überzeugung getragen, dass die Götter an diesen heiligen Orten den Menschen nahe sein können, wenn sich diese nur für religiöse Erfahrungen öffnen, suchen sie – gleich Jesus in unserer Erzählung – bereitwillig die Einsamkeit und meditative Versenkung, um in Traumzuständen ihrem Gott zu begegnen.[3]

der Berg im AT

Wenn wir uns nun bewusst machen, dass das Buch Ezechiel sich das Paradies ebenfalls auf einem hohen Berg denkt (vgl. Ez 28, 13–16), ahnen wir, mit welcher Intensität die biblischen Erzähler diese religionsgeschichtlich breit belegte Ursymbolik des Berges aufgriffen (z. T. sogar ohne erkennbare Abhängigkeit, was die Plausibilität der Entstehung von zeit- und ortsunabhängigen Mythen erhöht). Obgleich Israel geografisch nur schwer mit den Bergen anderer antiker Länder konkurrieren konnte, fand man offensichtlich Gefallen an der Natursymbolik. Für die Psalmen ist bspw. Jerusalem der Ort des Tempels schlechthin. Man zieht zum Zion hinauf, und an den Tempeltoren stellt man die ehrfürchtige Frage, wer noch weiter auf den Berg Jahwes hinaufsteigen dürfe (vgl. Ps 122, 4; 24, 3). Obwohl der Zion von ihn umgebenden Bergen deutlich überragt wird, entschieden sich die Hebräer für ihn als

---

[1] Vgl. zum Folgenden O. Keel, Bildsymbolik, 100 ff.; vgl. auch M. Lurker, Wörterbuch, 45; vgl. E. Drewermann, Tiefenpsychologie und Exegese I, 403 f.
[2] E. Drewermann, Tiefenpsychologie und Exegese I, 125
[3] Vgl. E. Drewermann, Tiefenpsychologie und Exegese I, 126

den zentralen Ort Gottes. Für diesen Gedankengang ist dabei von entscheidender Bedeutung: „Stärker als geografische Gründe dürfte die psychologisch verständliche Verbindung von Frohsein (als Ausdruck vollen Lebens) und Hochsein (als Ausdruck eines gesteigerten Lebensgefühls) die Anschauung motiviert haben, die Höhe, der Berg sei ein Bereich des Lebens."[1] Im Hebräischen können nämlich die Ausdrücke „Hoch-sein" und „sich freuen" als Synonyme gebraucht werden, sodass es nicht verwundert, wenn die Psalmen Berg und Tempelanlage als Ort des Lebens und der Freude beschwören. Kein Zufall also, dass der Beter sein Vertrauen zu Gott sprachlich in autochthone Metaphern wie „mein Hochplatz", „meine Bergfestung" oder „mein Fels" kleidet.[2] Nachdrücklich untermauert wurde diese Bildrede durch den konkreten Nutzen, die die Berge den Menschen in Kriegszeiten garantierten. Das AT bezeichnet Gott des Öfteren als „Fliehhöhe" und spielt damit auf den Umstand an, dass sich die Menschen des offenen Landes im Krieg auf die natürlichen Burgen (etwa in Palästina und östlich des Toten Meeres) zurückziehen konnten (vgl. Jer 4, 29; 1 Sm 13, 6). Diese Felsen (vgl. zum Granatapfelfelsen Ri 20, 47; zum Steinbockfels 1 Sm 24, 3; zum Fels von Edom 2 Kön 14, 7) wurden von den mächtigen Bachbetten, die sich tief in den weichen Kalkstein einfraßen, so isoliert, dass sie für die Gegner unzugänglich blieben (vgl. Davids Flucht vor Saul und vor den Philistern 1 Sm 22, 4f.; 24, 23; 2 Sm 5, 14; 23, 14). Den Heiligen Fels auf dem Zion integrierten die Hebräer zudem in das kosmische Weltbild. Hier habe, so ihr Mythos, Jahwe einen kosmischen Schlussstein gesetzt, einen Gipfel des Weltenberges, der die nach oben drängenden chaotischen Gewalten der Urflut zurückdrängt und zurückhält. Sie gehören dem kosmischen Bereich der Unterwelt an, hier oben aber herrscht der Gott des Lebens, dessen „unerschütterliche Zuverlässigkeit" siegt. „Auf diesem Felsen ist man vor jedem Ansturm des lebensfeindlichen Chaos sicher."[3] In diesem Kontext macht auch die prophetische Vision Sinn, wonach der Berg Zion in der Endzeit als Völkerwallfahrts- und Weltberg gewürdigt wird (vgl. Mi 4, 1f. 7).

Die Vorstellung, Gott wohne auf dem Berg (vgl. Jes 33, 5 und Ps 68, 17) und begegne dort als Hüter den Menschen, führte in Notzeiten dazu, seine Augen auf die Berge zu richten, wie dies Ps 121 vorgibt: „Ich hebe meine Augen auf zu den Bergen; woher wird mir Hilfe kommen?" Es ist denkbar, dass dieser Psalm ursprünglich ein Wallfahrtslied war, das der Beter, wenn er sich dem Berg Zion näherte, anstimmte. Von dieser historischen Situation löste sich der Psalm aber und eignete sich fortan ganz allgemein „für die Beschreibung mannigfacher Tiefensituation von bedrängten Menschen."[4] Dass Gott dem Menschen auf dem Berg nahe ist, belegt für den Israeliten zudem die gesamte Moses-Überlieferung, in der dem Motiv des Berges eine stark gliedernde, ordnende und rhythmisierende Funktion zukommt. Am Fuße des Horeb erfolgt die Berufung des Mose (vgl. Ex 3, 1), sein Leben endet auf dem Berg (vgl. Dtn 34). Zwischen diesen Daten spielt der Berg immer wieder eine wichtige Rolle, etwa bei der Gesetzesgebung am Sinai (vgl. Ex 19, 33) oder bei der Schau von Gottes Pracht nach Ex 33, 18–23.[5]

Auch Matthäus nutzt den Berg „als theologisches Leitsymbol"[6] und strukturiert mit seiner Hilfe den gesamten Erzähltext. Dabei werden atl. Überlieferungen, insbesondere die Psalmen, neu akzentuiert. Einige Hinweise, die für dieses schriftstellerische Verfahren sensibel machen sollen: Bei der Taufe Jesu (Mt 3, 13ff.) steigt Jesus in den Jordan hinab. Nur kurze Zeit später öffnet sich der Himmel und der Geist Gottes schwebt herab aus der *Höhe* – eine

---

[1] O. Keel, Bildsymbolik, 104
[2] Vgl. O. Keel, Bildsymbolik, 160
[3] O. Keel, Bildsymbolik, 161
[4] U. Früchtel, Symbole, 82
[5] Vgl. zur Bergsymbolik in der Moses-Überlieferung U. Früchtel, Symbole, 86ff. und H. Halbfas, Lehrerhandbuch 4, 543f.; vgl. ebenso M. Lurker, Wörterbuch, 45
[6] U. Früchtel, Symbole, 98; vgl. H. Halbfas, Lehrerhandbuch 4, 545f.; vgl. M. Lurker, Wörterbuch, 46

deutliche Reminiszenz an Jes 32, 15 und Ps 2, 7: „Du bist mein lieber Sohn, an dem ich Wohlgefallen habe." Dieser Psalm bezieht sich auf das Ritual der Königsadoption auf dem *Berg* Zion, was jedem Leser des Evangeliums bewusst war. Anschließend führt uns der Evangelist die Auseinandersetzung Jesu mit dem Satan vor Augen (Mt 4, 1–11). Auf der Zinne des Tempels auf dem *Zionberg* und auf einem *„sehr hohen Berg"* versucht der Satan, Jesus auf seine Seite zu ziehen. Die Raffinesse des Satans besteht darin, hinterlistig auf die Jesus bekannte Symbolik des Berges einzugehen. „Hier auf dem Berg", so mag man in seine Versuchung hineinlesen, „an dem Ort Gottes, den du so verehrst, sollst du jetzt mich (das ist politische Macht und Reichtum) anbeten." Tatsächlich geht es Satan um nichts anderes als um die symbolische Eroberung des Zions und der Kultstätte des Berges. Doch Jahwe diesen Platz streitig zu machen, scheitert an der Souveränität des Nazareners.[1] Deutlicher wird nach diesem Geschehen auch die räumliche Symbolik der *Berg*predigt (Mt 5–7). Die Seligpreisungen werden vom Berg herab verheißen, von dort ertönt auch das so gewichtige Bild-Wort an die Jünger, die sein sollen wie eine Stadt, die auf dem Berge liegt (vgl. Mt 5, 14). Wieder schwingt in dieser Rede Ps 121, 1 mit: „Ich hebe meine Augen auf zu den Bergen; woher kommt mir Hilfe?" Dass Jesus dieses Bild-Wort selbst einlöst, belegt das Summarium Mt, 15, 29–31. Vom Galiläischen See aus steigt er auf einen *Berg* und heilt *dort* Kranke. Früchtel erkennt hier den sinnvollen atl. Bezug zur Völkerwallfahrt zum Zion nach Ps 72, 3. 10–12[2]: „Die Berge mögen dem Volk Heil tragen und die Hügel Gerechtigkeit... Alle Könige müssen ihm huldigen, alle Völker ihm dienen. Denn er errettet den Armen, der schreit, den Elenden, und den, der keinen Helfer hat." Es verwundert nach dem Gesagten wenig, dass Matthäus Jesus mit Petrus, Johannes und Jakobus auf einen *„hohen Berg"* steigen lässt, um dort mit den erschienenen Moses und Elia (dem nach 1 Kön 19, 4–13 Gott ja selbst am Berg Horeb erschienen war) zu reden (Mt 17, 1–13). Natürlich muss *hier* die Stimme Jahwes die Legitimation seines erwählten Sohnes verkünden – wo denn sonst, mag man vor dem Hintergrund der Raumsymbolik denken. Und wenn Jesus nach Jerusalem *hinaufzieht*, um sich in letzter Konsequenz seiner Ethik und seines Glaubens den Mächtigen aus Staat und „Kirche" auszuliefern, mag Verbitterung aus dem Prophetenzitat Mt 21, 5 sprechen: „Saget der Tochter Zion: Siehe, dein König kommt zu dir!" Wir wissen aus der Exegese, dass Matthäus mit den Kirchenführern seiner eigenen Gemeinde hart ins Gericht geht, wenn er Jesus im Tempel auf dem Zionberg mit den Schriftgelehrten und Pharisäern abrechnen lässt. Längst hatte Jesus erkannt, wie sich die theologisch Mächtigen in ihrer menschenverachtenden Heuchelei und Machtanmaßung auf dem Zionberg „auf den Stuhl des Mose gesetzt haben" (Mt 23, 2), und so spricht die Verheißung nach Mt 24, 1–2 Bände, die er beim Verlassen des Tempels den Jüngern verkündet, die ihn auf die „gewaltigen Bauten" auf dem Berge verwiesen hatten: „Seht ihr das alles? Amen, das sage ich euch: Kein Stein wird hier auf dem anderen bleiben." Abgesehen von der historischen Tatsache, dass der Erzähler Matthäus auf die Zerstörung des Tempels durch die Römer im Jahre 70 n. Chr. zurückblickt, liegt die Pointe doch wohl in einer Absage an allzu selbstgerechtes Denken in führenden „Kirchenkreisen", wonach allein der Ort des Tempels auf dem Berge Zion bereits die Garantie für tiefe Humanität sei. Die nun folgende Passion kommt ebenfalls nicht ohne sprechende Bergsymbolik aus. Auf dem *Ölberg* hält Jesus seine Rede über die Wehen der Endzeit, das Gericht und seine Wiederkehr (Mt 24–25). Für den Gläubigen wird vom Berg aus die Rettung versprochen. Wie schwer Jesus selbst aber zuvor zu leiden hat, zeigt der Erzähler in 26, 30–46. Hier, auf dem Berg, redet der Nazarener in Verzweiflung mit seinem Gott. Von Angst und Traurigkeit ergriffen, stellt seine Bitte an den Vater, ihm das Passionsschicksal zu ersparen, den Tiefpunkt seines Lebens dar. Ausgerechnet an dem Ort, mit dem jeder Leser des Evangeliums vor dem Hintergrund der Raumsymbolik des Berges die Lebensfülle, die Nähe zu Gott assoziieren konnte, scheint die rettende Gegenwart Gottes ausgeschlossen. Matthäus spannt den Leser

---

[1] Vgl. E. Drewermann, Tiefenpsychologie und Exegese I, 404
[2] Vgl. U. Früchtel, Symbole, 100; vgl. M. Lurker, Wörterbuch, 46

auf eine unglaubliche erzählerische Folter. In Zuspitzung der Dramatik muss Jesus schließlich auf dem Kalvarienberg, dem *Hügel Golgotha*, der Schädelstätte, sichtbar für das Volk sterben. Und mit dem Scheitern Jesu schien die auch gewohnte positive Symbolik endgültig verloren zu haben. Der Berg als Offenbarungsort Gottes – das konnte nicht länger gelten, starb der Nazarener doch oben in Jerusalem. Mt 28, 2ff. deutet mit der Engelserscheinung aus der Höhe das genaue Gegenteil an. Wen wundert es noch, dass Matthäus eine eigenständige Erscheinungsgeschichte des Auferstandenen derart konzipiert, dass er den Jüngern *auf einem Berg* in Galiläa erscheint. Damit schließt sich der Kreis: Hier (vgl. Mt 28, 16–20) erklingen ähnlich wie bei der Taufe Worte, die an die Inthronisation des Königs auf dem Berg erinnern lassen („Mir ist gegeben alle Gewalt im Himmel und auf Erden"), von hier aus erfolgt der Sendungsbefehl, auf dem Berg erhalten die Gläubigen jene Beistandsverheißung, die in ihrer beruhigenden und aufmunternden Art an jene Funktionen und Wirkungen denken lässt, die so viele Religionen symbolisch dem Berg zuschrieben: „Seid gewiss, ich bin bei euch alle Tage bis zum Ende der Welt."

> ... des Todes

> ... der Erscheinung des Auferstandenen

Die genannten Stellen zur großen Bedeutung des Berges in den Religionen der Hindus und Buddhisten, der Altorientalen, der Stammesreligionen, in Israel und im Mt-Evangelium mögen ausreichen, um ein erstes Fazit zu ziehen: Leben, Lebensfreude, ein Gefühl der Geborgenheit, der Hochstimmung, der Ruhe, der Zuversicht und der *„Einheit des Selbst"*[1] – alle diese, bereits im AT verbürgten Konnotationen zum Stichwort Berg dürften mit im Spiel sein, wenn Matthäus „seinen" Jesus in der Seewandelerzählung zunächst auf einen Berg steigen lässt. Vielleicht wird nun auch einsichtiger, warum Jesus in der Exposition die Menschenmenge entlässt. Wir finden in dem Bergbild nämlich bestätigt, was ein religionswissenschaftlicher Vergleich für viele Religionen nachvollziehbar aussagt, „dass die stärksten religiösen Augenblicke in der Einsamkeit auftreten, im Abwenden von der Welt, in Konzentration und geistiger Loslösung und nicht bei den Ablenkungen einer Menschenmenge"[2].

> Fazit: Berg ist Symbol für die „Einheit des Selbst"

Bleibt die Frage, mit welchem Ziel Matthäus diese Raumdeutungsassoziationen beim Leser auslösen möchte. Wir sahen bereits, dass der Berg immer als Kontrastsymbol zu lesen ist, das seinen Gegenpol in der Tiefe der Urflut, dem Bereich des urzeitlichen Chaos findet. Konsequenterweise muss daher Matthäus das zweite Raumelement gleich in der Einführungssequenz ebenfalls benennen: das Ufer des Sees, der ungleich tiefer liegen muss als der Berg, auf den Jesus steigt. Gemeint ist das „Galiläische Meer" (so Mk und Mt), der See Gennesaret (so Lk) im Norden Palästinas, da Mt 14, 34 Gennesaret als Ankunftsort nennt. Dieser See, mehr als zweihundert Meter unterhalb des Meeresspiegels gelegen und ein Drittel der Bodenseegröße besitzend, wird von hohen Bergflanken der Ausläufer des Libanongebirges und der syrischen Höhenzüge umgeben. An den Längsseiten treten die gleichmäßig hohen Berge nahe ans Ufer heran. Der See zeichnet sich durch seine Unberechenbarkeit aus: „Ajn Allah – das Auge Gottes, nennen noch heute die Araber diesen für gewöhnlich ruhig und still daliegenden See. Dennoch kann das Bild auch täuschen. Unversehens können nach warmen und freundlichen Tagen Fallwinde in das Unterdruckgebiet des Talkessels einbrechen; fast senkrecht stoßen sie dann auf die Wasseroberfläche, peitschen die Wellen hoch und machen es äußerst schwer für ein Boot, in dem Durcheinander der überbordenden Wogen noch so zu manövrieren, dass es in Sicherheit kommt. Genauso rasch wie eingebrochen, vergeht indessen der Spuk, und bald schon liegt der See wieder ruhig und friedfertig da, als wenn er buchstäblich kein Wässerchen trüben könnte."[3] An das andere Ufer dieses launischen Sees also sollen die Jünger vorausfahren.

> Kontrastsymbol: der See Gennesaret

---

[1] E. Drewermann, Tiefenpsychologie und Exegese I, 199
[2] B. Malinowski, zitiert nach E. Drewermann, Tiefenpsychologie und Exegese I, 308
[3] E. Drewermann, Das Markusevangelium. Erster Teil (Mk 1, 1 – 9, 13): Bilder von Erlösung, Düsseldorf ⁹2000, 351; vgl. W. Bösen, Galiläa. Lebensraum und Wirkungsfeld Jesu, Freiburg 1998, 41, 177

__Interpretationen__

Dunkelheit als Chaosmacht

Und schon deutet der Erzähler durch ein weiteres Raumattribut an, dass die Überfahrt kein einfaches Unternehmen wird: die Dunkelheit, hier implizit erwähnt durch den Verweis auf die Tageszeit. Aus der vorangestellten Erzählung von der Speisung der 5000 weiß der Leser, dass Jesus die Jünger am Abend (vgl. Mt 14, 15) zur Überfahrt auffordert. Wenn nun Mt 14, 23 zeitraffend erzählt, wie Jesus „spät am Abend" immer noch allein auf dem Berg verweilt, erhellt sich auf dem Hintergrund der Bergsymbolik der Sinn dieser Zeitangabe. Bei Mt wie bei Mk „insinuiert die Erwähnung der Abendzeit das Verständnis der Dunkelheit als Chaosmacht"[1].

Damit hat unser Dichter zu Beginn seiner Erzählung mit wenigen Federstrichen ein Panorama gezeichnet, das in seiner Spannung kaum zu überbieten ist. Hier auf dem Berg der Geborgenheit und der Nähe Gottes, der bisherige Garant für Lebensfülle schlechthin (wie die Speisung der Menschenmenge kurz zuvor noch vor Augen führte) und dort, in der dunklen Tiefe, auf dem See, die Jünger ohne ihren Herrn, die sich den Chaosmächten immer stärker ausliefern. Die Exposition erfüllt damit eine wesentliche Struktureigenschaft mythischer oder mythennaher Erzählungen, die Präsentation des Grundkonflikts in den Anfangsbildern, die den Leser in besonderem Maße emotional in das Geschehen zu verwickeln trachten.[2] Wie in zahlreichen Mythen bildet auch hier die Kontrastierung der beiden äußersten Pole eines Gegensatzes den Eingang zur Erzählung, wobei später der Grundkonflikt (hier: zwischen Angst/Jünger/Petrus und Vertrauen/Jesus) spiralförmig wiederholt wird, was im Mittelteil von Mt 14, 22–33 durch die Angst der Jünger beim Erscheinen Jesu und am Ende durch die Petrus-Episode tatsächlich auch von Matthäus eingelöst wird. Zur Kompositionstechnik der Mythen zählt dann schließlich auch die finale Auflösung der Spannung, die sich jetzt besonders durch die Todesassoziationen der Raumsymbolik artikuliert, insbesondere der Dunkelheit. Da die matthäischen Leser sich vermutlich gut in der Symbolik der Schriften auskannten, lag die Deutung der Dunkelheit nahe, die in der Bibel vielfach vorgegeben wurde: „Wegen ihrer undurchdringlichen Dunkelheit wurde die Nacht zu einem Symbol des Grauens, des Unglücks und des Todes."[3] Zur skizzierten Spannung dürfte für den Leser zusätzlich die Erinnerung beitragen, dass bei der letzten Seeerzählung (Sturmstillung) nach Mt 8 die Geschichte deshalb gut ausging, weil Jesus mit an Bord des Bootes war. Nun aber fehlt der Kapitän …

→ **Baustein 2** ## 2.4 Die Symbolik von Wasser, Dunkelheit und Wind

gesteigerte Dramatik gegenüber MK-Vorlage

Auch bei der Vorstellung der Chaosmächte, bestehend aus den Meereswogen, der Nacht und dem Sturm, orientiert sich Matthäus zunächst weitestgehend an Markus, nicht aber ohne eigene Akzente zu setzen. So ist auffällig, dass er zur Dramatisierung der Ereignisse nicht nur das bei Mk vorgefundene Motiv vom Blickkontakt zwischen Jesus und den Jüngern streicht, vielmehr den biblischen Rettungswunder-Topos „mitten auf dem Meer" (Mk 6, 47) als Ort des Bootes durch die Angabe „schon viele Stadien vom Land entfernt" (V 24) ersetzt. Ist heutigen Schülern der Begriff des Stadions aus der Welt des Sports noch geläufig, so weit weniger das antike Streckenmaß, das sich hinter einer Stadionlänge verbarg. Das antike Leichtathletikstadion war länger und weniger oval angelegt als heutige Stadien und seine Längsseite besaß oft die doppelte Länge (ca. 185–200 Meter) heutiger Stadiongeraden (meist 100–110 Meter). Wenn der Dichter Matthäus nun die Jünger „schon" mehrere Stadien durch die Dunkelheit hat rudern lassen, so dürfen wir annehmen, dass dieses Streckenmaß die Trennung der Jünger von Jesus nachhaltig unterstreicht: „das Land ist außer Sicht-

---

[1] R. Pesch u. R. Kratz, So liest man synoptisch III, 31
[2] Vgl. E. Drewermann, Tiefenpsychologie und Exegese I, 205 ff.
[3] M. Lurker, Wörterbuch, 216

weite"¹ und damit jede Hoffnung auf ein rettendes Eingreifen des Nazareners wie bei Markus verloren.

Wie jeder Schriftsteller von Rang ordnet Matthäus den Raumattributen nun die äquivalenten psychischen Innenverfassungen der Figuren zu. Diese Äquivalenz wird über das stilistische Mittel einer Personifikation erzielt. Wenn jedoch die Einheitsübersetzung erzählt: „das Boot wurde von den Wellen hin und her geworfen", so geht der originäre Charakter des Stilmittels nahezu verloren. Im Original heißt es nämlich: „das Boot wurde von den Wellen gequält".² Was für eine Qual, so will dieses Stilmittel der Anthropomorphisierung doch sagen, muss es für die Jünger in ihrer Aussichts- und Perspektivlosigkeit gewesen sein, gegen diesen Wellengang anzukämpfen? Und umgekehrt: Was für ein Wesen muss das Meer besitzen, wenn es das Boot (stilistisch als Pars pro toto für die Jüngergruppe zu lesen) geradezu peinigt und martert? Die sadistischen Züge des Meeres sind nun keineswegs zufällig von Matthäus bzw. Markus in den Text montiert worden, sondern sie ergänzen die oben bereits skizzierte Charakterisierung der Szenerie als eine von den Chaosmächten zunächst gänzlich beherrschte. Die Begründung für die grausamen Eigenschaften der Wellen wird von Matthäus daher auch gleich mitgeliefert: „denn sie hatten Gegenwind". Hand in Hand mit der Tatsache, dass das Boot der Jünger allein und ohne den Sicherheitsgaranten Jesus auf dem nächtlichen See wie eine Nussschale hin und her geworfen wird und gegen die Fluten anzukämpfen hat, geht der Umstand, wonach die Insassen gegen einen übermächtigen Gegner, den Wind, anrudern müssen. Ein einziger Vers (V 24) reicht dem Dichter folglich aus, um auf dem Hintergrund atl. Topik eine lebensbedrohliche Landschaft zu malen, die jedem matthäischen Leser den Atem stocken lassen musste und die der vorgestellten Symbolik des Berges diametral entgegensteht.

das Zusammenspiel von Raum und Psyche: Leben als Qual

Chaosmacht Wind

Es ist nun an der Zeit, die literarische Herkunft der mehrfach zitierten Charakterisierung der Trias Meer, Dunkelheit und Wind als Chaosmächte zu klären. Die Spuren führen in die Welt jener Mythen, die auch außerbiblisch gut belegt sind und von denen die biblischen Bilder, v.a. die der Psalmen, des Hiobbuches und der Genesis, offensichtlich stark beeinflusst wurden.

Ursprung der Chaosmächte: Mythen

Die biblischen Erzähler der Genesis, die exegetisch unter dem Begriff der Priesterschrift summiert werden, schildern die Schöpfung als Spannung zwischen Chaos und Kosmos. „Als Anfang schuf Gott den Himmel und die Erde. Aber die Erde war noch Tohuwabohu, und Finsternis war über dem Urmeer, und Gottes Atem/Windhauch war in Bewegung über den Wassern. Da sprach Gott: Es werde Licht! Und es wurde Licht." Die von E. Zenger favorisierte Übersetzung von Gen 1, 1–3 kann gegenüber der Einheitsübersetzung deutlicher machen, dass Gott in das Chaos hinein einen Lebensbeginn kreiert, wenn er also auf bereits vorhandene Naturelemente trifft, „die er nicht erschafft, sondern erschaffend bearbeitet: 1. die Tohuwabohu-Erde, das heißt die lebensfeindliche Welt; 2. die Finsternis als bedrohliche Unheilsmächtigkeit; 3. das Urmeer und 4. die ‚Wasser' als die chaotischen Gestalten der zwei Urwasser (vgl. [...] den Enuma-Elisch-Mythos). Aus diesem ‚Chaos' als Gegenwelt gliedert der Schöpfergott dann in den ersten drei Schöpfungstagen ‚die Welt' aus: Dass es nur Finsternis gibt, wird damit beendet, dass Licht geschaffen und gegenüber der chaotischen Finsternis abgegrenzt wird. Die Chaoswasser werden in bestimmte Räume abgegrenzt und teilweise in ‚gute Wasser' (Meer mit Fischen; Flüsse; Regenwolken) umgewandelt. Letztendlich wird die Tohuwabohu-Erde zum Lebenshaus umgestaltet und mit Lebewesen angefüllt."³

das Chaos in der Genesis

Gott kreiert in das Chaos Leben

---

[1] R. Pesch u. R. Kratz, So liest man synoptisch III, 34
[2] Vgl. R. Pesch u. R. Kratz, So liest man synoptisch III, 34
[3] K. Löning u. E. Zenger, Als Anfang schuf Gott. Biblische Schöpfungstheologien, Düsseldorf 1997, 30f.

altorientale Mythen als Vorlage

Der Verweis der Exegeten auf den Enuma-Elisch-Mythos deutet an, dass die biblischen Autoren erst im Kontext der altorientalischen Vorstellungen vom Schöpfungsgeschehen angemessen verstanden werden können. Denn es ist für die matthäische Seewandelperikope schon bedeutsam, was an Bildern aus der Genesis vor dem Hintergrund der altorientalischen Erzählungen von Chaos und Kosmos nach Jahrtausenden sozusagen aus der Versenkung wieder an die Oberfläche der Dichtung gelangt. Was die Mythen aus Mesopotamien und Ägypten, aus Syrien, Mari und schließlich auch der Israeliten eint, ist die Vorstellung, dass aus einem Ur-Meer, einem Wasserchaos, die Kosmogonie mithilfe der Götter bzw. eines Gottes in Gang kommt.[1] Die Israeliten übernehmen dabei von ihrer Umwelt den wichtigen Gedanken, dass der Schöpfergott zwar erfolgreich die chaotischen Urfluten eindämmt, das Licht gegen die Nacht kontrastiv einsetzt und überhaupt den Kosmos mit Leben erfüllt, dass allerdings die chaotische Gegenwelt, meist auch symbolisiert in einem Schlangenungeheuer, eine bis in die Gegenwart reichende Mächtigkeit besitzt und das Leben im Kosmos täglich bedroht.[2] So wirkt die chaotische Wirklichkeit bei aller Souveränität des Schöpfergottes nach: „Solange es *diese* unsere Erde gibt, wird sie nach den (meisten) schöpfungstheologischen Konzeptionen der Bibel in einem Wechselspiel von Chaos und Kosmos, von Tod und Leben, von Selbstdestruktion und Selbstorganisation leben – im Kraftfeld jenes Lebens, das der Schöpfergott ‚als Anfang' mit ihr teilt."[3]

Mythen beschreiben das Leben wesenhaft

Wir müssen uns selbst und unseren Schülern in aller Nüchternheit verdeutlichen, dass solche Schöpfungstheologie nicht als vordergründige naturwissenschaftlich-rationale Erklärung der Ursachen von Weltphänomenen zu lesen ist. Die Mythen wählen die Form der Göttergeschichten, um die Weltordnung und das eigene Leben wesenhaft zu beschreiben und die antagonistische Gegenwart als permanente Wiederholung dieses wesenhaften Ursprungs zu erklären.[4] Fast zwangsläufig bietet sich daher die Apokalypse des Johannes als Schlussstein der biblischen Erzählungen an, weil nach ihr „ein neuer Himmel und eine neue Erde" (vgl. Offb 21–22) sein werden und das Meer als Bedrohung des Kosmos nicht mehr existieren wird. Die Schöpfung und das Leben eines jeden Einzelnen erhalten dann ein gänzlich neues Wesen. Bis dahin allerdings bleibt die Lebensordnung von den Einbrüchen chaotischer Mächte angefeindet, und gerade ntl. Erzähler wie Matthäus lebten in einer Zeit, in der die vielfach gottlose Wirklichkeit gerade nicht als Gottes Schöpfung, sondern als ihre Pervertierung aufgefasst wurde.[5] Solchermaßen die Spannung zwischen dem Schöpfergott und den Chaosmächten thematisierend, definiert der Schöpfungsmythos jenseits der Theodizee-Frage (für die Altorientalen ist der Schöpfergott nicht für das Chaos verantwortlich, das ja bereits zuvor existierte) die fundamentale Bestimmung der Welt: jeden Tag kann sich der Kampf zwischen Chaos und Kosmos wiederholen – und das auf drei Ebenen, auf der Ebene der Naturgewalten, die den Menschen bedrohen, im sozial-politischen Gefüge und im ganz persönlichen Lebensbereich jedes Menschen.

das Chaos als alltägliche Bedrohung
- **des Einzelnen**
- **der Politik**
- **der Natur**

Frage nach Sitz im Leben

Wenn die biblischen wie die außerbiblischen Konzeptionen sich bemühen, inmitten des Chaos und gegen das Chaos die Lebensmächtigkeit des Kosmos zu beschwören, stellt sich die Frage: Wo liegt der „Sitz im Leben" dieser Erzählungen bzw. mit welcher Absicht wurden sie erzählt? Und worin liegt die heute noch gültige Symbolik ihrer Bilder? Die Beantwortung der Fragen führt uns wieder zurück in die erzählte Welt des Matthäus und in unsere eigene (Schul-)Welt, denn wir werden sehen, dass die Raumkonstruktion ihrer Erzählungen bereits

---

[1] Vgl. K. Löning u. E. Zenger, Als Anfang, 20 ff.; vgl. B. Lang, Jahwe der biblische Gott. Ein Porträt, München 2002, 79 f.; vgl. O. Keel, Bildsymbolik, 18 f., 41 ff.; vgl. E. Drewermann, Tiefenpsychologie und Exegese I, 397, dort mit interessanten Parallelen des Drachenkampf-Motivs in Mythen, Märchen, Sagen, Legenden; vgl. analog U. Steffen, Drachenkampf. Der Mythos vom Bösen, Stuttgart 1984, 9, 74 ff.
[2] Vgl. K. Löning u. E. Zenger, Als Anfang, 23, 32; vgl. U. Steffen, Drachenkampf, 36
[3] K. Löning u. E. Zenger, Als Anfang, 34; vgl. U. Steffen, Drachenkampf, 8
[4] Vgl. K. Löning u. E. Zenger, Als Anfang, 40 f.; vgl. U. Steffen, Drachenkampf, 74
[5] Vgl. K. Löning u. E. Zenger, Als Anfang, 66 f.

für die Altorientalen zutiefst abhängig war von der psychischen und physischen Verfassung, in der sie sich selbst befanden, als sie sich den ‚Chaosmächten' ausgesetzt fühlten.

Es ist leicht nachzuvollziehen, dass der Mythos von den chaotischen Naturgewalten Wind, Wasser und Dunkelheit gerade dort seinen Ursprung besitzt, wo die Menschen am Meer, von ihm und auf ihm leben und den Respekt vor ihm noch besitzen. Ein Beispiel, das durch vergleichbare aus Ägypten ergänzt werden kann, liefert dafür der Mythos aus der unmittelbar am Mittelmeer gelegenen Stadt Ugarit, der um 1350 v. Chr. aufgezeichnet wurde und vom Kampf zwischen dem Wettergott Baal und dem Meeresgott Jam handelt.[1] Baal, was so viel heißt wie „Herr", ist Regen und damit Fruchtbarkeit garantierender Wohltäter der Stadt. Auf Wolken fährt er, der zu einem der mächtigsten Götter aufstieg, einher und setzt sich ständig mit seinem Gegenspieler, dem Gott des ungebändigten Mittelmeeres auseinander, den alle Einwohner Ugarits fürchten – ein bronzezeitlicher Konfliktmythos, der die Angst der Bewohner vor den Gewalten des Meeres sehr deutlich werden lässt.[2] Der Mythos entsteht nun in dem Augenblick, da die Menschen ihre Jahrhunderte währenden Erfahrungen mit dem Meer dichterisch zu verarbeiten beginnen, um mit den Erzählungen die Frage zu beantworten, „warum in der Natur Kampf herrscht, und die Antwort des Mythos lautet: weil sich die Götter bekämpfen. Wir hätten es demnach mit Naturmythologie oder genauer mit einer mythologischen *Ätiologie* (Erklärung der Ursache) zu tun"[3].

Naturmythologien

Ähnlich dem Ugarit-Mythos müssen wir uns die Lebenswelt vorstellen, die hinter der priesterlichen Schöpfungserzählung steht und die die Israeliten im babylonischen Exil kennen gelernt hatten. Der „wüste und öde" (Gen 1, 2) Eindruck der Landschaft dürfte ziemlich exakt das Panorama des Zweistromlandes spiegeln, das sich alljährlich nach riesigen Überschwemmungen in eine große Wasserwüste verwandelte: „So muss es – das ist die Überzeugung der Verfasser – auch ganz am Anfang gewesen sein: Alles war bedeckt mit der Urflut. Eine Grenze zwischen den Wassermassen von oben (Regen) und den überschwemmten Flüssen gibt es nicht. Alles ist in lichtloses Grau, in lichtloses Dunkel getaucht (V 2). Strukturlos wie die Finsternis zu sein pflegt, ist dieses Wasserchaos – das sprichwörtlich gewordene Tohuwabohu (abgeleitet von Tehom, dem Chaosdrachen)."[4]

Auch für die antike Zeit des Neuen Testaments kann man ähnliche Lebenserfahrungen rekonstruieren, die das Interesse an Chaosmächten und Seenotgeschichten begründen: „Die Themenkreise ‚Seesturm', ‚Rettung aus Seenot' sind gemeinantikes Gedankengut, zahlreiche Seewunderrettungsgeschichten finden sich sowohl in jüdischer als auch in heidnisch-hellenistischer Literatur. Der Urgrund dieser verbreiteten Schilderungen von Seestürmen, Seenot und Rettung aus der Gefahr ist wohl die uralte Angst des Menschen, vor allem der Anwohner von See und Meer, vor dem fremden, unheimlichen, chaotischen, unberechenbaren Element. Selbst von Berufs wegen mit dem Wasser konfrontierte Personenkreise wie Fischer, Seeleute und Handelsleute waren oft schutz- und hilflos den Unbilden der See, plötzlich auftretenden Stürmen und Unwettern ausgesetzt. Hilfe im Gebet suchte man bei den Gottheiten, vor allem den als Nothelfern bekannten (Asklepios, Dioskuren, Sarapis, Isis), denen man Macht über die Chaosmächte, die Ungeheuer und Dämonen von Meer und Unterwelt zuschrieb."[5] In altorientalischer wie in neutestamentlicher Zeit konkretisieren sich

antike Seesturmerzählungen spiegeln die Angst vor dem Meer

---

[1] Vgl. dazu B. Lang, Jahwe, 79f.; vgl. O. Keel, Bildsymbolik, 40
[2] Vgl. B. Lang, Jahwe, 81f.; vgl. ganz ähnlich und mit weiteren Beispielen argumentierend E. Drewermann, Tiefenpsychologie und Exegese I, 397; vgl. U. Steffen, Drachenkampf, 36
[3] B. Lang, Jahwe, 82; Lang vermutet allerdings bereits den Ursprung des im Mythos beschriebenen Konflikts nicht in der Natur, sondern in der Gesellschaft und Politik. Die Natur bietet nach dieser Lesart nur die Bilderwelt zur Darstellung eines sozialen Konflikts.
[4] U. Früchtel, Symbole, 53; zum Motiv des Drachenkampfes im Mythos vgl. umfassend U. Steffen, Drachenkampf
[5] R. Kratz u. R. Pesch, So liest man synoptisch III, 11; vgl. O. Keel, Bildsymbolik, 64

die Ängste der Menschen vor dem geheimnisumwitterten Meer vielfach in Meerestieren und Fabelwesen. Gerade den Hebräern, die von Haus aus keine große Schiffernation waren und deren leichte Schiffsbauarten schwere Seenöte geradezu provozierten,[1] gilt das Wasser als äußerst unsicheres Terrain. Ps 107, 29f. („Er [Gott] stillte den Sturm zum Säuseln, die Wogen des Meeres legten sich. Sie freuten sich, als sie ruhig wurden und er sie zum ersehnten Hafen brachte.") und Ps 107, 23f. („Die das Meer in Schiffen befuhren, die ihrem Geschäft nachgingen auf den vielen Wassern, sie haben die Werke Jahwes geschaut und seine Wunder über dem Abgrund.") dokumentieren ihren übergroßen Respekt vor den Wassern, und noch in der Reaktion der Bevölkerung auf die Sturmstillung Jesu nach Mt 8, 27 findet sich ein Nachklang dieser ursprünglichen Ehrfurcht: „Die Leute aber staunten und sagten: Was ist das für ein Mensch, dass ihm sogar [!] die Winde und der See gehorchen."

Nähe des Meeres zum Totenreich

Nicht unwichtig ist es jetzt festzuhalten, dass die Altorientalen, besonders die Ägypter, in ihrem Weltbild einen Zusammenhang sahen zwischen dem als Bedrohung empfundenen Meer, oft symbolisiert durch ein Meeresungeheuer, eine Schlange oder den bereits zitierten Drachen, und dem Totenreich, das sich im Bereich des Urozeans befand.[2] In den Todes- und Grabesassoziationen, die wir unter dem Stichwort „Meer" in zahlreichen biblischen Texten finden, ist diese Vorstellung noch präsent. Ein gutes Beispiel bildet diesbezüglich Ps 88, 6, der eine ganz persönliche Leidenserfahrung umschreibt: „Du hast mich hinabgelegt in die Grube, in Finsternisse und Meerestiefen." In immer neuen Bildern beklagt der Beter seine leidvolle Lage; er wähnt sich lebendig schon bei den Toten, bei denen, die bereits in die Grube fuhren und im Grab liegen, in der Dunkelheit, im Abgrund der Meerestiefe. Das sind Bilder großer Entfernung von allen Freunden und auch von Jahwe.[3]

Es kann hier nicht der Raum dafür sein, alle verzweigten Pfade der Übergänge von den altorientalischen Mythen in die atl. Welt nachzuzeichnen. Uns interessieren hier die Endergebnisse dieser Assimilationen. Irgendwann übernehmen die Götter der Hebräer Züge der Nachbarvölker, im kanaanäischen El verbinden sich viele Charakteristika von Jam (Herr des Meeres), Baal (Herr der Erde) und Mot (ägyptischer Gott des Totenreiches); El und Baal wiederum konzentrieren sich in Jahwe, dem hebräischen Hüter über die Ordnungs- und Lebensmächte.[4]

ideologischer Missbrauch der Mythen

Die Exegese ist sich einig in dem Verdacht, dass jene Götterbilder und Naturmythologien im Laufe der Zeit auch in Israel ideologisch missbraucht wurden, weil Herrschaftsansprüche mithilfe der mythologischen Erzählung legitimiert werden konnten. Wenn Ps 74, 10–17 und Hiob 26, 10–13 etwa als israelitische Fortsetzungen des Themas vom Ugarit-Mythos den Sieg Jahwes über das feindliche Meer (Jam) bejubeln, so könnte sich hinter den Anspielungen auf den Schöpfungsmythos ein politischer Konflikt verbergen. „Der Mythos vom Chaoskampf offenbart uns das Weltbild der alten Kriegergesellschaften. Nach ihrer Auffassung ist die gegenwärtige geordnete Welt das Ergebnis des Sieges der Götter (oder des Gottes) über die finsteren, dämonischen Mächte des Chaos. Die von Gott oder den Göttern geschaffene feste Schöpfungsordnung birgt immer noch jene Mächte, welche die Ordnung gleichsam von innen heraus bedrohen und gefährden. […] Diese Unsicherheit macht erforderlich, dass Gott als deus militans immer wieder eingreift, um die Welt wieder der uranfänglich etablierten Ordnung anzugleichen."[5]

Gott als deus militans

---

[1] Vgl. O. Keel, Bildsymbolik, 64; vgl. auch die mit archaisch-mythischen Vorstellungen unterlegte Seenot des Paulus in Apg 27, 14–44
[2] Vgl. O. Keel, Bildsymbolik, 31 ff.
[3] Vgl. U. Früchtel, Symbole, 78; vgl. O. Keel, Bildsymbolik, 55; verständlich, dass die Meeresungeheuer und ihre Helfer, die Wellen, als personifizierte Mächte des Todes die Feinde Jahwes sind; vgl. U. Steffen, Drachenkampf, 83
[4] Vgl. O. Keel, Bildsymbolik, 39
[5] B. Lang, Jahwe, 83 f.; vgl. U. Steffen, Drachenkampf, 50 ff., 126

2 Der Seewandel Jesu (Mt 14, 22–33). Eine Sachanalyse

Man fühlt sich als Leser in erschreckender Weise an die politische Aktualität und religiöse Fundamentalisten erinnert, wenn einige biblische Erzähler nun den ursprünglichen, natürlichen Chaoskampf als kriegerische Auseinandersetzung interpretieren, in der Annahme, im „Heiligen Krieg" durch einen Sieg über die Feinde alles aus der Ordnung Geratene wieder zu ordnen. Aus dem Naturmythos war so in vielen Fällen nichts als ein Alibi für eine Religion des Krieges geworden, das Böse wurde aus dem kosmischen in den historischen und anthropologisch-ethischen Bereich verlagert.[1] Geschichtliche Ereignisse wie Kriege, Thronbesteigungen und Tempelgründungen wiederholten auf ihre innerweltliche Art die in der Genesis erzählte kosmologische Schöpfung Jahwes.

Die Verquickung von Schöpfungsmythos und Kriegsmetaphorik hinterlässt ihre Spuren im Neuen Testament. Die aus dem Hiobbuch zitierte Drohgebärde – der antike Streit wird oft auch nur verbal ausgefochten (vgl. 1 Sam 17, 44) – lenkt den Blick auf die ntl. Seerettungserzählungen. „Das Motiv klingt lange nach; noch Jesus gebietet durch ein drohendes Wort Wind und Wellen Einhalt und bringt so seine bootfahrenden Jünger und sich selbst außer Gefahr."[2] Zwar verzichtet Matthäus in Mt 14 auf die Drohschelte und erzählt nicht eigens, *wie* Jesus die Wogen glättet, doch füllt der matthäische Leser diese Leerstelle durch eine Erinnerung an Mt 8, 26, worauf sich Lang bei seinen Ausführungen zum Zusammenhang von Chaosmächten und Kriegsmetaphorik explizit bezieht. Damit ist angedeutet, dass die geschichtliche und sozial-politische Interpretation des Schöpfungsmythos für Matthäus Gültigkeit besitzt. Natürlich geht es ihm somit nicht darum zu demonstrieren, dass Jesus die realen Naturgewalten außer Kraft setzen kann. Von der Intention einer früheren Erzählstufe, wonach die Bootsinsassen wie im alten Ägypten im Anschluss an eine geglückte Überfahrt ihren Göttern huldigten, weil die gefährliche Naturgewalt ihnen realiter nichts anhaben konnte, ist er weit entfernt. Vor dem Hintergrund der Auseinandersetzungen mit der Synagoge im römischen Reich glaubt er daran, dass das Chaos aktuell in seine Gemeinde (für die das Boot symbolisch steht) einzieht. Damit realisiert er die zweite, sozial-politische Lesart der Mythen, die für die Altorientalen und die antiken Menschen kein ungewöhnliches Textverständnis darstellte. Anders als einige atl. Erzähler jedoch lässt er im gesamten Evangelium keinen Zweifel daran, dass derartige soziale Konflikte niemals mit Waffengewalt zu lösen sind, will man sich auf die Ethik des Nazareners berufen.

Eng verflochten mit dieser sozial-politischen Auslegung der mythischen Bilder ist die dritte Stufe der Deutungen. Wenn nämlich der Schöpfungsmythos über den Antagonismus zwischen dem Chaos und Jahwe „eine Antwort auf Angst und Resignation angesichts katastrophischer Welt- und Lebenserfahrungen"[3] impliziert, wenn also der Mythos auf symbolische Weise die dem Leben wesenhafte und jederzeit präsente Gefahr von „bodenloser, vernichtender Verlorenheit"[4] gerade auch im „persönlichen Leben"[5] thematisiert, so wird man der Didaktik nur zustimmen können, die die Seewandelperikope des Matthäus nicht allein ekklesiologisch als Erzählung über eine Gemeinde in der Anfechtung von außen auslegt, sondern sie auch als eine Geschichte über die psychischen und physischen Zustände jedes einzelnen Gemeindemitglieds (symbolisch in den Jüngern im Boot vertreten und an späterer Stelle besonders im Verhalten des Petrus abgebildet) deutet[6], wie dies grundsätzlich

---

[1] Vgl. O. Keel, Bildsymbolik, 40; vgl. B. Lang, Jahwe, 84; vgl. K. Löning u. E. Zenger, Als Anfang, 24; zur psychologischen Erklärung einer Ideologisierung kollektiver Machtinteressen mithilfe des Mythos bis hin zum Nationalsozialismus vgl. E. Drewermann, Tiefenpsychologie und Exegese I, 253f.; vgl. U. Steffen, Drachenkampf, 84f.
[2] B. Lang, Jahwe, 81
[3] K. Löning u. E. Zenger, Als Anfang, 42
[4] Vgl. O. Keel, Bildsymbolik, 47
[5] B. Lang, Jahwe, 84
[6] Vgl. T. Eggers, Gott und die Welt 9/10. Kommentar, Düsseldorf 1996, 169ff.; vgl. H. Halbfas, Religionsunterricht in den Sekundarschulen. Lehrerhandbuch 6, Düsseldorf 1993, 343; vgl. zur Verinnerlichung des Chaoskampfes in den Hochreligionen U. Steffen, Drachenkampf, 54

die Altorientalen bei anderen Erzählungen bereits taten. Sie sahen hinter den Chaosmächten nicht allein reale bedrohliche Naturgewalten und nicht allein sozial-politische Mächte, die den Staat oder das Gemeinwesen anfeinden konnten; sie erblickten im Mythos auch immer eine Möglichkeit der dichterischen Bewältigung persönlicher Anfeindungen durch das Chaos: „,Chaotische' Erfahrungen, in denen die Schöpfungstheologie mit ihrer Beschwörung des guten Anfangs Lebensangst und -bedrohung bewältigen und abwehren will, sind besonders Krankheit und Leid."[1] Atl. Exegese, Tiefenpsychologie, Literaturwissenschaft und neueste neurologisch-medizinische Forschung stimmen in diesem zentralen Punkt überein: Der Mythos bewältigt wesentlich menschliche Ängste (vor Naturgewalten, politischen Feinden und persönlichen Leiderfahrungen), verleiht dem Leben mit seinen Grenzerfahrungen auf dichterische Art Sinn und bedient sich dazu der Naturbilder.[2]

Mythos verleiht dem Leben auf dichterische Art Sinn

Was daher am Beispiel der eigens von Matthäus eingebauten Petrus-Episode noch auszuführen sein wird, soll hier allgemein als Lesart im RU favorisiert werden: „Weil Meerestiefe und Abgrund das absolut Bedrohliche, weil sehr hohe Berge, weit entfernte Berggipfel das fast Unerreichbare waren, wurden die Kontraste Höhe – Tiefe, Berg und Tal sehr bald Mittel, um existenzielle Extrem- oder *Grenzerfahrungen* zu beschreiben."[3] Um noch genauer zu verstehen, was die Jünger angesichts der Wellen, des Windes und der Dunkelheit an leidvoller „individuelle(r) Befindlichkeit"[4] erlitten haben könnten bzw. was die Matthäus-Leser aus der Fülle des symbolischen Sprachschatzes an Assoziationsmöglichkeiten realisieren konnten, wird ein weiterer Gedankengang von Bedeutung.

→ Baustein 4

Die Tatsache, dass Jesus in Mt 8, 26 den Chaosmächten droht, hat die Exegese übereinstimmend interpretiert. Noch einmal: Rettungswunder spielen sich nicht einseitig im Bereich der Natur ab, sie haben eine sozial-politische und letztlich „auch eine personale Seite: die Hilfsbedürftigen sind Personen; oft werden auch die dämonistisch verstandenen Wasser personifiziert vorgestellt, daher die Verwandtschaft der Rettungswunder mit den Exorzismen"[5]. Wie ist die Nähe der Gattungen ‚Rettungswunder' und ‚Heilung von Dämonie' zu erklären?

Nähe der Rettungswunder zu den Exorzismen

Ich komme noch einmal auf Ps 88, 6 zurück, der ja eine individuelle Leiderfahrung thematisierte. Wenn der Beter auf seine Verlassenheit und Todesnähe verweist, spiegelt er seine innere Befindlichkeit: „Diese Befindlichkeit wird zweimal mit einem Wort umschrieben, das moderner Theologie oder Philosophie entsprungen sein könnte: ENTFREMDUNG; ‚entfremdet ist er seinen Freunden und Genossen (V 8 und V 20)."[6] Wie auch Ps 130 und 107 belegen, umschreibt die geografische Angabe der „Tiefe" ein Existenzial. Das Neue Testament kennt zur Umschreibung derartiger Existenziale und Entfremdungszustände nun eine Bilderwelt, die im RU immer wieder befremdlich wirkt, weil sie in ihrer Symbolik auf den ersten Blick nicht durchschaut wird. Die Rede ist von den Dämonenaustreibungen im Falle von Besessenheit. Die moderne Exegese kommt zur Erläuterung der Dämonenaustreibungen mittlerweile nicht ohne tiefenpsychologisches Vokabular aus. Um zu begreifen, was es heißt, wenn in Mt 8, 6 Jesus den *dämonischen Kräften* des Meeres gebietet, lohnt ein kurzer Blick in die Liste der antiken Leiden, die sich hinter dem Begriff der Dämonie verbergen.

die „Tiefe": ein Bild der Entfremdung

---

[1] K. Löning u. E. Zenger, Als Anfang, 42
[2] Vgl. O. Keel, Bildsymbolik, 42; vgl. E. Drewermann, Tiefenpsychologie und Exegese I, 132 ff., dort mit Bezug auf die Literaturwissenschaft; vgl. die äußerst interessante neurologische Abhandlung von A. Newberg u. a., Der gedachte Gott. Wie Glaube im Gehirn entsteht, München 2003, v. a. Kap. 4: Mythenbildung
[3] U. Früchtel, Symbolik, 77
[4] U. Früchtel, Symbolik, 109
[5] R. Kratz u. R. Pesch, So liest man synoptisch III, 11; vgl. zum Zusammenhang von Dämonie und Chaoskampf U. Steffen, Drachenkampf, 252 f.; vgl. zu Wasserstellen als bevorzugte Orte der Dämonen E. Drewermann, Das Markusevangelium. Zweiter Teil. Bilder von Erlösung, Düsseldorf ^{6}2003, 28, Anm. 15
[6] U. Früchtel, Symbolik, 78

Dämonen gehören in der Antike wie auch in einigen Kulturen außerhalb Europas heute zur Lebenswelt. „Der Glaube an sie wird genährt von der Angst vor Kontrollverlust – also vor jenen Situationen, in denen wir nicht mehr ‚Herr' im eigenen Haus sind, sondern uns als fremdbestimmt erfahren."[1] Die Dämonie umschreibt folglich nichts anderes als die aus den Psalmen zitierten Entfremdungserscheinungen. Zu ihnen rechnet man in der Antike Wutausbrüche; cholerische Menschen sind grundsätzlich von Dämonen besessen, weil sie sich nicht unter Kontrolle haben. Menschen können des Weiteren ihren Kummer im Alkohol ertränken – eine andere Form der Dämonie. Die Hurerei zählt ebenfalls zu diesen Zuständen der Besessenheit, vermutlich aufgrund der Sucht nach sexuellen Ausschweifungen. Starke Schmerzen und Krankheiten können dem Einzelnen so zusetzen, dass er nicht mehr ein noch aus weiß: er wird aus dem gewohnten Alltagsleben herausgedrängt und fühlt sich fremden quälenden Mächten ausgeliefert – eine weitere Form der Dämonie. Fehlt den Menschen die Möglichkeit der Selbststeuerung, spricht heutige Psychologie von einer Identitätsstörung oder Psychose. Dieses Vokabular kannte die Antike natürlich noch nicht, aber sie bezeichnet diese Persönlichkeitsstörungen ebenfalls als Form der Besessenheit.[2] Hermeneutischer Parameter zum tiefen Verständnis der Meeresmetaphorik als Dämonieanfeindung ist nach dem Gesagten der in vielen ntl. Wundergeschichten verdichtete Gegensatz von Angst und Vertrauen. Wie wir gesehen haben, sprachen bereits die Altorientalen dem Meer aus purer Angst vor den Gewalten der Natur dämonische Kräfte zu. Entsprechend den weiteren Lesarten der Mythen als politisch-geschichtliche und individuelle Interpretationsmuster bleibt der Wortschatz von den dämonischen Mächten des Meeres zwar zur Zeit des Neuen Testaments erhalten, nun aber bieten die Erzähler gerade persönliche Identifikationsmöglichkeiten an, wenn etwa Markus in 4, 39 Jesus die aufgewühlte See anfahren lässt: „Schweig, sei still!" – Eine Formel, die Jesus in ähnlicher Weise etwa auch gegenüber dem Besessenen von Gerasa äußert (vgl. Mk 5, 8). Für Heilungswunder und Seewandelperikope gilt daher gleichermaßen: „Vom Erleben der Angst her lassen sich die einzelnen Krankheits- und Unheilssituationen selbst als konkrete Verdichtungen, als Artikulationen der Daseinsangst verstehen, die in jedem Menschen angelegt ist."[3] Mit dem Hinweis Drewermanns auf die Daseinsängste jedes Menschen wird der Korrelationsdidaktik hier ausdrücklich die Tür geöffnet. Unstreitig reflektieren viele Mythen die äußere Erscheinung bestimmter Naturmächte und es kann hin und wieder interessant sein, im Unterricht dieses Phänomen zu beleuchten. Doch wesentlich notwendig wird die dritte, existenzielle Lesart der Mythen, „die eigentlich eine projektive Selbstauslegung des menschlichen Daseins (darstellen)"[4]. So finden sich demnach in der Schilderung der Trias aus Meer, Dunkelheit und Gegenwind in die Natur, die die Menschen aufgrund ihrer geografischen Lage besonders gut kannten oder kennen, verlagerte Affekte von Ängsten, die heutigen Schülern grundsätzlich nicht fremd sein dürften.

Mt 14, 22–33 artikuliert Daseinsängste

→ Baustein 4

Nach dem Gesagten ist die existenzielle Assoziationskette komplett, die Matthäus in V 24 durch die Nennung der Chaos-Trias Wellen, Nacht und Gegenwind seinen Lesern anbietet: (Selbst-)Entfremdung, bloße Erniedrigung der Existenz in der Angst bis hin zu dem Punkt der Krise, wo man befürchtet, die Kontrolle über das eigene Leben gänzlich zu verlieren. Es bewahrheitet sich nach dem Gesagten, was Religionsdidaktik, Tiefenpsychologie und Religionswissenschaft betonen, dass nämlich die politische Lesart einer biblischen Textstelle so weit von der psychologischen Betrachtung nicht entfernt ist, dass sie einander sogar ergänzen. Die politisch brisante Auseinandersetzung einer Gemeinde im Spannungsfeld von

Nähe von politischer und psychologischer Auslegung

---

[1] G. Theißen u. A. Merz, Der historische Jesus, 281; vgl. umfassend V. Garske u. U. Gers, Der Besessene von Gerasa, Interpretationen – Unterrichtsmodell, Paderborn 2008
[2] Vgl. G. Theißen u. A. Merz, Der historische Jesus, 281; der psychische Chaoskampf äußert sich entsprechend in Aggressionen, Hass- und Rachegefühlen, Hartherzigkeit und Gewalt; auch Stolz und Übermut gelten im psychologisch interpretierten Mythos als untergeordnete Chaosmächte, vgl. U. Steffen, Drachenkampf, 124
[3] E. Drewermann, Tiefenpsychologie und Exegese II, 241; vgl. U. Steffen, Drachenkampf, 252f.
[4] E. Drewermann, Tiefenpsychologie und Exegese I, 170

Interpretationen

religiöser und staatlicher Macht lässt sich, da es sich stets um Auseinandersetzungen im Namen religiöser, ideeller, politischer, moralischer u. a. Ideale handelt, auf das eigene Ich übertragen. Das, wogegen ein Volk, eine Religion oder kirchliche Institution kämpft, ist immer auch etwas in ihm selbst, gegen das es sich wehrt oder vor dem es Angst hat.[1] So gesehen spiegelt diese Geschichte nicht allein das historisch einmalige soziale Schicksal der matthäischen Gemeinde, vielmehr die zeit- und ortsunabhängige Bedrohung unseres eigenen Lebens und unseres inneren Gleichgewichts.

Man kann es auf dem Hintergrund der Chaosmythen nicht deutlich genug im Vorfeld des Unterrichts herausstellen: Es geht dem Schriftsteller Matthäus in seinen Korrelationen von Raumgestaltung und Verfassung der Figuren um nichts weniger als um eine Situation der Lebensbedrohung durch jene Mächte, die von alters her symbolisch Tod und Zerstörung bedeuteten, es geht um „Sein oder Nicht-Sein". Natürlich beherbergt die Erzählung historisch interessante Reminiszenzen an die Gefahren des Sees Gennesaret, die „durch plötzliche, vom Westen bzw. Nordwesten herabfallende Winde, die die Seeoberfläche zu haushohen Wellen aufwühlen können"[2], entstehen. Doch für uns und unsere Schüler wird der Text vor allem dann lebendig, wenn wir von historischen Ereignissen abstrahieren und die „haushohen Wellen" symbolisch als *wesentliche*, im Sinne der Mythen über alle Zeiten hinweg gültige Lebenserfahrungen begreifen. Tod mag dann nach allem, was gesagt wurde, auch und gerade in einem psychischen Sinne verstanden werden. Schließlich kennen unsere Schüler die Redewendungen, die die Lage der Jünger im Boot vielleicht am besten auf den Punkt bringen: Ihnen „steht das Wasser bis zum Hals", sie „kommen vor Angst um", weil sich „der Sturm (noch) nicht legt", „dort ein eisiger Wind weht", sie „gegen den Strom zu fahren" haben und im Grunde ob ihrer nächtlichen „aussichtslosen Lage" nur „schwarz sehen" können. Doch die Erzählung kommt zu einer überraschenden Wende.

Wellen: Symbole des Todes – auch im psychischen Sinn

→ Baustein 1
→ Baustein 2

2.5 Die Symbolik des Seewandels Jesu

Für jeden matthäischen Leser war einsichtig, dass mit V 25 die Wende des Geschehens eingeleitet wird. Der Erzähler eröffnet den – den Jüngern zunächst noch verborgenen – Umschwung mit einer Zeitangabe, die in ihrer positiven Symbolik jedem Leser damals bekannt war, unsere Schüler jedoch zunächst vor Probleme stellt. Gemeint ist die „vierte Nachtwache", die letzte der je dreistündigen Nachtwachen (die erste Wache beginnt abends mit dem Sonnenuntergang, die letzte endet mit dem Sonnenaufgang).[3] Sie impliziert also das Ende der Nacht, und unsere Jugendlichen wissen aus eigenen Zeltlagererfahrungen zu berichten, dass und wie diese letzte nächtliche Sequenz den Übergang von der Nacht zum Tagesanbruch markiert: Die Sonne geht auf und zwar zu einem Zeitpunkt, der kontrastiver nicht sein könnte. Erfahrene Schüler wissen, dass die Nacht nie kälter ist als unmittelbar vor Sonnenaufgang.

das Bild vom Sonnenaufgang in den Religionen

Seit der Zeit des prähistorischen Menschen besitzt der Sonnenaufgang symbolische Bedeutung. Die Lichtsymbolik der matthäischen Erzählung begegnet ganz ähnlich auf allen Kulturstufen in Mythen, Märchen, Legenden und folkloristischem Brauchtum und ist in allen Religionen der Welt beheimatet.[4] Von den Azteken bis zu den Alaska-Eskimos, von afrika-

---

[1] Vgl. E. Drewermann, Tiefenpsychologie und Exegese I, 290f.; die oben genannten im Meer beheimateten „wilden Tiere", Seeungeheuer und Drachen, werden von der Tiefenpsychologie daher konsequent als Gefahren der eigenen Psyche, als Triebmächte gesehen, das als Teil des Unbewussten das nach Integrität strebende Ich aus dem Gleichgewicht bringen wollen (man beachte das Bild von dem wie eine Nussschale auf dem See treibenden Boot); vgl. ebenso U. Steffen, Drachenkampf, 7, 124
[2] W. Bösen, Galiläa, 176
[3] Vgl. W. Bösen, Galiläa, 224
[4] Vgl. H. Halbfas, Religionsunterricht in der Grundschule. Lehrerhandbuch 1, Düsseldorf ²1987, 263; vgl. H. Halbfas, Religionsunterricht in der Grundschule. Lehrerhandbuch 2, Düsseldorf ⁶1996, 447ff.

nischen Stämmen bis zu den Indianern, Altorientalen, Germanen u. a. gilt gleichermaßen, dass sie die Sonne als Spenderin des Lebens verehren. Doch sie hat im kosmischen Gefüge auch ihre Gegenspieler. In Mesopotamien und Ägypten beispielsweise leben die Dämonen im Bereich der Nacht. Sie verkörpern sich in gefährlichen Tieren und treiben nachts ihr Unwesen. Erst die aufgehende Sonne verscheucht sie in ihre Löcher. Die Wirkung, die der Sonne (nicht allein) in altorientalischen Erzählungen zugeschrieben wird, verwundert vor dem Hintergrund des Sonnensymbols in Ägypten nicht. Da die Sonne Licht und Wärme und somit die Grundbedingungen des Lebens hervorbringt und Garant der kosmischen Ordnung ist, legitimiert sich der Gott Re jeden Tag aufs Neue als Schöpfer.[1] Offensichtlich ohne direkten ägyptischen Einfluss erhalten zu haben, erzählt auch Ps 104, wie religiöse Anschauungen vom Naturerleben geprägt sein können: „Wenn du [Jahwe] die Sonne aufgehen lässt, ziehen sie [die Raubtiere] sich zurück und lagern in ihren Verstecken." Nun kann der arbeitsreiche Tagesablauf des Menschen ohne Furcht vor Übergriffen der Tiere beginnen und die Natur sich ihrer Bestimmung gemäß entfalten. Es versteht sich von selbst, dass derartige Bilder erneut politisch gelesen werden und die „Tiere" dann die Kriegsgegner meinen konnten. Da die Sonne ganz offensichtlich viele Vorgänge auf der Erde regiert, wird sie in der Schöpfungserzählung auch zur Herrscherin über den Tag erklärt (vgl. Gen 1, 14–19). Das Hiobbuch lässt das Morgenrot die Frevler vertreiben, die sonst Unheil über die Menschen bringen (vgl. Hiob 38, 13), und wir erkennen beispielhaft, wie hier wieder der Naturmythos sozial-politisch interpretiert wird.

Schließlich gibt es eine biblische Deutung der Sonne als persönliche Charaktereigenschaft, als seelischer Zustand und als Existenzgegebenheit. Im Buch der Richter (vgl. Ri 5, 31) werden die Menschen, die Gott im Herzen tragen, mit der aufgehenden Sonne verglichen. Ähnlich klingt eine für das Christentum bedeutende Stelle im AT (Mal 3, 20): „Dann strahlt euch, die ihr meinen Namen fürchtet, die Sonne des Heiles auf." Auch einige Psalmen nutzen die Lichtmetaphorik, um in Zeiten persönlicher Bedrängnis der Hoffnung auf Heil Ausdruck zu geben.[2] Diese zuletzt genannten Konnotationen werden von ntl. Autoren ebenfalls genutzt, hier mit dem Ziel, die einzigartige Bedeutung des Nazareners für das persönliche Heil der Menschen hervorzuheben. In der Nachfolge Jesu werden die Gerechten „leuchten wie die Sonne im Reiche ihres Vaters" (Mt 13, 43). Die „Leuchtkraft" geht damit von Jesus auf seine Nachfolger über. Schon an früherer Stelle hatte derselbe Erzähler das erste Auftreten Jesu in Galiläa mit einer aussagekräftigen Lichtmetaphorik mittels eines Jesaja-Zitates kommentiert (Mt 4, 16): „das Volk, das im Dunkel lebte,/hat ein helles Licht gesehen;/denen, die im Schattenreich des Todes wohnten,/ist ein Licht erschienen." Analog eröffnete der Erzähler Lukas sein Evangelium (vgl. Lk 1, 78f.), wenn er jenen, „die in Finsternis sitzen und im Schatten des Todes", „ein aufgehendes Licht" verkündet. Zu dem Zeitpunkt, da Jesus, der für viele, die ein soziales Schattendasein führten und nur „einen Schatten ihrer selbst" verkörperten, ein Befreier aus lebensunwürdigen Verhältnissen war, da also Jesus selbst den Schatten des Todes begegnet, lässt derselbe Erzähler wie Matthäus (vgl. Mt 27, 45) „eine Finsternis über das ganze Land" hereinbrechen. Wenn es dann schließlich heißt: „Die Sonne verdunkelte sich." (Lk 23, 44f.), baut sich eine negative Raumsymbolik auf, die erst wieder mit der Auferstehung Jesu gelöscht wird. „In aller Frühe", also bei Sonnenaufgang, kommen die Frauen zum leeren Grab (vgl. Lk 24, 1); Matthäus sagt es ausdrücklich: „in der Morgendämmerung" wird die Auferstehungsbotschaft verkündet (vgl. Mt 28, 1). An diese

---

[1] Vgl. O. Keel, Bildsymbolik, 45, 189; zur Sonnensymbolik in den Mythen unterschiedlicher Kulturen vgl. E. Drewermann, Tiefenpsychologie und Exegese I, 171; der Sonnengott Ägyptens wird bei seiner nächtlichen Fahrt durch die Wasser der Unterwelt unaufhörlich von der Schlange Apophis bedroht und muss sich ihrer bis zum Anbruch des neuen Tages erwehren, vgl. U. Steffen, Drachenkampf, 47f.; von daher wird auch verständlicher, wie eng Chaoskampf und Zeitangaben bei Mt verwoben sind; der Sieg über das Chaos vollzieht sich bereits in den Mythen der Ägypter zeitgleich mit dem Aufgang der Sonne.
[2] Vgl. U. Früchtel, Symbole, 50ff.

Auferstehung glaubend, erwählte die Urkirche den Sonntag zum Tag des Herrn. Christen beteten fortan der aufgehenden Sonne entgegen, Kirchenbauten richteten sich entsprechend nach Osten aus. Im 4. Jahrhundert wird das zunächst am 6. Januar gefeierte Erinnerungsfest an Christi Geburt auf den 25. Dezember verlegt, um die an diesem Tag stattfindende römische Kultfeier zu Ehren des damaligen römischen Reichsgottes, des Sol Invictus, zu verdrängen.[1]

AT: Sonnenaufgang als Zeitpunkt der Hilfe Jahwes

Verständlich wird nach den Ausführungen nun, dass im AT der Tagesanbruch und damit „die vierte Nachtwache" grundsätzlich als Zeitpunkt der Hilfe Gottes gilt (vgl. Ex 14, 24; Ps 46, 6; 88, 14; 130, 6; Jes 17, 14; vgl. dazu Mk 16, 2).[2] Von daher wird nachvollziehbar, dass Matthäus in Übernahme der mk Vorlage die bedrohlichen Ereignisse der chaotischen Nacht nun mit der Erscheinung Jesu kontrastiert, der hier an die sonst im AT nur Jahwe vorbehaltene Stelle tritt. Vor dem Hintergrund der Ausführungen zu den Chaosmächten und der Sonnensymbolik ergibt sich nun fast zwangsläufig die Entschlüsselung der Symbolik jenes Motivs, das im Unterricht zu größten Missverständnissen führen kann, des Wandelns über das Wasser.

→ Baustein 2

viele außerbiblische Parallelen des Seewandels

Der Topos vom Wandeln über das Wasser dürfte in erster Linie atl. Hintergrund besitzen, eventuell hellenistischen Einflüssen unterlegen sein. Erstaunlich jedoch, dass der Seewandel eines gottgleichen Menschen so viele außerbiblische Parallelen kennt, die ganz offensichtlich ohne literarische Abhängigkeiten entstanden sind.[3] Die Thesen Drewermanns zur unabhängigen Entstehung der Mythen in diversen Kulturen und Religionen erhalten damit erneut Bekräftigung. Beginnen wir zunächst mit einem Blick auf das AT.

der Seewandel im AT

Jahwes Macht über die bei der Schöpfung z. T. befriedeten Wasser ist im AT reich belegt. Der in Ex 14 beschriebene Durchzug durch das Schilfmeer ist zwar nicht identisch mit dem Seewandel-Motiv, bezeugt jedoch Jahwes Macht über das Chaos ebenso wie 2 Makk 5, 21, Sir 24, 5 f., Jes 43, 16 und die folgenden Stellen, denen man eine sehr enge Verwandtschaft zum Matthäus-Motiv zuspricht. „Es ging dein Weg durch das Meer, es gingen deine Pfade durch große Fluten, und nicht war gesehen die Spur deiner Füße." Hintergrund des Psalms 77, 20 bildet das Motiv eines großen Gewitters, ergänzt durch dezente Anspielungen auf das genannte Schilfmeerereignis. Die wohl dichteste Berührung mit dem Erzähler Matthäus weist das Hiobbuch auf[4] und hier besonders Hiob 9, 8: „Er schreitet auf dem Rücken des Meeres einher wie auf festem Boden." Vergleicht man die Bild-Sprache der hier zitierten Septuaginta (LXX) mit dem hebräischen Original, ergibt sich eine für die Matthäus-Perikope interessante Beobachtung. Während im Hebräischen von einem kraftvollen Auftreten Jahwes die Rede ist, der also erst nach einer Kraftanstrengung Jam mühevoll unterwirft, entscheiden sich die Übersetzer der griechischen Version für eine deutliche Korrektur. Sie lassen Jahwe nahezu mühelos und viel souveräner unbehelligt über das Wasser gehen. Und exakt dieses mühelose und souveräne Dahinschreiten nimmt der Erzähler Matthäus als Motiv in seiner Erzählung auf. Die so beschworene „Leichtigkeit des Seins" vermeidet den – im wahrsten Sinne des Wortes – machtvollen *Auftritt* und betont dagegen eine einzigartige Unangreifbarkeit und Mühelosigkeit.[5]

„über das Wasser gehen": frei sein von Entfremdung und Angst

Die Korrelation von Raumsymbolik und innerer Figurenverfassung lässt sich nach den Hinweisen zu den dämonischen Mächten des Chaos anschaulich deuten. Ein Mensch, der

---

[1] Vgl. M. Lurker, Symbole, 297
[2] Vgl. R. Kratz u. R. Pesch, So liest man synoptisch III, 31; vgl. H. Frankemölle, Matthäus. Kommentar 2, 198
[3] Vgl. H. Frankemölle, Matthäus. Kommentar 2, 197; vgl. R. Kratz u. R. Pesch, So liest man synoptisch III, 32; vgl. W. Berg, Rezeption, 102
[4] Vgl. zum Folgenden H. Frankemölle, Matthäus. Kommentar 2, 198; vgl. R. Kratz u. R. Pesch, So liest man synoptisch III, 32; vgl. W. Berg, Rezeption, 76 ff.
[5] Vgl. W. Berg, Rezeption, 53

„über das Wasser gehen" kann, ist befreit von Entfremdungszuständen und Daseinsängsten. Die „Dämonen", die fremden „Herren" der Hilflosigkeit, Minderwertigkeit, Angst und der sadistischen Aggressionen (vgl. das Bild vom „gequälten" Boot), die uns selbst nicht Herr über unser Leben sein lassen wollen, die Sorgen und Nöte, die unseren Alltag erschweren und uns – den Wellen gleich – *unter*kriegen wollen, sie haben hier ausgespielt. Jetzt wird auch noch klarer, warum Matthäus Jesus zunächst auf einen Berg hat gehen lassen. Die oben zitierte Frage des Beters in den Psalmen, ob denn von den Bergen die erhoffte Hilfe kommen werde, wird – so viel steht an dieser Stelle bereits fest – bejaht. Die Chaosmächte souverän zu beherrschen, setzt die kontemplative Begegnung mit der Sphäre des Göttlichen voraus. Bezüglich des Seewandels Jesu führt Drewermann entsprechend aus: „Wirklich tragend […] ist der Raum des Gebetes, wo ein Mensch sich im Vertrauen der Macht aussetzt, die sein Leben erschuf und erhält; sich in ihr zu bergen nach den Worten aus Ps 56, 5.12: ‚Auf Gott vertraue ich, ich fürchte mich nicht; was kann denn ein Mensch mir schon tun?' – Das ist der einzig feste Grund der menschlichen Existenz."[1] Aus der Zuversicht lebend, in diesem göttlichen Bereich geborgen zu sein, gelingt der Abstieg in die Niederungen des Chaotischen.

> Voraussetzung: Vertrauen auf Gott

So souverän Jesus auch in dieser Szene auftritt, die Evangelisten schreiben ihm auch ganz andere Züge zu. So zeichnen sie einen Jesus, der ängstlich und von Schweiß gebadet am Ölberg die Passion erwartet (vgl. Lk 22, 44) und psychisch am Boden zerstört ist (vgl. Mt 26, 37f.). Und wenn Jesus am Kreuz nach Mk 15, 34 und Mt 27, 46 seinen Gott anklagt, ihn verlassen zu haben, bleibt von der beim Seewandel beobachtbaren Souveränität nicht sehr viel übrig. Gut vorstellbar, dass der historische Jesus in der Tat diese zutiefst menschlichen Eigenschaften besaß, während die nachösterliche Erzählung vom Seewandel in erster Linie einen unangefochtenen Jesus zeigt, um der Gemeinde Mut zuzusprechen und/oder um dem Umfeld der Gemeinde eine Erzählung mit missionarisch-werbendem Zweck zu präsentieren.[2]

Vergleicht man diese Intentionen mit den außerbiblischen Seewandel-Erzählungen, gewinnt die matthäische Perikope noch deutlicher an Kontur. In der antiken Literatur begegnet das Seewandel-Motiv relativ häufig, setzt dort jedoch meist andere Akzente.[3] In den antiken Geschichten gelten das Retten aus Seenot und das Gehen auf dem Wasser als übermenschliche, allein göttliche Fähigkeiten, die hin und wieder Halbgöttern verliehen werden, so etwa Hymne 22 (an Poseidon) und Hymne 33 (an die Dioskuren) von Homer.[4]

> antike Parallelen:
> ... Homer

Wo die Rede jedoch davon ist, dass *Menschen* auf dem Wasser gehen können, wird dies als hypothetisches Beispiel genommen, das teils kritisch bewertet und sogar vom Erzähler ironisch kommentiert und als Traum- und Fantasiegebilde abgelehnt werden kann. Vielfach haben diese Erzählungen Unterhaltungscharakter ohne missionarischen Akzent. Bemerkenswert ist allerdings, dass in einigen Fällen die oben angedeuteten und unten noch breiter zu entfaltenden soteriologischen Motive eine Rolle spielen. Eine in diesem Sinne auch zu verstehende Bildgeschichte möchte ich hier jedoch mit Blick auf die Unterrichtsbausteine vorstellen. Es handelt sich um ein ägyptisches Liebeslied aus der 19. Dynastie (1350–1200 v. Chr.), das sehr anschaulich beschreibt, wie der Glaube an die Liebe und der Mut, auf ein Gegenüber zuzugehen, „über das Wasser gehen lässt": „Die Liebe zur ‚Schwester' geht nach der jenseitigen Seite. Ein Fluss ist zwischen uns. Das Krokodil liegt auf der Sandbank. Ich steige ins Wasser und durchwate die Wellen. Mein Herz ist mutig in der Flut. Das Wasser ist meinen Füßen wie Land. Denn die Liebe zu ihr ist's, was mich fest macht, als hätte sie mir Wasser-

> ... altägyptisches Liebeslied

---

[1] E. Drewermann, Tiefenpsychologie und Exegese II, 29; vgl. U. Steffen, Drachenkampf, 54f.
[2] Vgl. R. Kratz u. R. Pesch, So liest man synoptisch III, 33; vgl. H. Frankemölle, Matthäus. Kommentar 2, 198f.
[3] Vgl. zum Folgenden W. Berg, Rezeption, 72 ff.
[4] Vgl. R. Kratz u. R. Pesch, So liest man synoptisch III, 16

Interpretationen

zauber gesungen."[1] Das Lied birgt so manches Motiv, das im Zusammenhang mit der Analyse der Chaosmächte erwähnt wurde. Da ist das Krokodil, das in Ägypten seit jeher als Sinnbild der Chaosmacht dient. Es steht hier für jene Kräfte, die zwischen zwei Liebenden negativ wirken können, etwa Zweifel an der Freundschaft, Eifersucht u. a. Die Macht der Wellen als eine der Chaosmächte kennen wir aus der Matthäus-Perikope, und das Wandeln über das Wasser an das jenseitige Ufer steht für den unbezwingbaren Mut, aus Liebe ungeahnte Kräfte freizusetzen und allen Hindernissen zum Trotz das Wagnis einer Begegnung einzugehen. Das Erstaunliche an diesem Liebeslied ist die paradox anmutende Definition der Liebe: Lieben heißt, sich fest machen zu können – und das auf dem Wasser. In ganz ähnlicher Weise umschreibt im Hebräischen der Glaubensbegriff ein Sich-Festmachen, und wie in dem Liebeslied nutzt der Erzähler Matthäus das Paradoxon seiner Religion: Jesus „macht sich fest" – ebenfalls auf dem Wasser. Die Parallelen zwischen dem ägyptischen Lied und der matthäischen Erzählung sind kaum zu übersehen. In dem einen wie in dem anderen Fall geht es um eine Mut erfordernde Begegnung von Menschen, die durch widrige Umstände voneinander getrennt werden. Voraussetzung für ein Gelingen des Aufeinanderzugehens ist ein unerschütterlicher Glaube (bei Jesus an seinen Gott, in dem Lied an die Liebe). Beide Texte nutzen das paradoxe Glaubens-Bild vom Seewandel, beide greifen stilistisch auf Metaphorik zurück, die nicht wörtlich verstanden werden darf.

lieben und glauben: sich festmachen

→ Baustein 3
→ Baustein 4
→ Baustein 5

→ Baustein 1
→ Baustein 2

... Buddha-Legenden

Weitere interessante religionsgeschichtliche Parallelen bieten die Buddha-Legenden aus dem 5. Jahrhundert. In der Schrift Jataka 190 heißt es:

„Dies erzählte der Meister, der in Jetavana verweilte, mit Beziehung auf einen gläubigen Laienbruder: Als nämlich dieser gläubige ... Schüler eines Tages nach dem Jetavana ging, kam er am Abend an das Ufer des Aciravati. Der Fährmann aber hatte seine Schiffe an das Ufer gezogen und war weggegangen, um die Predigt zu hören. Als nun jener an der Furt kein Schiff sah, trat er, von freudigen Gedanken an Buddha getrieben, auf den Fluss. Seine Füße sanken im Wasser nicht ein; er ging wie auf festem Boden. Als er aber in die Mitte gelangt war, sah er die Wellen. Da wurden seine freudigen Gedanken an Buddha schwächer, und seine Füße begannen einzusinken. Doch er erweckte wieder stärkere freudige Gedanken an Buddha und ging weiter auf der Oberfläche des Wassers."[2]

In der Nähe zu den ntl. Motiven vom Seewandel Jesu befinden sich zweifellos die Raum- und Zeitangaben (es ist Abend; die Wellen versuchen, das Wandeln über das Wasser zu verhindern). Gleich dem ägyptischen Liebeslied wird der geglückte See-Gang hier motiviert von einer gedanklichen Verbindung zu einem anderen (hier: Buddha). In der Matthäus-Sequenz bildet Jahwe diesen Kraft spendenden Bezugspunkt. Während Jesus und der Liebende aber zu keiner Zeit wirklich in Gefahr geraten, spricht die Buddha-Legende wie die noch zu besprechende Petrus-Episode von einem Schwächemoment des Gläubigen. Wesentlich müheloser und daher auch in der literarischen Nähe zu den Figuren Jesus und Liebender befindet sich der Protagonist der folgenden Legende aus dem Kaschyapa-Zyklus:

„Einst begab sich der Erhabene hinüber zu einer Insel im Flusse Nairandschana. Gerade als er das Wasser durchschritt, schwoll es aber plötzlich an, sodass es den Kopf eines jeden Menschen überflutet hätte. Der Erhabene befand sich mitten im Wasser; doch auf allen vier Seiten blieben die Fluten vor ihm stehen und ruhig schritt der Pfadvollender hindurch. Kaschyapa bemerkte den Vorgang von Weitem und dachte: Der große Aszet besitzt derartige Kennzeichen, jetzt aber treibt ihn das Wasser dahin. Und er bestieg mit seinen Schülern ein

---

[1] zitiert nach W. Berg, Rezeption, 56; zum Krokodil als Symbol des Gottesfeindes im ägyptisches Mythos vgl. U. Steffen, Drachenkampf, 16
[2] zitiert nach R. Kratz u. R. Pesch, So liest man synoptisch III, 15

kleines Boot und fuhr auf den Fluss. Da sah er, dass der Erhabene sich mitten im Strom befand, dass aber dort, wo er wandelte, die Fluten zurücktraten. Er fragte: ‚Großer Aszet, bist du noch am Leben?' Der Erhabene antwortete: ‚Kaschyapa, mein Leben ist nicht bedroht.' Kaschyapa sagte: ‚Großer Aszet, möchtest du nicht in mein Boot steigen?' Da erschien der Erhabene mithilfe seiner übernatürlichen Kräfte plötzlich unbemerkt auf dem Boot. Als Kaschyapa dies wahrnahm, dachte er wiederum: ‚Derartige gewaltige übernatürliche Kräfte besitzt dieser große Aszet! Doch auch ich bin ein Heiliger!'"[1]

Es ist keineswegs gesichert, dass der Erzähler Matthäus oder seine Leser die weit verstreuten antiken Texte überhaupt kannten. Die Parallelen jedoch sind äußerst erstaunlich und finden besonders in der bedrohlichen Situation von Menschen ihren zentralen Vergleichsaspekt. Was bei den Griechen und im AT nur Göttern möglich war, erreichen in ägyptischen, frühjüdischen und ntl. Texten sowie den Buddha-Legenden auch menschliche Kräfte: die dämonischen Mächte, psychologisch interpretiert als Daseinsängste, zu besiegen und in „ruhigere Fahrwasser" zu gelangen. Dass es der Matthäus-Erzählung fundamental um dieses psychische Phänomen der Lebensangst geht, belegen sofort die beiden nächsten zu deutenden Verse über das Erschrecken der Jünger beim Anblick Jesu und dessen Mutzuspruch: „Habt Vertrauen, ich bin es; fürchtet euch nicht!"

Dem Mutzuspruch geht zunächst das in V 26 aus personaler Erzählperspektive dargestellte Missverständnis der Jünger voraus: „Als ihn die Jünger über den See kommen sahen, erschraken sie, weil sie meinten, es sei ein Gespenst, und sie schrien vor Angst." Die Exegese betont einerseits, dass es sich hier um eine typische Epiphaniefurcht handelt, die im AT in vielen Epiphaniegeschichten begegnet (vgl. Ex 3; 33, 18–23; 34, 5–9; 1 Kön 19, 9–18; Dan 10).[2] Andererseits legt die Sprachanalyse Bergs nahe, nicht von jener atl. belegten Furcht zu sprechen, die angesichts einer Begegnung mit einem göttlichen Wesen aufkommen kann, sondern an einen Schrecken zu denken, der durch die Begegnung mit einem Unheil bringenden Wesen ausgelöst werden kann. Beide Deutungen bringen mich als Didaktiker aber in der Frage nicht viel weiter, wie denn Schülern diese Reaktion verständlich zu machen sein könnte, ohne auf der vordergründigen Ebene einer Gespenstererzählung zu verharren.

> das missverständliche Gespenster-Motiv

Gehen wir erneut von der Symbolkraft der Chaosbilder aus, legt sich eine einleuchtende Interpretation nahe: Da „kommt" an Hilfe auf die Jünger im Augenblick der Todesangst, weiter verstanden als Moment der (Selbst-)Entfremdung, der Isolation und Hilflosigkeit, „etwas zu" – „wie etwas Unvermeidbares, das wir doch vermeiden wollen, wie etwas gerade uns Betreffendes, das wir doch von uns fernhalten möchten, wie etwas längst Vertrautes und Bekanntes, das uns dennoch im Augenblick der Angst so fremd erscheint"[3]. Das, wovor die Jünger Angst haben, ist in Wirklichkeit das, worauf sie ihr ganzes Leben setzen können. Was uns in Jesus begegnet, ist, psychologisch und in Anlehnung an die mythischen Bilder ausgelegt, nichts anderes als der glaubende und daher souveräne Umgang mit den Daseinsängsten und Alpträumen unseres Lebens. Wie viele Helden und Gottmenschen der Mythen verkörpert Jesus an dieser Stelle „den *Charakter eines verpflichtenden Vorbilds* [...] im Sinne des wesenhaften Ausdrucks des Eigenen, der Manifestation eigener Identität"[4]. Doch Wunschträume von einem integren Leben, die schemenhaft erscheinen, sind den Menschen zu oft Hirngespinste, als dass man sie ernsthaft verfolgen möchte. Konfrontiert mit der Möglichkeit der Realisierung der Sehnsüchte, steht das Rettende plötzlich vor uns als

> das Gespenst: Angst vor der eigenen Identiät
>
> → Baustein 2

---

[1] zitiert nach R. Kratz u. R. Pesch, So liest man synoptisch III, 15f.
[2] Vgl. H. Frankemölle, Matthäus. Kommentar 2, 199; vgl. R. Kratz u. R. Pesch, So liest man synoptisch III, 32; vgl. anders W. Berg, Rezeption, 331
[3] E. Drewermann, Tiefenpsychologie und Exegese II, 30; zur not*wendigen* Retterfigur eines Gottes im Mythos vom Chaoskampf vgl. U. Steffen, Drachenkampf, 9f.
[4] E. Drewermann, Tiefenpsychologie und Exegese I, 211; vgl. auch U. Steffen, Drachenkampf, 112f.

eine „ungeheuere" Herausforderung, ein Spuk, der lieber Reißaus nehmen lässt. Mit einem Wort: Es ist die Angst vor dem Wagnis glauben zu dürfen, dass eine Befreiung aus der existenziellen Notlage überhaupt in *naher* Zukunft geschieht.[1]

Dass die Jünger aber gerade darauf setzen können, unterstreicht der Erzähler mit der Jesus in den Mund gelegten soteriologischen Ich-bin-es-Formel, die im AT nur Jahwe vorbehalten ist. Der Auftritt Jesu in seiner Rolle, die durch die Beherrschung chaotischer Mächte bereits veranschaulicht wurde, erhält nun eine Präzision. Im Sinne des atl. „ego eimi" bezeugt Jesus in Wort und Tat, dass er gekommen ist, um die von den Chaosmächten Bedrohten zu retten. Damit ist definitiv ausgesagt, dass es sich beim Gehen über das Wasser um kein Schauwunder im Sinne einer äußerlich verstandenen Demonstration göttlicher Macht über die Naturkräfte handelt.[2] Die wohl als Identifikation und gleichzeitig als Offenbarungsformel fungierende Äußerung „ego eimi" (vgl. Gen 17, 1; 26, 4; 28, 13; Ex 3, 14), eingerahmt vom Mutzuspruch in Todesnot und dem Aufruf zum Vertrauen, impliziert das Ziel der Beherrschung der Chaosmächte. Nur dem, der im Vertrauen auf Gott die Daseinsängste selbst in Schach hält, ist es gegeben, anderen – wie wir noch sehen werden: tatkräftig unter die Arme zu greifen und – die Ängste zu nehmen und sie zu Mut und Vertrauen zu begeistern.[3] Nicht der „Seewandel" allein offenbart folglich den göttlichen Willen, sondern das „Gehen über das Wasser" zur Rettung Dritter.

Was Matthäus nun im Anschluss an dieses Rettungsangebot erzählt, übersteigt die markinische Vorlage und ist auf ihn als Verfasser zurückzuführen. Petrus rückt mit seinem letztlich missglückten Seewandel in das Zentrum der Geschichte, eine Szene, die keine Entsprechungen im NT, aber z. B. in den Buddhalegenden hat. Da wagt ein Mensch tatsächlich den „Gang über das Wasser" und versucht Herr über das Chaos zu werden. Noch heute gilt vielen Schülern Petrus als der „erste Papst" – eine Figur ohne Fehl und Tadel, doch der Erzähler präsentiert uns die Psychologie einer ganz anderen Gestalt.

2.6 Die Symbolik des missglückten Seewandels Petri

Die stärksten Berührungspunkte des zweiten Teils unserer Erzählung zeigt wohl die oben zitierte indische Jataka-Legende. Da riskiert ein Petrus, den Matthäus hier zum ersten Mal in seinem Evangelium handelnd in Erscheinung treten lässt, erste Schritte auf dem Wasser auf Jesus zu. Bemerkenswert ist dabei, wie zurückhaltend „der erste Papst" ein Bekenntnis zu Jesus als Kyrios („Herr") ablegt.[4] Und er geht das Wagnis erst auf Jesu Befehl ein. „Man mag es für eine fast irrwitzige Probe halten, aber es ist das einzig Richtige, dass Petrus zum Herrn sagt: ‚Wenn du es wirklich bist, befiehl mir, dass ich über's Wasser gehe.' Anders ist es gar nicht möglich, als dass wir das Leben riskieren. Und anders wiederum glauben wir Christus nicht wirklich und der Macht der Liebe nicht wirklich, als indem wir's wagen."[5] Die von Drewermann favorisierte Deutung der psychischen Verfassung Petri in dieser Szene bestätigt die bislang beschworene mythologische Interpretation der Raumsymbolik. Petrus wagt den „Gang über das Wasser" in dem Sinn, den die Schöpfungstheologie der Genesis mit vielen anderen Völkermythen teilt: Jesus ist „über den See" gekommen, um den Jüngern

---

[1] Vgl. E. Drewermann, Taten der Liebe, 61
[2] Vgl. W. Berg, Rezeption, 332
[3] Von daher stimmt die Erzählabfolge mit der vorrangigen Aufmerksamkeit der Tiefenpsychologie für das Individuum überein. Die Entwicklung der Selbsterkenntnis und der Einheit mit sich selbst (vgl. die Bergszene) ist Vorbedingung zur Einfühlung in den und zur Rettung des anderen Menschen. Die Matthäus-Perikope belegt, dass die Stärkung des Einzelnen die Basis für das soziale Ziel bildet, die Welt in Ordnung zu bringen; vgl. E. Drewermann, Tiefenpsychologie und Exegese I, 260 ff.
[4] Vgl. H. Frankemölle, Matthäus. Kommentar 2, 199
[5] E. Drewermann, Taten der Liebe, 61

verständlich zu machen, dass und wie sie „das Leben haben und es in Fülle haben"(vgl. Joh 10, 10). Ein Leben in Fülle kann aber gemäß der Raumsymbolik nur der besitzen, der die in den Chaosmächten personifizierten Daseinsängste glaubend beherrscht. Begreifen wir als Leser erneut diese tiefe existenzielle Dimension der Szene, löst sich die historische Frage danach, ob denn das alles wirklich so geschehen sei, ob denn Petrus wirklich auch – zumindest für Sekunden – über das Wasser gehen konnte, in Bedeutungslosigkeit auf.

Ganz und gar nicht unbedeutend ist dagegen die ambivalente Figurenanlage des Petrus. Tatsächlich gibt er zunächst alle letzten Sicherheiten, einen letzten realen Halt auf und „wagt sich auf's Eis". Halbfas hat in einer dokumentierten Religionsstunde diesen mutigen Schritt, allgemein tiefenpsychologisch gesprochen wohl „das Wagnis der Individualität, des Verlassens der Kollektivgeborgenheit"[1], als das Verhalten eines „Aussteigers aus dem Boot der Kirche" interpretiert und dafür von der Amtskirche heftige Kritik geerntet.[2] „Es gibt also Situationen", so erläuterte er den Schülern einer 9. Klasse, „in denen Menschen das gemeinsame ‚Boot' verlassen, aber gerade dadurch näher zu Jesus kommen."[3] Ausdrücklich empfiehlt Eggers die Lektüre dieses Unterrichtsprotokolls als Anregung zur Vorbereitung auf den RU, da Petrus gemäß der Halbfas-Deutung „um Gottes Willen" und auf Jesu Wort hin Vorbildfunktion für Gläubige heute gewinnen kann. Gestützt wird solche Interpretation von Drewermann, wenn er Petrus bescheinigt, sich von „einem zitternden Feigling in einen Menschen des Glaubens" verwandelt zu haben, der seinem Namen Simon zunächst alle Ehre macht: „ein Mann, der mitten in der Angst ist wie *ein Felsen*, der standhält, um darauf eine ganze Gemeinde zu begründen (Mt 16, 18). Das Geheimnis des Menschen besteht da nicht in seiner Charakterfestigkeit beziehungsweise in jener Scheuklappentapferkeit, mit der man Pferde ins Trommelfeuer peitscht, wohl aber in einem Wagemut, mit dem ein Mensch versucht, sein Leben im Gegenüber der Person Jesu auszusetzen; man geht fast wie blind ihm entgegen, man vergißt mit dem Blick auf ihn den Abgrund unter den Füßen; man hört nicht den Wind, man sieht nicht die Wellen, man schaut nur auf ihn. Und es trägt! Da gilt es, das Boot zu verlassen und herauszusteigen in das Ungesicherte. Selbst in unseren Tagen stellt sich immer noch die Frage, in welch einem ‚Boot' man sitzt – ist man noch katholisch, ist man schon protestantisch, wo steht man zwischen den Konfessionen? In Wahrheit ist es einfach, katholisch zu sein, ist es einfach, evangelisch zu sein. Aber ein ‚*Christ*' zu sein, das ist fast unmöglich, denn es ist identisch damit, alle falschen Sicherheiten aufzugeben."[4]

Wir sehen erneut, wie sich bei den hier aufgeführten Deutungen der Raumrequisite „Boot" die psychologische Deutung der Figur des Petrus nicht von der (kirchen-)politischen Auslegung der Szene trennen lässt. In der Tat wissen wir heute aus der exegetischen Forschung, dass der Erzähler Matthäus hier in Petrus eine Figur erschaffen hat, die zwar auf der einen Seite als Prototyp des Jüngers im gesamten Evangelium gezeichnet und damit zum Vorbild eines Gemeindeleiters stilisiert wird; andererseits verleiht ihm – wie jetzt zu zeigen sein wird – Matthäus „exemplarische(n) Funktion für den Glauben aller Jünger/Christen: Sie sind ‚Kleingläubige' – selbst noch nach Ostern"[5]. Der Erzähler lässt Petrus plötzlich – geschickt über die stark personal geprägte Erzählperspektive eingespielt – in Furcht und Zittern erscheinen. Beim Anblick der Elemente verlassen diesen Menschen, der sich eben noch seinem Namen gemäß vorbildlich als „Fels in der Brandung" präsentierte, die (Glaubens-)Kräfte und er versinkt in den Chaosmächten. Matthäus realisiert hier fiktiv, was die Völker in ihren Mythen von Anfang an betonten, dass nämlich das Chaotische, Lebenszerstörende

---

[1] E. Drewermann, Tiefenpsychologie und Exegese I, 283
[2] Vgl. H. Halbfas, Lehrerhandbuch 6, 343
[3] H. Halbfas, Lehrerhandbuch 6, 343; vgl. T. Eggers, Gott und die Welt 9/10. Kommentar, 171
[4] E. Drewermann, Das Matthäus-Evangelium. Zweiter Teil: Mt 8, 1 – 20, 19. Bilder der Erfüllung, Düsseldorf 1994, 334
[5] H. Frankemölle, Matthäus. Kommentar 2, 200

Interpretationen

→ Baustein 1

jederzeit in unser persönliches Leben einbrechen kann. „Das ‚Wasser' steht symbolisch für alles, was im Leben nur irgend an Haltlosigkeit, an Bodenlosigkeit, an Abgründigem zu erfahren ist: die Angst vor dem Tod, die Angst vor dem Scheitern, die Angst vor der Sinnlosigkeit, die Angst vor dem Andrängen der Triebmacht des eigenen Unbewussten, die Angst vor allem noch Unfertigen, Ungestalteten, Ungestümen."[1]

Das Raummotiv vom Einsinken in den Fluten und vom emphatischen Hilfeschrei des Petrus „Herr, rette mich!" dürfte der Erzähler aus den Psalmen gekannt haben, wo sie – wie hier bei Ps 69, 2f. – ebenfalls nicht im wörtlichen Sinn verstanden wurden: „Rette mich, Gott, die Wasser reichen mir bis an die Kehle. Ich blieb im Schlamm der Tiefe stecken, es gibt keinen Halt. Ich kam in die Tiefe des Meeres, die Flut ließ mich versinken. Müde bin ich geworden vom Rufen."[2] Mit Blick auf die existenzielle Krise in den Psalmen muss vor Schülern gesagt werden, dass sich die lebensbedrohliche Situation der Jünger aus dem ersten Teil der Erzählung hier im Grunde exemplarisch verschärft. Es besteht kein Zweifel, in der Sprache unserer Schüler verliert Petrus endgültig „den Boden unter den Füßen", wird „haltlos", „gerät ins Wanken", „geht unter", „versinkt ins Bodenlose", „im Abgrund", „da ist kein Halten mehr", er „sackt ab", da ihm „das Wasser bis zum Halse steht", er „geht" buchstäblich im wörtlichen Sinn des griechischen Originals (vgl. Mk 4, 38) „zugrunde" und ist nunmehr ein Mensch, „der tief gesunken ist", der „kein Stehvermögen besitzt", „nicht auf eigenen Füßen stehen kann" und der überhaupt vom Erzähler eine Rolle zugedacht bekommt, in der er, dieser „erste Papst", räumlich und charakterlich ziemlich „erniedrigt" vorgestellt wird: Er ist existenziell am „Tiefpunkt" seines Lebens angekommen. Schüler dürften diese exemplarisch geschilderte menschliche Notlage, die zum gefährlichen Selbstläufer der Angst mutieren kann, nachvollziehen können: „Aber natürlich, es ist auch jetzt immer noch möglich, in den Wogenschwall zu starren und wie betäubt zu werden von dem Dröhnen und Rauschen des Windes. Dann erweist sich diese Welt wie ein gähnender Krater, und je mehr wir in ihn hineinblicken, desto unheimlicher saugt die Angst uns hinab, sie hält uns umklammert wie die Fangarme eines Kraken, und der Strudel hört nicht auf; der Dreizack des Neptun wird das Meer weiter aufwühlen – eine ganz und gar gespenstische Magie der Selbsthypnose der Angst."[3]

Petrus: kleingläubiger Feigling

→ Baustein 3

Symbolik der Hände

Im wahrsten Sinne des Wortes verdichtet Matthäus nun in der sprechenden „handgreiflichen" Geste den pragmatischen Charakter seiner Erzählung, die eine erneute Antwort auf die Bedrohung durch die Chaosmächte in unserem Leben enthält. Die „sofort" ausgestreckte Hand Jesu symbolisiert in Anlehnung an die Metaphorik im AT, wie den Daseinsängsten, den Isolationen und aggressiven Anfeindungen von außen „christlich" zu begegnen wäre: indem „Hand angelegt wird", dem Bedrohten „in die Hände gearbeitet wird" und dem Untergehenden, auf den man „mit offenen Armen/Händen zugeht", die „Hand gereicht

---

[1] E. Drewermann, Tiefenpsychologie und Exegese II, 30; man versteht nun auch besser, warum die Tiefenpsychologie die Wasserüberquerung als mythisches Bild für die Wiedergeburt deutet; in der Tat muss man sich fragen, was für ein (neues, erfüllteres) Leben Petrus und mit ihm allen Geängstigten heute im Vertrauen auf Gott und den Nächsten möglich wäre, wären wir alle nur befreit von (Selbst-)Zweifeln und den „Dämonen" unserer Zeit; vgl. E. Drewermann, Tiefenpsychologie und Exegese I, 317, 347

[2] Vgl. R. Kratz u. R. Pesch, So liest man synoptisch III, 35

[3] E. Drewermann, Matthäus-Evangelium, 335; vor diesem Hintergrund ist der Bildeinsatz von G. Kraft u. a. (Hg.), Kursbuch Religion 2000. 5/6, Stuttgart 1997, 93, sehr gelungen. Zwar geht es den Herausgebern um das Schiffmeerwunder, wenn sie das entsprechende Bild von A. Fuchshuber erarbeiten lassen. Doch die religionswissenschaftlich völlig korrekte Personifizierung des Meeres über die Kraken, Krokodile und Meeresungeheuer machen Schülern einsichtig, worum es den mythischen Bildern geht: Die Tiere, so die Herausgeber zutreffend, symbolisieren Gefahren, die auch heute noch unser Leben bedrohen. Nur käme es jetzt darauf an, die Metaphorik nicht allein durch äußere Momente wie Unfälle etc. aufzulösen, sondern sie eben auch durch Ängste und Selbstentfremdungen zu entschlüsseln. Äußerst hilfreich ist daher der Arbeitsauftrag, wonach die Kinder selbst in einem Spiel die Rolle der Meeresungeheuer einnehmen und ihre Mitschüler, die „Israeliten", einschüchtern sollen.

wird", „ihm unter die Arme gegriffen wird", „er aus dem Sumpf/Dreck gezogen wird"[1], damit seine Existenz weiterhin „vorhanden" bleibt und nicht „abhanden" kommt, was zweifellos voraussetzt, dass der Versinkende sich „ergreifen" lassen will. Vom Verb her fällt ein besonderes Licht auf die Geste des Ergreifens. Mk nutzt in vielen Wundergeschichten das Ergreifen der Hand in Verbindung mit dem hier geschilderten Wieder-Aufrichten eines Menschen als Symbol der Auferstehung bzw. Auferweckung. Wo Menschen aufgerichtet werden und sie sich ergreifen lassen, stehen sie zum Leben wieder auf.[2]

Literarische Vor*bilder* für diesen zum Leben aufrichtenden „Handlanger" Jesu findet Matthäus zur Genüge in den – natürlich erneut nicht wörtlich zu verstehenden – Psalmen, lassen sich aber auch in der hellenistischen antiken Literatur finden: „Er streckte seine Hand aus der Höhe und fasste nach mir, er zog mich heraus aus den vielen Wassern" (Ps 18, 17f.); „es hielt mich fest deine Rechte" (Ps 18, 36); „Strecke aus deine Hand von der Höhe, errette mich und befreie mich aus mächtigen Wassern" (Ps 144, 7).[3]

> Vorbilder: die Psalmen

Dass sich diese existenzielle Interpretation mit dem mythologischen Verständnis der Chaosmächte decken kann, unterstreicht das schriftstellerische Geschick des Matthäus. Erst in dem Moment, da Jesus die Hand ausstreckt, die Kleingläubigkeit des Petrus kritisiert und mit ihm zusammen ins Boot steigt, legt sich der Wind. Raumsymbolik und innere Verfassung der Figuren werden erst jetzt zur Deckungsgleichheit gebracht: Jesus hat den chaotischen Mächten, den Ängsten „den Wind aus den Segeln genommen" und als Figur seines Erzählers Matthäus damit letztlich dafür gesorgt, dass zwischen Erzählausgang und -beginn „ein Unterschied wie Tag und Nacht" besteht. Als hätte es die „stürmischen Zeiten" nie gegeben, „glätten sich die Wogen" und das Boot „gelangt in ruhige Fahrwasser". Gemeint ist auf der existenziellen Ebene der Deutung mit dem „Boot" die eigentliche Existenz des Alltags,[4] auf der Ebene der ekklesiologischen, sozial-politischen Lesart des Textes die Gemeinde, die nun, vertreten durch die Jünger im Boot, die Gottessohnschaft Jesu gemäß dem Schema ntl. Wundergeschichten bekennen, ruhig und gelassen der Dinge harren darf, die da an äußerer Bedrohung kommen mögen.

> „Windstille": das Ende der Angst

Die sog. „Zeitrafferregel" der tiefenpsychologischen Interpretation besagt, dass die Zeitraffung in unserer Erzählung in Wirklichkeit einen Prozess der Individuation und Reifung beschreibt, der über Jahre und Jahrzehnte hinweg verlaufen kann.[5] Das ist insofern für Schüler von Belang, als sich die erzählte Auflösung der Spannung zwischen Angst/Zweifel/Kleinglauben und Vertrauen/Mut ganz sicher nicht immer in einer Nacht vollzieht (so als sei Petrus „über Nacht" ein anderer Mensch geworden), sondern manchmal ein ganzes Leben umfasst. Das entlastet uns und die Schüler von zu hohen Glaubensansprüchen, so als sei die finale positive Erfahrung der Jünger und des Petrus jederzeit so einfach zu kopieren. Schließlich lässt Matthäus selbst sein Evangelium mit einem bemerkenswerten Ausblick enden. Jetzt, kurz vor dem Ende des Evangeliums, nachdem die Jünger den Auferstandenen gesehen haben, lässt er

> ein langer Prozess als Reifung

---

[1] Erwägenswert ist es, den Schülern im Unterricht die fäkalsprachliche Wendung zu diesem Bild zu gestatten, da das Herausziehen aus der Tiefe des Meeres Parallelen zum Bild des Herausholens eines Gefangenen aus einer Zisterne aufweist; wenn ein Prophet wie Jeremia im kotigen Morast der Zisterne „aus der Tiefe" heraus seinen Gott um Hilfe anfleht, liegen einem solchen später in den Psalmen aufgegriffenen Bild dieselben Mytheme zugrunde wie in Mt 14, 22–33; das Wasser, das sich in der Zisterne mit Schlamm und Kot vermischt, symbolisiert wie in unserer Erzählung die Chaosmächte, weil es im Weltbild der Hebräer unmittelbar an die Scheol, das Totenreich grenzt; vgl. O. Keel, Bildsymbolik, 60ff.; Schüler wissen, was es – bildlich gesprochen – heißen kann, tief im kotigen Morast zu stecken und im Sinne der Korrelationsdidaktik sollte ihnen an dieser Stelle die Umgangssprache erlaubt sein.
[2] Vgl. U. Früchtel, Symbole, 177; die tiefenpsychologische These zum Motiv der Wiedergeburt, symbolisiert im Seewandel, erhält durch diesen Deutungsakzent nachhaltige Unterstützung.
[3] Vgl. R. Kratz u. R. Pesch, So liest man synoptisch III, 35
[4] Vgl. E. Drewermann, Taten der Liebe, 62
[5] Vgl. E. Drewermann, Tiefenpsychologie und Exegese I, 226f.

Interpretationen

in 28, 17 die, die es eigentlich besser wissen müssten, noch einmal „haltlos" werden: „Einige aber hatten Zweifel", so die sprachlich nicht ganz korrekte Formulierung der Einheitsübersetzung. Das griechische Original kann aber auch anders gelesen werden: Sie aber, nämlich alle (!) elf Jünger, zweifelten. Auch und gerade hinsichtlich des Petrus ließ Matthäus bis dahin keinen Zweifel daran, dass er noch weitere Male „den Boden unter den Füßen verloren" hatte wie in Mt 14, 22–33. Nüchtern ist bei der letztgenannten Version zu erkennen, dass die „Erzählung vom misslingenden Seewandel des Petrus in 28–31 [...] dem Leser am Ende des 1. Jh. n. Chr. jedwede Idealisierung des Petrus und die Zuschreibung einer Vorrangstellung im Glauben verwehren (dürfte). Das Sprichwort ‚Wem Gott gibt ein Amt, dem gibt er auch Verstand' und Gnade, bestätigt das MtEv dem Leser nicht. Aufgrund der theologiegeschichtlich herausragenden Stellung des Petrus am Ende des 1. Jh. sollte dies zu denken geben. Eine Vorrangstellung bei den Jüngern Jesu (vgl. 10, 2 zu Petrus) ist kein Garant für wahren Glauben"[1].

Petrus: kein Garant für wahren Glauben

2.7 Zusammenfassung: Die Symbolik des Raumes

Es dürfte deutlich geworden sein, welche schriftstellerischen Techniken der Erzähler Matthäus in seiner Wundergeschichte vom Seewandel Jesu und Petri wählt, um seine christologischen, theologischen, ekklesiologischen und anthropologischen Pointen formal zu gestalten.

Kontrastsymbole

1. Er bedient sich zur Gestaltung seines Handlungsraumes gleich mehrerer Kontrastsymbole, die in ihrer Bedeutung jedem seiner Leser durch die Kenntnisse der heiligen Schriften bekannt gewesen sein dürften. Zu nennen sind die Kontrastsymbole Höhe/Berg – Tiefe/Meer und Dunkelheit/Nacht – Licht/Tagesanbruch sowie Wind – Windstille. Ergänzt werden diese Kontraste durch die Symbolik der Bewegungen der Figuren im Raum (chaotisches Treiben des Bootes/der Jünger auf dem See; Wandel Jesu über den See nach Verlassen des Berges; missglückter Seewandel Petri nach Verlassen des Bootes; Geste der Handreichung Jesu; Rückkehr Jesu und Petri ins Boot; Niederfallen der Jünger vor Jesus im Boot).

der Berg

2. Gemäß dem schriftstellerischen Anspruch, Raumsymbolik zur näheren Charakterisierung der psychischen Verfassung der Figuren zu nutzen, ergeben sich vor dem Hintergrund der nicht allein in der Religion der Hebräer verankerten mythologischen Bilder folgende Äquivalenzen und Oppositionen: Der Berg, nach Tradition der Mythen Sitz des Göttlichen, steht für ein gefestigtes Dasein, das seine Kraft aus der Kontemplation, der Meditation und dem Gebet, der inneren Öffnung für das Göttliche bezieht. Jesus belegt mit seinem – nicht explizit genannten, aber zur Rettung der Jünger vorausgesetzten – Abstieg vom Berg in die Niederungen des Meeres, dass ein religiöser Mensch innerlich so gestärkt sein kann, dass ihm die lebensbedrohlichen Mächte, hier symbolisiert durch die Trias von Dunkelheit, Wellen und Winden, nichts anhaben können. Mit den Raumattributen zur Kennzeichnung des Chaos umschreibt Matthäus allgemeine Daseinsängste der Jünger-Figuren. Solche Ängste wurden durch die äußere Anfeindung seiner Gemeinde ausgelöst, dürfen aber grundsätzlich als Identifikationsmotiv für alle Christen gelten. Der im Kontrast zum Seewandel Jesu missglückte Seewandel des Petrus dokumentiert den Glauben vieler Völker, dass das Chaotische jederzeit Herr über unser Leben werden kann. Zu interpretieren ist das Einsinken in den Wellen als Spirale der Angst, die ein selbstbestimmtes Leben in Fülle blockiert. Dem Motiv des Untergangs setzt der Erzähler den atl. breit belegten (dort aber allein auf Jahwe bezogenen) Topos von der Handreichung entgegen. Damit erfüllt Jesus selbst die Offenbarungsformel ego eimi, eine Zusage der Rettung – sogar im Angesicht des Todes. Eingebunden in die Rettung des Petrus wird folglich der

Meer, Dunkelheit und Sturm

der Seewandel

die Handreichung

---

[1] H. Frankemölle, Matthäus. Kommentar 2, 200

pragmatische Charakter der Bilder. Die Bildgeschichte ist eine Nachfolgegeschichte mit appellativer Funktion. Schließlich werden in der Schlussszene die Raumcharakteristika der bedrohlichen Situation aufgehoben und durch gegenteilige Symbolik (Windstille, daraus abzuleitende Glättung der Wogen) ersetzt. Dazu korreliert der bereits früher eingespielte Hinweis auf die Tageszeit (Morgendämmerung) als atl. Topos für die Erscheinung und Rettung Jahwes. Dass die positiv konnotierte Raumsymbolik letztlich die Szenerie beherrscht, lässt das zentrale Glaubensmotiv profilierter aufscheinen: Glauben heißt im Hebräischen: sich festmachen – der chaotischen, lebensbedrohlichen Zustände zum Trotz. Die Mächte der Bedrohung und des Todes werden für den Glaubenden und nach der Ethik Jesu Handelnden nicht das letzte Wort haben. Damit endet die Erzählung in typisch mythischer Weise, insofern Mythen die „bittere Infragestellung des menschlichen Daseins durch den Tod"[1] mit Szenen des (Über-)Lebens und der Regeneration (sowohl im Diesseits als auch im Jenseits) beantworten.

▌die Windstille

3. Der Erzähler Matthäus bedient sich bei der Raum-Figuren-Korrespondenz z. T. atl. Motive, die erstaunliche Parallelen in den mythischen Erzählungen vieler Kulturen besitzen, wobei eine direkte Abhängigkeit nicht immer nachzuweisen ist. Den zentralen thematischen Bezugspunkt bildet ohne Zweifel die atl. Schöpfungstheologie der Genesis, die deutlich altorientalischen Einflüssen unterliegt. Ihr Dualismus von Schöpfergott und Chaos, transportiert in weitere biblische Schriften, bietet Matthäus die wichtige Metaphorik zur bildlichen Veranschaulichung des Wesens von Leben und christlich-jüdischem Glauben. Matthäus steht insofern in der Tradition der mythischen Erzähler, als er wie sie ähnliche Bezüge zwischen der Raummetaphorik und dem seelischen Zustand der Figuren herstellt, und er rechnet damit, dass seine biblisch geschulten Leser diese Korrelationen eigenständig entschlüsseln. Dass er sich dabei von dem ursprünglichen Naturmythosverständnis immer weiter entfernt, liegt auf der Hand. Er schreibt nicht (allein) für Seefahrer oder Menschen, die in unmittelbarer Nähe von großen Seen oder Meeren leben. Ihm geht es also weniger um eine didaktisch ausgerichtete Erzählung, die vor den Naturgewalten warnen möchte und Jesus bzw. Jahwe als Bezwinger der Naturmächte vorstellt, als würde dadurch seine Göttlichkeit bewiesen. Die Naturbilder und insbesondere der in vielen Kulturen beheimatete Topos vom Seewandel bieten ihm vielmehr die Möglichkeit, aus nachösterlicher Perspektive und in fantastischer Ausschmückung ein Panorama zu malen, das dem Wesen seiner Figuren, Jesus und den Jüngern, und letztlich dem Wesen eines (klein-)gläubig angenommenen Lebens am besten entspricht.

▌atl. und mythische Wurzeln

Nur wer die Metaphorik biblischer Schriftsteller ernst nimmt, dem wird – völlig unabhängig von der müßigen historischen Fragestellung – aufgehen, welches Angebot Matthäus im Namen Jesu hier dichterisch zu einer einzigartigen Glaubenswahrheit verarbeitet hat: „Wir werden immer wieder Gelegenheiten haben, festzustellen, dass wir die wirklich großen Gefahrenmomente unseres Lebens nicht vermeiden können. Irgendwann *hat* das Meer unseres Lebens keine Balken mehr, irgendwo gibt es Ausgesetztheit und Gefährdung, der wir nicht entlaufen können, und dennoch ist es möglich, mit dem Blick auf Christus, die Augen unverwandt auf die Gestalt gerichtet, die uns vom anderen Ufer her entgegenkommt, diesen Abgrund des Lebens zu wagen und wie traumwandlerisch hinüberzugehen. Wir brauchen nur einen Moment lang von der Person abzusehen, die da sagt, so wie sonst nur Gott spricht: ‚Ich bin', wir brauchen nur einen Moment lang wegzuschauen und den Andrang der Wogen und das Brausen der Wellen wahrzunehmen, und wir werden im Kessel der Angst immer weiter hinabgezogen. Was ist der Glaube anderes, als hinwegzuschreiten über die Wasser der Angst und des Todes, unverwandt blickend auf den Herrn?"[2]

→ Baustein 5

▌das Leben: Wechselspiel von Angst und Vertrauen

---
[1] E. Drewermann, Tiefenpsychologie und Exegese I, 404
[2] E. Drewermann, Taten der Liebe, 64f.

SI SII Die Unterrichtsbausteine der weiteren Seiten sind folgendermaßen koordiniert: Den Einstieg in die Reihe (Baustein 1) leistet eine allgemeine Reflexion über bildhaftes Sprechen in der Popkultur (hier am Beispiel des Liedes „Der Weg" von H. Grönemeyer). Diese Reflexion, in einfacher Art bereits ab Klasse 9 durchführbar, wird konkretisiert durch eine gezielte Erarbeitung mythischer Bildelemente aus diversen Liedern der Popmusik und Chansons (Baustein 2). Natürlich müssen nicht alle Lieder thematisiert werden, jedes von ihnen eignet sich aufgrund der erstaunlichen metaphorischen Parallelen gut als Medium der Hinführung zu Mt 14, 22–33 und kann je nach Schulform ebenfalls bereits in der Mittelstufe eingesetzt werden. Der biblische Text selbst wird dann im 3. Baustein erarbeitet. Einzelne Elemente dieses zentralen Bausteins können unabhängig von den vorherigen genutzt werden, also auch bereits in der Unterstufe. Das Bewusstsein für die theologische, christologische und anthropologisch-existenzielle Dimension von Mt 14, 22–33 bildet die Plattform, von der aus erneut nach vergleichbaren Motiven in unserer Medienlandschaft (Todesanzeige, Werbung, Karikatur, Literatur) Ausschau gehalten werden soll (Baustein 4). Je nach Medium kann auch dieser Baustein sowohl der Unter- und Mittel- als auch der Oberstufe zugeordnet werden. Das gilt analog auch für den abschließenden Baustein 5, der der Leistungsüberprüfung dient und mit einem Gedicht, einer Karikatur, einer Werbung und der Poplyrik unterschiedliche Facetten und Schwierigkeitsstufen anbietet.

Die Anrede der Schüler in den Arbeitsaufträgen trägt im Kannfall – SI/SII – der üblichen Anrede in den höheren Jahrgangsstufen Rechnung („Sie").

Baustein 1

Bildhaftes Sprechen in der Popkultur

Dieser Baustein (Klassen 9–13) soll für bildhaftes Sprechen in unserer Kultur sensibel machen und zusammen mit Baustein 2 auf die Bilderwelt in Mt 14, 22–33 vorbereiten. Nicht zufällig wird dazu mit dem Lied „Der Weg" die Songlyrik des Popmusikers H. Grönemeyer bemüht (**Arbeitsblatt 1**, S. 56), spielt er doch im weiteren Verlauf der Unterrichtsreihe eine wichtige Rolle, wenn es um antizipierende Übungen zur biblischen Metapher des Seewandels geht. Gerade die im Song „Der Weg" anhand vieler sprechender Bilder beschworene Liebes- und Todesthematik kann nachfolgend wieder in Erinnerung gerufen und mit Motiven der Seewandelperikope und des in der Interpretation zitierten ägyptischen Liebesliedes (s. S. 39f.) verknüpft werden.

Herbert Grönemeyer: Der Weg

Einige Schüler dürften um den biografischen Kontext des Liedes „Der Weg" von H. Grönemeyer wissen: Am 5.11.1998 starb Anna Henkel-Grönemeyer, die Frau Herbert Grönemeyers, nach einer Krebserkrankung. Wie bereits mit der imposanten Todesanzeige, veröffentlicht am 21.11.1998 in der Süddeutschen Zeitung, so versuchte Grönemeyer mit der CD „Mensch" und somit auch mit dem Lied „Der Weg" Verlust und Schmerz ästhetisch zu bewältigen. Herausgekommen sind dabei beeindruckende lyrische Bilder, die sich in beiden Medien zu einer Ode für die Verstorbene verdichten und die veranschaulichen, wie aus dieser Würdigung die Kraft zum Weiterleben gewonnen wird. Die Bilder entstammen unterschiedlicher kultureller Sparten und bilden ein bemerkenswertes lyrisches Potpourri, dessen Spuren eben auch in die religiöse und biblische Bilderwelt führen.

Sachanalyse

Das 8-strophige Lied wird durch eine allgemeine, äußerst melancholisch gefärbte Zustandsbeschreibung des lyrischen Ich eröffnet. Erst aus dem weiteren Kontext (des Abschieds von der geliebten Partnerin) geht hervor, dass die in V 1 erwähnte Blindheit nicht im wörtlichen, sondern im übertragenen Sinne zu deuten ist. Nicht mehr sehen (zu) können, das ist kein organischer Defekt, vielmehr ein Bild zur Umschreibung des seelischen Zustands der Perspektivlosigkeit (so auch V 2) und des grundsätzlichen Misstrauens gegenüber dem Leben – der Lebenszweifel wird später vom Refrain entsprechend aufgegriffen und wiederholt (V 28): „Das Leben ist nicht fair." V 2 mit dem umgangssprachlichen Bild dafür, dass man etwas nicht fassen kann, weil das Schicksal so plötzlich und völlig überraschend zugeschlagen hat, offenbart ebenfalls Resignation. Auch der fast erstorbene Glaube (V 3) spiegelt diese Verzweiflung; offen bleibt, woran das lyrische Ich (beinahe) nicht mehr glauben kann: an eine (sinnvolle) Zukunft, an einen allgemeinen Lebenssinn, an Gerechtigkeit im Leben, an einen Gott? Mit welcher Radikalität der Stimmungsumschwung im Leben erfolgt ist, dokumentiert die Bild-Neuschöpfung „Gefühle haben sich gedreht". Assoziiert werden kann die bekannte Redewendung „Der Wind hat sich gedreht", die benutzt wird, um anzuzeigen, dass sich die Verhältnisse grundlegend zum eigenen Nachteil verändert haben. Wenn sich nun Wind bzw. Gefühle gewandelt haben, so sind aus den Kräften, die uns im Leben

→ Kapitel 2.6

→ Kapitel 2.4

mit Leichtigkeit nach vorne bringen, beflügeln, tragen und unterstützen, widerspenstige Elemente geworden, die sperrig sind, uns frontal angreifen und zu langsamerer und gefährlicherer (Schiff-)Fahrt zwingen. Noch jedoch will sich das lyrische Ich nicht gänzlich von diesen Mächten unterkriegen lassen, wie VV 5–7 belegen; die bereits in V 3 vorsichtig markierte Einschränkung („Kann *kaum* noch glauben") wird nun offensiver vertreten: Der Widerspruch im Paradoxon „Ich bin viel zu träge um aufzugeben" wird von VV 6–7 eindeutig zugunsten der in Betracht gezogenen verbleibenden Lebensmöglichkeiten aufgelöst.

Strophe 2 wendet sich nun von der psychischen Verfassung des lyrischen Ich den erinnerten gemeinsamen Werten zu. Betont werden zunächst die enge Verbundenheit („verschworen" lässt an einen Treueschwur denken) und Solidarität (VV 8–9), die durch die Redewendung „für jemanden oder etwas sterben" ausgedrückt wird. Die darauf folgende Neuschöpfung der Wendung „Haben den Regen gebogen" (V 10) untermalt geschickt diese Zusammengehörigkeit (eine wahrlich „verschworene Gemeinschaft"), weil mit dem Bild jener Regenbogen assoziiert werden kann, der als Zeichen des Bundes Gottes mit Noah, seinen Nachkommen und den Tieren gemäß Gen 9, 8 ff. geschlossen wurde. Ohne diesen biblischen Hintergrund ergibt das Bild weniger Sinn, denn es wird eingerahmt von Versen, die ausschließlich Treue und Vertrauen thematisieren. Höchstens ist daran zu denken, dass das lyrische Ich ein von der biblischen Vorlage unabhängiges Naturbild bemüht, das durch das Verbiegen des Regens lediglich die Realisierung des eigentlich Unmöglichen unterstreichen soll – eine zu kurz greifende Lesart. Die biblische Kontrastfolie hebt nämlich die Sinnspitze des neuen Bildes vom „gebogenen Regen" besonders hervor: Während in der Genesis Gott den Regenbogen als Zeichen des Bundes in die Wolken setzt, treten die Liebenden bei Grönemeyer selbst aktiv und kreativ an seine Stelle. Sie „leihen sich" jenes „Vertrauen" (V 11), für das Gott vor Noah wirbt. Dieses Vertrauen in die gemeinsamen Pläne und Möglichkeiten galt offensichtlich auch für Grenzerfahrungen, denn V 12 wartet mit einem paradoxen Bild auf, zu dessen Entschlüsselung man sich allerdings im Wintersport auskennen muss. Die Geliebten haben „versucht, auf der Schussfahrt zu wenden". Im alpinen Skisport umschreibt die Schussfahrt die rasanteste Art, den steilen Hang hinab ins Tal zu fahren. Tief gehockt und den Windwiderstand so verringernd, versucht der Fahrer, eine möglichst hohe Geschwindigkeit zu erreichen, um ohne große Umschweife das Ziel zu erreichen (die das Tempo drosselnden Schwünge werden bewusst vermieden). Im Fachjargon heißt es über die Technik, man lasse dabei die Skier einfach nur „laufen", um auszudrücken, dass jedes Abweichen von der Ideallinie der Schussfahrt eine nicht wieder gut zu machende Verzögerung mit sich bringt. Absurd der Gedanke, man könne oder wolle inmitten dieser Abfahrt „wenden", um in die entgegengesetzte Richtung zu gelangen. Genau dies aber, der abrupte, riskante und an sich sinnlose Abbruch einer äußerst zielgerichteten und schnellen Fahrt zugunsten eines Richtungswechsels einschließlich des mühsamen Aufstiegs auf den Berg, wird vom lyrischen Ich zur bildhaften Umschreibung gemeinsamer Lebensgestaltung behauptet. Während es für derartige und andere Grenzerfahrungen nie „zu spät" (V 14) war, kamen andere Ereignisse jedoch „zu früh" (V 15). Mit diesem Kontrast könnte auf die tödliche Erkrankung der Partnerin angespielt werden, erlaubt doch das subjektivierte indefinite Zahladjektiv „vieles" diese Deutung.

→ Kapitel 2.5

Strophe 3 verweilt bei der erinnerten und gewürdigten Solidarität der Partner. Dazu wird mit V 15 ein weiteres Bild gemalt, das für Schüler ohne Kenntnisse der Eigenschaften von Ebbe und Flut rätselhaft bleiben muss. Beide bilden zusammen die Gezeiten, durch die sich die Liebenden mit gegenseitiger Unterstützung „geschoben" haben. Das Synonym-Wörterbuch des Dudens gibt Hinweise auf die Intention dieses Bildes. Im übertragenen Sinne steht demnach das Niedrigwasser der Ebbe für existenzielle Ausfälle, Defizite, Notlagen, Tiefstände, in der Wirtschaft spricht man entsprechend von einer Flaute, Talsohle oder Depression. Auch die Flut mit ihren (Unter-)Strömungen und Überspülungen als Folgen des ansteigenden Wassers darf hinsichtlich des zwischenmenschlichen Bereichs als eine emotional verstärkende Metapher für die Wucht, den Wust und die Unmenge begriffen werden, die massiv als geballte Ladung auf das Leben einwirken können. Sich all dieser äußeren existenziellen An- und Eingriffe mit gegenseitiger Hilfe erwehrt zu haben, darin bestand die große Leistung der Liebenden. Dabei verschweigt das lyrische Ich nicht die unangenehmen Seiten der Partnerschaft (V 17), die sperrige Beschäftigung mit Nebensächlichkeiten bis zum Verlust der Übersicht. Die verzweifelte Liebe (V 18) könnte in diesem Sinne als ein Sich-Verlieren verstanden werden, aber auch als Vorschau auf die Verzweiflung, die aus V 19 spricht: Erneut nutzt das lyrische Ich eine (grammatikalische) Neuschöpfung, denn die Wahrheit kann eigentlich nur ge- bzw. verleugnet werden, nicht aber „verlogen". Der zum Nachdenken herausfordernde, hier unpassende Gebrauch des Adverbs (etwa: du bist verlogen) erinnert an das Partizip Perfekt Passiv des Verbs „lügen" und eben diese Anlehnung wirkt viel radikaler, insofern das Leugnen der Wahrheit lediglich ein Dementi verlangt, die Lüge jedoch eine aufwendigere, zusätzliche und gezielte Irreführung. Die die Strophe abschließenden VV 20f. stellen inhaltlich und formal den vorläufigen Schluss- und Höhepunkt des bislang Ausgeführten dar. Nach der Skizze der eigenen seelischen Verfassung (Strophe 1) sowie der Besinnung auf gemeinsame Werte (Strophen 2, 3) wendet sich das lyrische Ich nun explizit der Würdigung der Partnerin zu (Strophen 4, 6, 7). Offensichtlich lassen die Erinnerungen und das Bewusstsein für die eigene verzweifelte Lage dabei nur jenes sprichwörtliche Resümee zu, das in unserer Sprachkultur fest verankert ist und religiöse Konnotationen besitzt: „Es war ein Stück vom Himmel/Dass es dich gibt." Verwandte Redewendungen wie „ein Geschenk des Himmels sein" oder „jemanden in den Himmel heben" verbildlichen das Übermaß, mit dem ein Mensch (als gar nicht einmal erwartete Fügung) gepriesen wird. Im Hintergrund stehen die unermesslichen Höhen und Weiten des Himmels als (von Schülerseite wohl kaum ohne Weiteres realisierte) mythische Bilder für die verehrten majestätischen Götter; zu erinnern ist in unserer Religion etwa an die Öffnung des Himmels bei der Taufe Jesu (Mk 1, 9–11) und bei seiner Himmelfahrt (Mk 16, 19). Bei der vorliegenden Verwendung dieser mythischen Sprache fällt ein Zeitkontrast auf, da das Präsens im Schlussvers („Dass es dich gibt") im Anschluss an das zuvor verwendete Präteritum („Es war") überraschend kommt. Die Verstorbene, das wäre die Auflösung dieses Widerspruches, existiert für den Sprecher über den Tod hinaus weiter. Der Schlussvers des Liedes deutet dabei an, dass hier nicht unbedingt an ein Weiterleben nach dem Tod (nach christlicher Vorstellung) zu denken ist, vielmehr spricht viel dafür, dass die Geliebte im lyrischen Ich, „in seiner Seele" weiterlebt.

→ Kapitel 2.4
→ Kapitel 2.5

→ Kapitel 2.3

Ähnliches mythisches Bildmaterial finden wir in der Eröffnung von Strophe 4 (= Refrain). Der Wechsel der Personalpronomen (vom „ich" über das „wir" zum „du") ist nun vollzogen, die Angesprochene ist nun Subjekt des Geschehens, wenn ihr bescheinigt wird, dass sie „jeden Raum mit Sonne geflutet" hat (VV 22f.). Bei der Kombination der Naturelemente Sonne und Flut handelt es sich um eine Form der Synästhesie, einen metaphorischen Ausdruck, der die Wahrnehmungsbereiche verschiedener Sinnesorgane verbindet. Hier wird die visuell-taktile Wahrnehmung der Sonne, deren Licht betrachtet und deren Wärme auf der Haut gespürt werden kann, durch die visuell-taktil-akustische Wahrnehmung des Meeres ergänzt, dessen Brandung neben Augen- und Tastsinn auch das Gehör beanspruchen kann. Die folgenden Verse erläutern, was genau mit diesem innovativen Bild gemeint ist: Ärger und Missstimmungen wurden durch die Anwesenheit der Partnerin aufgehoben, stattdessen bahnten sich (die hier den Norddeutschen zugesprochene) Freigebigkeit, Sanftmut und Güte Raum, sodass der Tod dieses vitalen, stolzen, lieben und äußerst sozialen Menschen im Urteil des Hinterbliebenen nicht weniger denn als Offenbarungseid des Lebens aufgefasst werden muss. So prallt V 28 „Das Leben ist nicht fair" hart auf die Würdigungen und er wirkt auch der musikalischen Form nach (Grönemeyers Stimme wird immer leiser) wie ein desillusionierender, resignativ und nachdenklich stimmender Abgesang auf das Leben.

→ Kapitel 2.5

Strophe 5 klingt nahezu kryptisch, das lyrische Ich wählt Bilder, die zwar deutlich noch einmal die gemeinsame Zeit festhalten, die aber so intim sind, dass ihre Symbolik kaum mehr zu entschleiern ist. Alles wirkt märchenhaft, im Sinne von V 36 traumhaft. Offen bleibt, ob das lyrische Ich sich an konkrete Orte und Ereignisse erinnert (etwa an eine Mittsommernacht) oder aber die Rede von kostbar ausgestatteten Räumen nicht vielmehr die grundsätzlich wertvolle Zeit des (Liebes-)Lebens spiegelt. Dem gleichsam berauschten Zustand des Liebesglückes (vgl. den erotischen Unterton in V 34), der die Liebenden aus der Realität abtauchen lässt (Zeit und Raum sind für sie aufgehoben), entspricht der Hinweis auf das traditionelle Sommerfest in Skandinavien, mit dem am 21.06. in der kürzesten Nacht des Jahres der Sommer begrüßt wird. Liebe und Jahreszeit gewähren der dunklen Stimmung keinen Raum, dafür lassen sie Wärme und Licht spüren: das Leben steht in voller Blüte. Noch einmal kann daher der Refrain eingespielt werden (Strophe 6), rundet er doch diese traumhaften Erinnerungen ab und spannt den Bogen zur Hymne in Strophe 7.

Hier verzichtet das lyrische Ich zunächst ganz auf Verben (VV 44–47), stakkatoartig können aus den Ellipsen Selbstsicherheit, Zielstrebigkeit, Poesie, Wahrhaftigkeit u. a. Charaktereigenschaften herausgelesen werden. Als habe das lyrische Ich vor Begeisterung kaum den Atem für längere Satzkonstruktionen, reiht es vier kurze Parallelismen hintereinander. Sie bestehen aus dem die Zusammengehörigkeit von gepriesener Eigenschaft und Subjekt (Geliebte) hervorhebenden Possessivpronomen „dein(e)", einem positiven Adjektiv und einem aufwertenden Substantiv. Diese Parallelismen ehren die Angesprochene, bis schließlich die Preisung (die Stimme Grönemeyers hebt während der Reihung immer mehr an) in der Aussage gipfelt: „Du hast der Fügung/Deine Stirn geboten". Die Zurücknahme des emphatischen Ausdrucks, die ruhiger werdende Stimme des Sängers und die Vollständigkeit des Satzes deuten an, dass alle die genannten Eigenschaften letztlich nichts gegen die „Fügung" ausrichten konnten, auch wenn das lyrische Ich der Angeredeten Furchtlosigkeit und Treue zu den Lebensplänen noch im Angesicht von Krankheit und Tod attestiert.

Die Schlussstrophe 8 übernimmt den melancholischen Grundton des Endes von Strophe 7. Ganz ähnlich den letzten Versen kontrastieren hier die an sich positiven, etwas trotzig formulierten Grundaussagen über eine zuversichtlich erwartete Zukunft (vgl. die Adjektive „neue" und „offene") mit dem traurigen Tonfall, der die Strophe durchzieht. Den Ellipsen „Neue Zeitreise/Offene Welt" fehlt die Leidenschaft im Vortrag, so als könne sich das lyrische Ich die Zukunft ohne die Geliebte auch gar nicht richtig ausmalen (daher der Verzicht auf breitere, syntaktisch vollständige Ausführungen). Und so endet das Lied musikalisch, wie es begonnen hat. Im Tonfall der Trauer versichert das lyrische Ich (vielleicht mehr sich selbst als der Angesprochenen), die Geliebte in der Seele bei sich zu tragen, „bis der Vorhang fällt" (59) – ein Bild aus der Grönemeyer bekannten, jedoch Schülern eher fremden Theatersprache. Wenn der (letzte) Vorhang zugezogen wird, ist das Theaterstück, im übertragenen Sinn das Leben an sein Ende gekommen – von einem Wiedersehen danach ist keine Rede. So wird in Anspielung an den Titel nicht nur der vergangene, gemeinsame Lebens*weg* erinnert, sondern auch der zukünftige bis zum Tod des lyrischen Ich skizziert: Auch diesen Weg werden die Liebenden auf eine bestimmte Art gemeinsam gehen.

Wir können im Anschluss an die Analyse des Musiktitels „Der Weg" erkennen, dass das Lied Stilprinzipien der Ode vereinigt: In der antiken Tragödie kommentieren die Chorgesänge im Wechsel mit Sprechanteilen das tragische Schicksal des Helden – Grönemeyers Gesang reflektiert, mal im schwungvolleren Ton, mal im Sprechtempo (z.B.: „Ich gehe nicht weg"), die ganze Tragik des Todes seiner „Heldin"; als lyrische Form des Feierlich-Erhabenen kann sich sodann die Ode in der Du-Anrede an ein Gegenüber richten, um in tiefer Ergriffenheit über ausgelöste Gefühle zu sprechen und dabei teils mit jäh assoziativen Übergängen zu überraschen (vgl. besonders die traumhaften Sequenzen in Strophe 5); insbesondere Grönemeyers Bilder und sprachlichen Neuschöpfungen hinterlassen den für die Ode so wesentlichen Eindruck eines gehobenen Stils (etwa: „deine wahren Gedichte"), der dem erhabenen Gegenstand (hier: der Liebe zur Verstorbenen und der Lob ihres Charakters) entspricht. Nachruhm und Liebe aber sind seit den Psalmen Davids zentrale Themen der Odendichtung, die wie die verwandte Hymne (feierlicher Lobgesang) auch enthusiastische Wendungen enthalten kann (vgl. „Du hast jeden [!] Raum mit Sonne geflutet"), die dann aber immer wieder von getragenen Passagen überholt werden. Anders als die durchgängig ekstatische, im Pathos ungezügelte Hymne verzichtet die Ode größtenteils auf die Verehrung von Göttern; wie bei „Der Weg" wird das Thema der tragischen Fügung im Tonfall der Trauer vorgestellt und zwar buchstäblich – in Analogie zum Theatermotiv im Lied –, „bis der Vorhang fällt".

Methodischer Kommentar

Für die Poplyrik gilt, was grundsätzlich zum Gedicht ausgesagt wird: „Dadurch dass im Gedicht Stimmungen, Gefühle und Gedanken nicht einfach direkt benannt werden, sondern in bildhafte Sprache gekleidet sind, wird die vordergründige wörtliche Bedeutung der Wörter überstiegen und überlagert von weiteren Bedeutungen und Bezügen (Konnotationen), die beim Leser verschiedene Assoziationen wecken und dem Gedicht dadurch eine faszinierende Vieldeutigkeit geben" (G. Röckel u. G. Bubolz [Hg.], Texte erschließen. Grundlagen – Methoden – Beispiele für den Deutsch- und Religionsunterricht, Düsseldorf 2006, 186). Der folgende Erarbeitungsvorschlag für die Klassen 9–13 versucht, der „faszinierenden freien Assoziation" ebenso Raum zu geben wie dem eher gezielten analytischen Erschließungsprozess, der natürlich in einer Wechselwirkung mit den Assoziationen stehen sollte.

Nach Abspielen des Liedes (zunächst ohne Textvorlage) sollen die Schüler in der **Spontanphase** auf das Lied mit freien Assoziationen reagieren. Erwartet werden können gefühls-, aber auch verstandesmäßige Reaktionen, Beiträge zur Musik, zum Gesang wie zum textlichen Gehalt und zur sprachlichen Form. Sicher werden einige Schüler um den biografischen Kontext wissen; in diesem Fall können sie durch eine gezielte Rückfrage dafür sensibilisiert werden, dass der Text nicht direkt vom Tod der Partnerin spricht (die Rede ist von einer „unfairen Fügung").

Auf der Basis dieser ersten Textaufnahme können Arbeits- oder Interpretationshypothesen formuliert werden, z. B. „Das lyrische Ich besingt seine Trauer über das tragische Schicksal/ den Tod der sehr geschätzten Geliebten. Es benutzt dazu zahlreiche Bilder." Diese Hypothesen werden in der **Erarbeitungsphase** durch eine Analyse von Text und Musik überprüft (**Arbeitsblatt 1**, S. 56). Der Lehrer möge selbst entscheiden, wie weit die Analyse des Aufbaus, der musikalischen Form, der auffallenden Stilmittel, des Satzbaus und der Wortwahl geht. Mit Blick auf die biblische Perikope Mt 14, 22–33 sollten folgende Bilder auf jeden Fall näher betrachtet werden:

a) *Ich kann nicht mehr sehen/Trau nicht mehr meinen Augen* – Die Schüler können hier besonders gut realisieren, dass ein vordergründiges wörtliches Verständnis metaphorischer Rede an ihrer Intention vorbeiläuft (das gilt für viele ntl. Wundergeschichten, insbesondere für den Seewandel Jesu). Die Wahrheit bildlichen Sprechens liegt auf einer anderen Ebene, die aber vom Leser gesucht werden muss und die sich im vorliegenden Fall auch gut erschließt.

b) *Haben den Regen gebogen* – Schwieriger wird die Bildinterpretation in diesem Beispiel, weil wir es zum einen mit einem innovativen Sprachspiel zu tun haben (das den Leser förmlich im Lesefluss „stolpern" lässt) und zum anderen der biblische Bezugstext für ein tieferes Verständnis mitgedacht werden kann (Gen 9, 8ff.). Offenbar leben Bilder von den Entschlüsselungsmöglichkeiten seiner Leser und offensichtlich rechnen Künstler mit diesen Wiedererkennungseffekten (so wie auch der Erzähler Mt in der Seewandelperikope zahlreiche sog. intertextuelle Bezüge (zum AT) herstellt, ohne sie dem Leser explizit zu erläutern).

c) *Wir haben versucht, auf der Schussfahrt zu wenden – Wir haben uns geschoben/Durch alle Gezeiten – Ich trag dich bei mir/Bis der Vorhang fällt* – Selbst innerhalb einer Sprachkultur können Bilder nicht ohne weiteres gedeutet werden; Sprache spiegelt eben oft genau *die* Welt, in der wir leben. Regionale oder milieubedingte Bilder versperren dem außerhalb der Sprachgemeinschaft Stehenden oft die Zugangsmöglichkeiten zur (Bild-)Welt. Dürfte bereits ein Mensch, der die Berge nicht kennt, im norddeutschen Flachland lebt und obendrein auch keine Beziehungen zum alpinen Skisport besitzt, einige Schwierigkeiten mit der Entschlüsselung des Paradoxons „Wende auf der Schussfahrt" haben, so erst recht etwa ein Beduine, weil ihm Schnee und Skisport wenig sagen dürften (nicht anders ergeht es uns Heutigen, wenn wir davon hören, dass ein Mensch nachts während der vierten Nachtwache über das aufgewühlte Wasser des Sees Gennesaret geht – ein paradoxes Bild, das eben zum Verständnis Kenntnisse in Geografie und Kultur des Erzählers voraussetzt). Auch die Auflösung des Gezeitenbildes bedarf der Kenntnisse über die Eigenschaften von Flut und Ebbe (ganz ähnlich dem antiken Menschen, der um die übertragene Bedeutung der Chaosmacht des Meeres wusste); das dritte Bild schließlich stammt aus der Theatersprache und kann ebenfalls nur von Branchenfachleuten sofort erschlossen werden.

d) *Es war ein Stück vom Himmel/Dass es dich gibt* – Jede Gesellschaft besitzt breit akzeptierte und genutzte Redewendungen, ohne dass die religiösen Konnotationen immer bewusst sind; und es gibt Bilder, die keine Kulturgrenzen kennen. So privat das Loblied Grönemeyers hier auch klingt: Das Bild konnte jeder Jünger Jesu und jeder Urchrist ohne Probleme genauso über Jesus aussagen, wovon insbesondere die Erzählpassagen über Taufe und Himmelfahrt Jesu Zeugnis geben.

e) *Du hast jeden Raum/Mit Sonne geflutet* – Auch Mt kannte kein treffenderes Bild zur Würdigung Jesu, wenn er als Erzähler gleichsam den chaotischen Raum in seiner Seewandelperikope zur „4. Nachtwache" „mit Sonne fluten" lässt. Mythische Bilder sind eben international und zeitlos, weil ihre Poesie das Wesen, Knotenpunkte des Lebens, krisenhafte und hoffnungsvolle Zeiten eines Menschen angemessener zu umschreiben vermag als alle wissenschaftlichen Berechnungen es je vermögen. Im einen wie im anderen Falle ist es unmöglich, Dankbarkeit, Liebe, Hoffnung etc., die sich mit der Begegnung zu einem anderen verknüpfen, in der empirischen Sprache zu formulieren. Für Grönemeyer und Matthäus sind die Bilder von der Sonnenkraft doch nicht deshalb wahr, weil sie mit historischen Tatsachen übereinstimmen würden, sondern weil diese mythische Sprache zur Chiffre einer ganz und gar stimmigen, wahren inneren Erfahrung geworden ist. Schülern kann hier vermittelt werden: Selbst wenn bildhaftes Sprechen allen Naturgesetzen widerspricht, so kann es für den, der selber aus derartigen Bildern für sein eigenes Leben Aufschluss gewinnen kann, doch in seinen großen menschlichen Themen (Liebe, Tod, Glaube, Hoffnung, Tragik etc.) wahr sein. Und umgekehrt muss Schülern auch deutlich werden: Wer sich in solchen Bildern mit seinem Leben nicht wiedererkennen kann oder will, für den müssen Poesie und Mythos notgedrungen „unwahr" bleiben; für den gilt gewissermaßen der ernüchternde Satz des Faust aus der gleichnamigen Goethe'schen Tragödie (I. Teil, Szene „Nacht"): „Wenn ihr's nicht fühlt, ihr werdet's nicht erjagen". Faust kritisiert damit seinen Schüler Wagner, der die Leistung der Dichtkunst an den starren äußeren Gesetzen der Rhetorik messen und damit den Wert, die Wahrheit und die Gültigkeit von Poesie belegen will – ohne das leiseste Gespür für die Größe der inspirierten, subjektiven Dichtung, die eben erfühlt und nicht nach objektiven Kriterien überprüft werden soll.

f) *Den Film getanzt/In einem silbernen Raum* – Gerade in der Bildsprache von Liebenden werden intime Kommunikationsmuster gewählt, die bewusst für Außenstehende kaum zu erschließen sind. Wie bei Grönemeyer ein Verständnis des Verses ohne Einblick in das Privatleben, die Beziehung zu seiner Frau, kaum erfolgen kann, so bei Mt ohne Einsicht in seine in Bilder gekleidete Vorstellung über Jesus von Nazareth. Ohne auch nur die geringste Ahnung von antiker Bildsprache stünden wir als Leser ähnlich ratlos vor der Perikope wie die Hörer der erwähnten Verse.

Die **Ergebnissicherung** zum Lied „Der Weg" sollte herausstellen, dass

1. die Bildsprache natürlich nicht wörtlich aufzufassen, sondern in einem übertragenen Sinne zu lesen ist;
2. bildhaftes Sprechen je nach Verständnishorizont und Sprachkultur des Lesers unterschiedlich leicht zu entschlüsseln ist (bei allem assoziativem Freiraum, der ihm grundsätzlich bei Bildern bleibt);
3. Bilder auch Bestand einer intimen Kommunikation sein können und dann folglich für Leser recht schwer aufzunehmen sind;
4. einige Bilder religiös-biblische Konnotationen erlauben („Regen gebogen", „ein Stück vom Himmel" – die Wendung „mit Sonne geflutet" dürfte kaum von den Schülern als biblisches Bild aus Mt 14, 22–33 erkannt werden, es sollte daher im Rahmen der biblischen Texterschließung noch einmal aufgegriffen werden).

Herbert Grönemeyer: Der Weg

Ich kann nicht mehr sehen
Trau nicht mehr meinen Augen
Kann kaum noch glauben
Gefühle haben sich gedreht
5 Ich bin viel zu träge um aufzugeben
Es wäre auch zu früh
Weil immer was geht

Wir waren verschworen
Wären füreinander gestorben
10 Haben den Regen gebogen
Uns Vertrauen geliehen
Wir haben versucht, auf der Schussfahrt zu wenden
Nichts war zu spät
Aber vieles zu früh

15 Wir haben uns geschoben
Durch alle Gezeiten
Haben uns verzettelt
Uns verzweifelt geliebt
Wir haben die Wahrheit so gut es ging verlogen
20 Es war ein Stück vom Himmel
Dass es dich gibt

Du hast jeden Raum
Mit Sonne geflutet
Hast jeden Verdruss
25 Ins Gegenteil verkehrt
Nordisch nobel Deine sanftmütige Güte
Dein unbändiger Stolz
Das Leben ist nicht fair

Den Film getanzt
30 In einem silbernen Raum
Vom goldenen Balkon

Die Unendlichkeit bestaunt
Heillos versunken, trunken
Weil alles war erlaubt
35 Zusammen im Zeitraffer
Mittsommernachtstraum

Du hast jeden Raum
Mit Sonne geflutet
Hast jeden Verdruss
40 Ins Gegenteil verkehrt
Nordisch nobel Deine sanftmütige Güte
Dein unbändiger Stolz
Das Leben ist nicht fair

Dein sicherer Gang
45 Deine wahren Gedichte
Deine heitere Würde
Dein unerschütterliches Geschick
Du hast der Fügung
Deine Stirn geboten
50 Hast ihn nie verraten
Deinen Plan vom Glück

Ich gehe nicht weg
Hab meine Frist verlängert
Neue Zeitreise
55 Offene Welt
Habe Dich sicher
In meiner Seele
Ich trag Dich bei mir
Bis der Vorhang fällt
60 Ich trag Dich bei mir
Bis der Vorhang fällt

Text und Musik: Herbert Grönemeyer
© Grönland Musikverlag

1. Formulieren Sie zu diesem Lied eine Deutungshypothese.

2. Überprüfen Sie die Stimmigkeit Ihrer Hypothese durch genauere Beobachtung von Musik, Gesangstil, Inhalt und Form des Liedtextes (Sprache, Stilmittel, äußere Form). Geben Sie sich im Kurs eine Rückmeldung.

3. Interpretieren Sie ausführlich – falls Sie es noch nicht getan haben – die Bilder aus folgenden Versen: VV 1–2; VV 10–11; V 12; VV 15–16; VV 20–21; VV 22–23; VV 29–30; VV 58–59. Machen Sie sich dabei bewusst, welche Bilder schwieriger, welche leichter zu deuten sind und woran das liegen könnte. Diskutieren Sie Ihre Ergebnisse anschließend im Plenum und überlegen Sie gemeinsam, warum Grönemeyer auf bildhaftes Sprechen zurückgreift.

4. Führen Sie Ihre und die für Sie akzeptablen Arbeitsergebnisse der Mitschüler jetzt abschließend zu einer schriftlichen und ausführlichen Interpretation des Liedes zusammen. Orientieren Sie sich an dem Aufsatzschema, das Sie etwa zur Analyse von fiktionalen Texten (z. B. von Gedichten) im Deutschunterricht kennengelernt haben.

Baustein 2

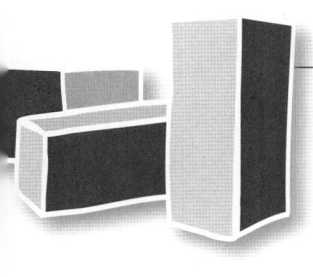

Mythische Elemente aus Mt 14, 22–33 in der Lyrik der Popmusik und der Chansons

Dieser Baustein vertieft den ersten insofern, als die allgemeinen Überlegungen zur Verwendung von metaphorischer Rede in unserer Popkultur konkretisiert und vorausblickend auf Mt 14, 22–33 bezogen werden, was den Schülern jedoch noch verborgen bleibt.

Herman van Veen: Suzanne

Gut ein Jahr, bevor der 1945 in Utrecht geborene Herman van Veen die CD herausbrachte, der der Titel „Suzanne" entnommen ist, resümiert der Sänger und Autor von Liedern, Drehbüchern, Märchen und Erzählungen in wenigen Sätzen seine Karriere und gibt dann einen kurzen poetischen Ausblick auf die Zukunft: „Will öfter öfter öfter bei den Blumen, bei den Bäumen, bei den Tieren und den Kindern sein. Und wenn du's willst, auch öfter noch bei dir sein. Dann halt ich dich fest. Und sing. Von immer, vom Tod, den es nicht gibt, und vom Leben, das fassungslos macht. Vom lieben, schweren Leben, das jauchzt, das brüllt, das tröstet, das brennt und hämmert, das flüstert und lauscht, das lieb hat. Das weitermacht, ohne sich umzusehn, heilig, gleichgültig" (zitiert nach http://www.hermanvanveen.com/de/Bio.htm; 15.11.2004). Es muss nicht schwer sein für jemanden, der die sozialen Missstände dieser Erde kritisch beäugt, der jahrelang Vorstandsmitglied und Goodwill-Botschafter der UNICEF NEDERLAND war und Hilfsorganisationen für benachteiligte Kinder in aller Welt gründete, das Leben in seiner ganzen Ambivalenz zu besingen. Vom „lieben" wie „schweren", vom „heiligen" wie „gleichgültigen" Leben wollte er singen, und wie zum Beleg seines Vorhabens liest sich das folgende Liebeslied mit seinem ausdrücklichen Bezug zum Motiv des Seewandels Jesu (**Arbeitsblatt 3**, S. 86).

Sachanalyse

Die musikalisch gleichmäßig ruhig vorgestellte Begegnung zwischen Suzanne und dem angesprochenen Du auf einer Bank am Fluss thematisiert den inneren Kampf des Freundes um eine Fortsetzung der Beziehung zu der Liebe seines Lebens. Die beschworene emotionale Nähe zur Partnerin unterliegt am Ende den eingestandenen Zweifeln an den Lebensplänen der Geliebten.

Man wird die Form des Textes wohl am ehesten als inneren Monolog bezeichnen können, d. h. das lyrische Ich spricht über die fünf Strophen zu sich selbst in der 2. Person. Vielleicht ist auch die Konstellation denkbar, dass sich ein nicht näher benanntes lyrisches Ich – ähnlich dem auktorialen Erzähler in der Epik – vor dem Hörer allwissend gebärdet und in die Gedankenwelt des Freundes blicken und sie kommentieren kann. Bemerkenswert wäre hierbei die Tatsache, dass das lyrische Ich auf eine Spiegelung der inneren Einstellungen Suzannes verzichtet, die ihm ja durchaus aufgrund seiner Allwissenheit möglich wäre. In jedem Fall wird der Hörer allein aus der subjektiv gefärbten Innensicht des Freundes informiert. Der Titel stilisiert im Gegensatz zu dieser Erzählperspektive eigentlich nach traditionellem Verständnis seiner Funktion Suzanne zur Hauptfigur und baut eine Erwartungshaltung beim Hörer auf, die zunächst allein in der 1. Strophe bestätigt, dann jedoch zunehmend enttäuscht wird.

In der 1. Strophe nämlich dominiert Suzanne eindeutig das Geschehen. Nicht nur, dass ihr Name den Song durch Wiederholung des Titels einleitet, auch die Aktivität und Bewegung verkörpernden Verben (anlachen, zeigen, aus dem Rahmen fallen, halten) sind hier grammatikalisch vom Subjekt Suzanne bzw. vom Personalpronomen „sie" abhängig und geben sprachlich eindrucksvoll die dominierende Faszination wieder, die von Suzanne ausgeht. Es sind Gesten der Freundschaft, Liebe und Erotik, die mit Landschaftsschilderungen und Selbstreflexionen des Freundes alternieren. Dem an den Freund gesandten Lächeln folgt der Blick auf den neben dem Ort des Geschehens befindlichen Fluss mit den vorbeiziehenden Schiffen, unterbrochen von dem sinnlich demonstrierten Kuss, gefolgt von einem Kommentar zu dem verrückten und übermütigen Charakter Suzannes; und noch ehe der Freund sein allein dem Hörer offenbartes Ziel des Treffens, der Freundin das Ende der Beziehung mitzuteilen, verfolgen kann, ergreift sie schon seine Hände, was er nur sprachlos zur Kenntnis nehmen kann. Ohne auch nur ein Wort zu sagen, hat Suzanne mit ihrer sprechenden Gestik und Mimik den Freund äußerlich zum Verstummen gebracht. Sehr anschaulich wird dieser Sachverhalt über die unmittelbare Konfrontation des Schlusswortes aus V 12 („es ist das *Ende*"; Hervorhebung von V. G.) mit der entgegenstellenden Konjunktion „doch" aus V 13 zum Ausdruck gebracht. Das Halten der Hände lässt dem Vorhaben des Freundes (erst einmal) keine Chance. Was für Suzanne hierbei jedoch verborgen bleibt – die geheimen Gedanken des Freundes über das Ende der Partnerschaft –, schiebt sich für den Hörer vorsichtig zwischen die Zeilen und realisiert somit von Anfang an eine Spannung zwischen der affektiv handelnden und aktiveren Suzanne und dem nur äußerlich passiven, innerlich aber rege kognitiv agierenden Freund. Die äußere Zurückhaltung gegenüber Suzanne signalisiert auch die Verteilung der Pronomen. Der Name „Suzanne" und das Personalpronomen „sie" als Subjekt des Satzes überflügeln die Anzahl des Personalpronomens „du" bzw. „ich", während gleichzeitig in der syntaktischen Positionierung des Freundes als Objekt die Verwendung des Personalpronomens und Possessivpronomens auffällt („lacht *dich* an", „zeigt *dir*", „hält *deine* Hände"; Hervorhebung von V. G.).

Der gleitende Anfang („Und") aus Strophe 2 unterstreicht die (noch) ungebrochene Begeisterung, die Suzanne auf ihren Freund ausübt. Dennoch, nach den Gedanken zum Ende der Beziehung aus Strophe 1 etwas überraschend: Die Anapher („Und sie/und du") deutet die nun zum ersten Mal von ihm selbst eingestandene Zustimmung zum Vorhaben der Freundin an, der Konjunktiv lässt jedoch die Vorsicht erkennen, mit der dieser Wunsch nach Gemeinsamkeit geäußert wird. Die inversionsartig eingeschobene Ellipse „zusammen Hand in Hand" hebt die erwünschte Zweisamkeit syntaktisch hervor und betont zudem das emotionale Band, das die beiden verbindet. Vordergründig lässt sich das Ziel der Pläne Suzannes als konkreter Ortswechsel verstehen: sie möchte auf die andere Seite des Flusses. Der Kontext lässt jedoch bereits zu diesem Zeitpunkt erahnen, dass es sich bei dem „Uferwechsel" um ein Bild für eine deutliche Zäsur in der Lebensplanung Suzannes handelt. Die folgende Beschwörung der „großen Liebe" und der davon kontrastiv abgesetzte (beachte die entgegenstellende, das Bekenntnis relativierende Konjunktion „aber") Hinweis auf den Kampf des Gefühls gegen den Verstand sind vor allem dann schlüssig, wenn der gemeinsame Weg zum anderen Ufer nicht im wörtlichen, vielmehr im übertragenen Sinn begriffen wird. Die unmittelbar anschließende Eröffnung der 3. Strophe bestätigt diese Lesart.

→ Kapitel 2.5   Völlig unvermittelt montiert van Veen in zentraler Position des Liedes einen biblischen Verweis. Das Motiv von dem über das Wasser gegangenen Nazarener knüpft mehrfach an die bis zu diesem Zeitpunkt offenkundige Liebesproblematik an: Dem erwähnten *Fluss* und dem Plan Suzannes, an das andere *Ufer* zu gehen, korreliert semantisch V 24 („konnte übers *Wasser* gehen"; Hervorhebung von V. G.). Wird der biblische Hinweis nun als Kommentar zum bisherigen Geschehen verstanden, dann wird noch klarer, dass es sich bei dem Gang zum anderen Ufer nur um ein Bild handeln kann, da der konkrete Weg über eine Brücke vom biblischen Hintergrund her ausscheidet. Jesu Gang über das Wasser avanciert zum Vor-Bild des gemeinsamen (Lebens-) Weges zu „neuen Ufern". Die Charakterisierung Jesu als angstfreier Mensch erhellt bei genauer Überlegung kontrastiv die Eigenschaften des Angesprochenen. Denn die Zurückhaltung des Freundes, sein Plan vom Ende der Partnerschaft und seine allein im Konjunktiv angedachte Fortsetzung der Beziehung werden vom Bild des furchtlosen Jesus kritisch hinterfragt. Während es dem Freund selbst folglich an Mut mangelt, Jesus und er also in Opposition zueinander stehen, ergibt sich andererseits eine Figurenäquivalenz von Jesus und Suzanne. Sie nämlich „will ans andre Ufer", verfügt somit über die jesuanischen Eigenschaften. Von der Funktionszuschreibung des biblischen Verweises auf den Seewandel Jesu aus wird nun aber auch umgekehrt die biblische Erzählung von der Liebesgeschichte Suzannes und ihres Freundes gedeutet: Das Wunder des Seewandels Jesu kann im Kontext des Liebesliedes gar nicht anders denn als eine mutige, emotional und nicht rational getroffene Entscheidung für ein Lebenskonzept begriffen werden, das ganz offensichtlich Unsicherheiten und Gefahren ausgesetzt ist. Das zunächst eine Durchbrechung der Naturgesetze assoziierende Verb („bewiesen") muss demzufolge anders interpretiert werden. Die Beweiskraft für das Wunderbare liegt nicht in der vordergründigen Überwindung der naturwissenschaftlich anerkannten Kausalitäten, vielmehr in der Gelassenheit und im Vertrauen auf ein „tragendes" Lebenskonzept.

So unvermittelt van Veen die Intertextualität in das Liebeslied einbringt, so abrupt verlässt er die biblische Seewandelthematik wieder, um nun den Hörer darüber aufzuklären, wie denn der Freund Suzannes auf die biblisch motivierte Kritik an seinem Verhalten reagiert und wie er letztlich das Dilemma, in dem er sich befindet, löst. Rhythmisch strukturiert wird die Fortsetzung der 3. Strophe durch die dreifache Verwendung einer entgegenstellenden Konjunktion (zweimal „doch" und einmal „aber") am Versanfang, welche die Einwände gegen die Argumente für eine Verlängerung der Beziehung einleitet. Das solchermaßen syntaktisch gut sicht- und hörbare Wechselspiel spiegelt die innere Zerrissenheit des Freundes. Offensichtlich ist Suzanne gewillt, im Zweifelsfall auch ohne den Freund weiterzugehen, was ihn wiederum verletzen würde. V 29 greift über das Verb „leiden" das Motiv der Verletzung wieder auf. Zwischenzeitlich erfolgt der Vorwurf der unnötigen Zeitverzögerung.

Ein biblisch geschulter Hörer kann in V 28 eine erneute Anspielung auf einen Bibeltext erkennen, obgleich das hyperbolische Bild vom Versetzen der Berge auch aus sich heraus verständlich ist. Nach Mt 17, 14–21 kritisiert Jesus wie in Mt 14, 22–33 den Kleinglauben der Jünger (hier im Kontext einer „Dämonenaustreibung"). Um seine Kritik anschaulicher zu gestalten, wählt Jesus einen sprechenden Vergleich: „Amen, das sage ich euch: Wenn euer Glaube auch nur so groß ist wie ein Senfkorn, dann werdet ihr zu diesem Berg sagen: Rück von hier nach dort!, und er wird wegrücken. Nichts wird euch unmöglich sein." Im Rahmen des Liedes „Suzanne" verstärkt dieser mitgelesene biblische Horizont die Missbilligung der Kleingläubigkeit und Passivität des Freundes. Wie die Jünger „Dämonen" nur aus einer gläubigen Haltung heraus „austreiben", im übertragenen Sinn: jemanden aus einem entfremdeten Leben befreien und somit „Berge versetzen" können, so ist dies dem Freund ganz ähnlich nur auf der Basis einer gläubigen, vertrauenden Grundhaltung möglich. „Berge versetzen" hieße hier, authentisch zu leben und dem geheimen Wunsch nach einer dauerhaften Liebe mit Suzanne vertrauensvoll nachzukommen. Eine zweite denkbare biblische Kontextuierung von V 28 macht vermutlich weniger Sinn. In 1 Kor 13 beschwört Paulus in der Form einer Hymne die Macht der geschwisterlichen Liebe unter Gemeindemitgliedern. Dabei relativiert er aber in 1 Kor 13, 2 gerade das von van Veen so hervorgehobene Wunder vom „Bergeversetzen": „wenn ich alle Glaubenskräfte besäße/und Berge damit versetzen könnte,/hätte aber die Liebe nicht,/wäre ich nichts."

Die bereits in der 1. Strophe vermittelte Opposition von Passivität (Freund) und Vitalität (Suzanne) setzt sich somit auch mittels der zweiten biblischen Anspielung fort, nun aber konzentrieren sich die Überlegungen stärker auf den Freund. Stakkatoartig erfolgen die vorwurfsvollen alternierenden Anreden gleich am Versanfang (V 27: „doch du" – V 29: „und du" – V 30: „doch du" – V 33: „und du"). In diese Phalanx der anaphorischen Versanfänge kann das Personalpronomen im Nominativ „sie" nur einmal einbrechen (V 31). Mitten in die kleingläubige Unentschlossenheit und Passivität des Freundes hinein „fragt" Suzanne „mit den Augen", Sinnlichkeit stößt auf Rationalität, und über die Wiederholung vom letzten Vers der 1. Strophe spielt van Veen die nonverbale Absage des Freundes an das sinnliche Angebot Suzannes ein. Erneut kontrastiert die äußere Sprachlosigkeit mit der – für Suzanne verborgenen – Gedankenkette, die hier die gesamte Strophe 2 wiederholt (VV 33–37).

Noch ist die Auseinandersetzung zwischen Gefühl und Verstand nicht entschieden, da ergreift Suzanne ein weiteres Mal die Initiative (Strophe 4). Van Veen wiederholt die ersten beiden Verse des Liedes, lässt Suzanne geduldig und nochmals den Freund anlachen und erwähnt die Bank beim Fluss. Die Aufnahme des Liedanfangs kündet davon, dass sich grundsätzlich an der Ausgangssituation nicht viel geändert hat. Negativ gesprochen, scheint sich die ganze Sache im Kreis zu drehen. Positiv formuliert: Noch hat der Freund die Chance, auf Suzannes Zärtlichkeiten und ihren Lebensweg einzugehen. Obgleich die VV 1 und 2 aus der Eingangsstrophe wiederholt werden, bricht van Veen die dort nachgewiesene Dominanz der Freundin. Gleich drei Anaphern („und du") in den letzten beiden Strophen und die zugehörigen Verben („hören", „denkst", „spürst", „starrst", „siehst", „möchtest") intensivieren die innere Dramatik, die sich im Angesprochenen abspielt und die das Finale des Liedes ankündigt. Die Rolle Suzannes fällt demgegenüber bescheidener aus, die Erwähnung ihres Namens rahmt zwar die 4. Strophe, die Negation am Strophenende lässt die bislang so profilierten, positiv konnotierten Konturen ihres Charakters jedoch – in Entsprechung zum „blasser werdenden Licht" aus V 43 – verblassen. Innerhalb dieses Rahmens verfolgt der Hörer, wie der Freund seine innere Aktivität zunehmend steigert und nahezu alle Sinne bemüht: Er vernimmt Suzannes Lebenspläne, die dem Hörer allerdings vorenthalten werden. Gleichzeitig (siehe die Partikel „und") drängt die Zeit, denn der Bus fährt jeden Moment ab. Der kritische Hörer mag dies als vorgeschobenen Grund entlarven, denn wie banal erscheint vor dem Hintergrund der wichtigen Lebensentscheidung die Abfahrtszeit eines Busses?! Das nachfolgend eingeschobene Motiv von den kreisenden Möwen verzögert die erwartete Entscheidung, auf die nun alles zuläuft, und erhöht damit die Spannung beim Hörer.

Das gilt ebenso für die weitere sprechende Raumattributierung: es wird langsam dunkel und kälter (zugleich erhöht sich ab V 43 lautmalerisch die Zahl des „dunklen" Vokals a) – und man ahnt die tiefe Symbolik der Raumgestaltung für die zwischenmenschliche Beziehung. „Kälter", abweisender hätte der Freund auf Suzannes überwiegend nonverbale Kommunikation nicht eingehen können, sieht er doch für die gemeinsame Zukunft eher „schwarz": Die Beziehung ist in Entsprechung zur Lichtmetaphorik getrübt, eine klare Perspektive gibt es für ihn nicht mehr. Das Starren auf das Wasser unterstützt die über die Raumcharakterisierung erzielte Distanz der Figuren. Der Freund hat sich von der Partnerin abgewandt, fixiert seinen Blick auf den Fluss. Von seiner Seite aus kommt keine Bewegung in die Sache, weil seine Zweifel und Fragen bezüglich des gemeinsamen Aufbruchs zu „neuen Ufern" nicht beantwortet werden. Dass auch Suzanne die Antwort auf die Fragen nicht kennt, lässt ihren Charakter noch einmal profilierter erscheinen. Sie besitzt nicht nur den Mut (wie Jesus), ein (gemeinsam verfolgtes) Lebenskonzept zu realisieren, sie tut dies auch noch im Bewusstsein, eine erfolgreiche Umsetzung dieses Konzepts nicht garantieren, seine Feinheiten nicht bis ins Letzte vorhersehen zu können. Eine interessante Nuance: Die Überquerung des „Flusses" stellt für Suzanne nicht das Problem dar, für sie gibt es den Weg zum Ziel. Ihr Leben ist jedoch ein ausdrückliches Bekenntnis zum Ungewissen bei der Zielankunft („drüben"), beinhaltet ein nicht genau kalkulierbares Risiko. Genau das aber wird dem Freund zum Stein des Anstoßes, wie die letzte Strophe offenbart.

Nun zwingt Suzanne den Freund zu einer Entscheidung, indem sie einfach und wohl wortlos aufsteht, und nach dem Gesagten kann sich der Hörer ausmalen: Sie wird gehen, ob mit ihrem oder ohne ihren Partner. Es geht hier um eine sprechende Handlung. Aufstehen, das heißt aus ihrer Sicht so viel wie: jetzt ist der Moment der Entscheidung gekommen, es ist alles getan und gesagt worden, um dir zu zeigen, dass ich an unsere gemeinsame Zukunft glaube, aber eine Garantie kann ich dir nicht geben. In finaler Stellung des Liedes wiederholt van Veen zum dritten Mal den Wunsch des Partners, mit Suzanne mitzugehen, sowie sein lediglich zu sich selbst gesprochenes Liebesbekenntnis. Doch die Wunschform unterliegt dem Indikativ. Mithilfe einer kleinen, aber doch unüberhörbaren Veränderung der Wiederholung konstruiert van Veen die Pointe des Textes. Hatte zuvor der Verstand mit dem Gefühl gekämpft und blieb der Ausgang dieses Gefechtes über weite Strecken ungewiss, so steht am Ende des Kampfes jetzt ein endgültiger Sieg des Verstandes; die geschickte Positionierung des Substantivs „Verstand" als letztes Wort des Liedes besiegelt auch äußerlich gut sicht- bzw. hörbar das Schicksal beider Figuren. Insgesamt fünfmal nutzte van Veen eine entgegenstellende Konjunktion, um sprachlich die Einwände des Verstandes gegen die Fortsetzung der Beziehung und den „Gang über das Wasser" zu signalisieren. Dagegen konnte Suzanne mit „ihrer" einzigen Konjunktion („doch sie hält deine Hände") nichts ausrichten. Das letzte „aber" symbolisiert sprachlich im Verbund mit dem Indikativ („siegt") und der exponierten Stellung des Substantivs „Verstand" eine Übermacht, gegen die weder Suzanne selbst noch die eingestandene Liebe zu ihr eine Chance haben. Musikalisch wird diese Textpointe jedoch nicht gestützt. Das Lied klingt so gleichmäßig melodisch aus wie es begonnen hatte, kein „Paukenschlag" begleitet den Sieg des Verstandes.

Und hier schließt sich der Kreis: Wie die hyperbolisch beschriebenen „tausend Schiffe", die gleichgültig an der Bank und den Geliebten vorbeiziehen, so ziehen auch die verpassten, ungenutzten Chancen im Leben vorbei, in der Masse regelmäßig und stets gegenwärtig, doch irgendwann verschwinden sie als Einzelfälle unwiederbringlich aus den Augen. In der Tat versinnbildlicht das melancholische Liebeslied formal mit seinem kontinuierlich seichten Gleichklang und inhaltlich mit seinem Bild von den an der Bank vorbeiziehenden Schiffen den Fluss des Lebens, denn dieses, so der eingangs zitierte van Veen, „macht weiter, ohne sich umzusehn, heilig, gleichgültig".

Theologische Reflexion

Ist es denkbar und legitim, die Erzählung vom Seewandel Jesu zur intertextuellen Interpretation einer Liebesgeschichte von heute zu nutzen, wie von van Veen durchgespielt? Der seewandelnde Nazarener als vorbildliche Motivation eines gemeinsamen mutigen Aufbruchs zu „neuen Ufern"? Wenn, wie die Exegeten betonen, die mythisch geprägte Poesie des Erzählers Matthäus existenziell gedeutet und somit grundsätzlich auf das ganz persönliche Leben jedes Christen bezogen werden darf, dann kann der Auslegung van Veens nur zugestimmt werden. Einige wenige Reflexionen sollen dies näher begründen.

Van Veen greift in seiner schriftstellerischen Tätigkeit die in den Mythen breit belegte und von Matthäus ebenfalls genutzte Kontrastsymbolik von Licht und Dunkelheit (im Verbund mit Kälte) auf, um die psychische Verfassung der Figuren zu untermalen. Der zunehmenden Blässe des Lichtes, also dem Einbruch der Dämmerung entspricht der auf den Sieg der Skepsis zulaufende innere Kampf der Ängste und Zweifel mit den hoffnungsvollen Gedanken. Wie

→ Kapitel 2.4

den in der Erzählung im Boot aus Furcht sitzen bleibenden Jüngern fehlt auch dem Freund im Lied „Suzanne" der Mut, (mit seiner Freundin) aufzustehen und sich mit ihr gemeinsam „über das Wasser" zu wagen. Das Scheinargument des wartenden Busses entlarvt dabei die paradoxe Lage des Freundes. Er liebt Suzanne, bringt es aber nicht fertig, ihr in die Augen zu schauen, und möchte gerade vor ihr zum Bus „fliehen", vor ihr, die mit ungeheuren Kräften das Leben angeht und ständig „aus dem Rahmen fällt", die ihm ihre Hände reicht, Symbol von Vertrauen und Liebe. Die Beschreibung der inneren Verfassung der Jünger im Boot durch E. Drewermann ließe sich trefflich auch als psychologische Deutung der Flussszene nutzen: „Da beginnen Menschen mitten in ihrer Angst zum ersten Mal zu ahnen, wovon sie wirklich leben könnten, und plötzlich steht das Rettende vor ihnen auf wie ein Ungeheuer. Sie sehen in der Gestalt, die auf sie zukommt, in gewissem Sinne ihr eigenes Porträt, aber es erscheint ihnen wie in einem Geisterhaus, und so möchten sie am meisten gerade vor *dem* Reißaus nehmen, was seine Hand ausstrecken könnte, um sie über den Abgrund zu tragen. [...] Gerade so können [...] wir Menschen auf eine Angst festgelegt sein, die uns gerade davor Reißaus nehmen lässt, wozu wir eigentlich bestimmt sind. So kann es zum Beispiel geschehen, dass all die Antriebe, die Wünsche, die Sehnsüchte, die in uns als Zielvorgaben schlummern, mit einem Mal wie eine Gegenkraft in uns aufstehen, die uns noch fürchterlicher erscheint als der ‚Sturm' selber" (E. Drewermann, Mt-Evangelium, 334).

→ Kapitel 2.5

Zweifellos „stehen" im Freund die Wünsche nach einer gemeinsamen Zukunft „auf", gerade sie scheinen ihm so zweifelhaft, dass er sich nicht auf sie einlassen möchte. Der theologische Kommentar zum feigen Verhalten der Jünger liest sich daher wie ein nachhaltiger Appell an den Freund auf der Bank: „Im Blick auf Jesus lohnt keine große Angst mehr die Antwort durch Festklammern, Sich-Zusammenkrümmen und Sitzenbleiben, denn es ist möglich, die Grenzen, die wir für Halt erachtet haben, zu übersteigen und den Fuß zu setzen auf das nie Begangene und scheinbar Unbegehbare" (E. Drewermann, Taten der Liebe, 65). Und ebenso liest sich der tiefenpsychologische Standpunkt zur Psyche der Jünger in der Mt-Perikope zugleich wie eine Kritik van Veens am letztlich ungläubigen Verhalten des Freundes, dessen Freundin ihm ebenso „verrückt" erscheint wie die zum Spuk erklärte Gestalt Jesu den Jüngern auf dem See: „Sie ist für die Jünger etwas geradezu Ungeheuerliches, sie bedeutet eine Antwort auf unsere Angst, eine Antwort, deren wir am Tage niemals fähig sind: ‚Klammert euch nicht noch mehr im Boot fest, sondern im Gegenteil, lasst all das, was ihr sonst für Halt gehalten haben mögt, endgültig fahren. Setzt euch noch viel mehr aus. Übergebt euch ganz und riskiert vorbehaltlos den Wind und die Wellen, ungeschützt.' Kann man das wagen? Nach unserem Denken der Vernunft um keinen Preis, in der Botschaft unserer Träume, so wie wir sie von Jesus her zu träumen wagen dürfen, unbedingt" (a. a. O., 64).

→ Kapitel 2.6

Wie bei Matthäus, so demonstriert auch bei van Veen der Sieg des Verstandes (das Boot/die Bank verspricht schließlich einen letzten Halt) die Niederlage des Wagemuts, mit dem ein Mensch versucht, sein Leben im Gegenüber Jesu (und des geliebten Menschen) auszusetzen. Bleiben wir bei der Interpretation der äußeren Form als innerem Monolog, dann stellt das lyrische Ich selbst den Bezug von seiner misslichen Lage zum angstfreien Jesus her. Tatsächlich verschwimmen dann die Grenzen: Mit Suzanne mitzugehen, hieße so viel wie sein Leben im Gegenüber Jesu *und* Suzannes auszusetzen, das Göttliche in der Beziehung, in der Liebe, im Mitmenschen zu erfahren. Doch dazu kommt es nicht, weil die Ängste vor dem Unfertigen und die Zweifel angesichts eines möglichen Scheiterns – ganz ähnlich wie bei Petrus – Wankelmut aufkommen lassen. Wie jener starrt das lyrische Ich gebannt in das Wasser und ganz analog begibt es sich wie Petrus damit in eine Spirale der Angst, tiefenpsychologisch von E. Drewermann oben als „Selbsthypnose" interpretiert.

Eine solche psychologische Auslegung der Szene kurz vor dem Finale des Liedes fasst stimmig in Worte, was sich im Inneren des Freundes nun abspielen muss, wenn das Ende vom

Sieg des Verstandes richtig eingeschätzt werden soll. Ein selbstbestimmtes Leben ist nicht mehr möglich, die Daseinsängste, wie bei Matthäus so auch bei van Veen versinnbildlicht in den Raumskizzen (das Wasser, die einsetzende Dunkelheit und Kälte des Abends), repräsentieren jene mythisch breit bezeugten Chaosmächte, die auch unser persönliches Leben ohne religiösen Halt tagtäglich bedrohen können: „,Wasser', ‚Meer', ‚See' und ‚Fluss' können in der Bibel mithin generell Bilder für die ‚Bodenlosigkeit' und Haltlosigkeit eines Lebens ohne Gott sein. […] Das *Meer* ist in diesem Sinn ein Symbol für die *Angst*, die das gesamte Dasein ohne Gott überzieht. […] Insofern bilden die Symbole von *Nacht*, *Leere* und *See* eine thematische Einheit. Sie bezeichnen insgesamt ein Leben der Aussichtslosigkeit, Vergeblichkeit und Angst, ein Dasein ohne Festigkeit und Halt. Auf der Gegenseite ist deutlich, dass die Symbole von *Land* (bzw. *Ufer*), beginnender Helligkeit […] zusammengehören" (E. Drewermann, Tiefenpsychologie und Exegese II, 401).

Wie oben angemerkt, nimmt in dem Lied van Veens die Helligkeit umgekehrt proportional zu der Anzahl der Gründe gegen den gemeinsamen Weg zum anderen Ufer ab. Fast kann man das Wasser zum lyrischen Ich sprechen hören, wie es die zuvor bereits angedeuteten Ängste beschwört. Die raffinierte Erzähltechnik van Veens führt in diesem Zusammenhang zu einem weiteren Vergleichspunkt mit der biblischen Erzählung, deren Nähe zu den Dämonenaustreibungen bereits Erwähnung fanden. Was der Hörer über den Textbefund hinaus gut assoziieren kann (das Wasser argumentiert gegen die Fortsetzung der Beziehung), wurde zuvor ja durch die innere Erörterung des Freundes vor Augen und Ohren geführt. Es sind wahre *Gegen*stimmen, die van Veen sprachlich über die ent*gegen*stellenden Konjunktionen „doch" und „aber" signalisiert und die den „Gang über den Fluss" blockieren. Solche inneren Gegenstimmen spielen in den ntl. Erzählungen über Dämonenaustreibungen eine wichtige Rolle, da sie Hinweise auf die psychische Erkrankung geben. Dämonen sind nicht allein nach dem Textverständnis von F. Stier und E. Drewermann nichts anderes als die von van Veen in das Innere des Freundes verlagerten Einwände, hier gegen eine Fortsetzung der Beziehung zu Suzanne: „Der deutsche Wortschatz, den F. Stier in seiner Übersetzung [des Mk-Evangeliums] aufgreift, kennt ein altertümliches, aber zutreffendes Wort, das von Dämonen redet als von *Abergeistern*. Es ist ein Wort, auf derselben Ebene wie das Wort vom ‚Aber'-Glauben, das vollkommen wiedergibt, was mit dem Ausdruck ‚Dämonen' gemeint ist: Stimmen der Opposition und der Verneinung in uns, die auf dem Weg zum Glück, zu uns selbst, zu unserer Wahrheit immer wieder mit mechanischen Gegenreden und Einwänden sich zu Wort melden. Kaum meinen wir, mit Händen greifen zu können, wozu wir berufen sind, da beginnen diese ‚Geister' in uns zu reden: *‚Aber* man darf nicht.' Kaum spüren wir, welch ein Traum in unserer Seele wach werden könnte, da gibt es Stimmen in uns, die sagen: *‚Aber* so geht es nicht.' Kaum glauben wir zu wissen, wie wir leben sollten, da beginnt es über uns mit Vorwürfen hereinzuregnen: *‚Aber* bilde dir nur nichts ein!' – Den ‚Geistern' dieses ständigen ‚Aber' hat Jesus buchstäblich den Mund verboten" (E. Drewermann, Das Markusevangelium. Erster Teil. Bilder von Erlösung, Düsseldorf ⁹2000, 207; vgl. auch das entsprechende Unterrichtsmaterial aus Heft 1 dieser didaktischen Reihe von V. Garske und U. Gers, Der Besessene von Gerasa. Mk 5, 1–20, Paderborn 2008).

Es dürfte deutlich geworden sein, dass die Einspielung des Seewandels Jesu in das Liebeslied van Veens mehrere Funktionen erfüllt. Ohne Übertreibung wird man sagen dürfen, dass das Wunder Jesu zum tiefen Verständnis der (tragisch endenden) Liebesgeschichte maßgebend ist, dass sich eine angemessen breite Interpretation des Textes allein vom Nazarener her erschließt. Auf den ersten Blick herausfordernd wirkt dabei der Versuch van Veens, die verkürzt vorgestellte ntl. Wundererzählung nicht auf das biblische Bildmuster festzulegen, sondern die Bedeutung des seewandelnden Jesus für unsere Existenz heute anhand der Liebesthematik zu reflektieren. Doch stimmt die Deutung van Veens grundsätzlich mit den exegetischen, insbesondere mit der tiefenpsychologischen Auslegung der biblischen Perikope überein. Der über das Wasser gehende Nazarener übernimmt im Lied die Funktion eines kritischen Korrektivs, das Defizite des authentischen Menschseins heute entlarvt. Dabei werden wie in den Dämonenaustreibungserzählungen die inneren „Abergeister" als Herrschaftsform des Menschen über sich selbst bloßgestellt. Im Spiegel des über das Wasser gehenden Jesus zeigt van Veen somit, wer und wie wir in Beziehungen eigentlich sind und wer und wie wir eigentlich sein könnten, hätten wir – wie Suzanne – nur mehr Vertrauen in das „tragende Element des Wassers". Und noch einen Schritt weiter gedacht: Van Veen demonstriert, dass wir Jesus und unserem Gott auch heute noch im Gegenüber begegnen könnten, dass die „wunderbaren" Erzählungen über ihn noch heute Gehör finden könnten. Gibt es (nicht nur) für Jugendliche eine anschaulichere Art, unsere eigenen Erfahrungen mit denen der biblischen Erzähler und Figuren ins (Glaubens-)Gespräch zu bringen, als über das „wunderbare" Thema der mitmenschlichen Beziehung und Liebe?

„Ich steige ins Wasser und durchwate die Wellen. Mein Herz ist mutig in der Flut. Das Wasser ist meinen Füßen wie Land. Denn die Liebe zu ihr ist's, was mich fest macht, als hätte sie mir Wasserzauber gesungen" (zit. nach W. Berg, Rezeption, 56; vgl. S. 38 f. in diesem Band). Ohne Zweifel: Es hätte der Freund Suzannes diese Verse des altägyptischen Liebesliedes sprechen können, hätte er nur einen größeren Glauben, und er hätte sich dabei ebenso gut auf Jesus berufen können, der „frei von Furcht und Angst war" und der „bewies, dass Wunder noch geschehn".

Methodischer Kommentar

Die folgenden methodischen Vorschläge, die sich am besten für die Klassen 10–13 eignen, orientieren sich an den genannten Textpointen und sind der handlungs- und produktionsorientierten Literaturdidaktik verpflichtet. Ein Einsatz zu Beginn der Unterrichtsreihe, also noch vor der Erarbeitung von Mt 14, 22–33, liegt nahe.

Auf S. 61 ff. dieses Bandes ist herausgestellt worden, dass der biblische Verweis van Veens an zentraler Stelle des Liedes die Liebesgeschichte theologisch aussagekräftig unterlegt. Ohne das Vor-Bild vom Seewandel Jesu würde die Kontrastfolie der Schlusspointe völlig fehlen. Das passive Verhalten des Freundes und der Sieg seines Verstandes heben sich durch den Querverweis auf Jesu Verhalten umso profilierter ab. Und doch bliebe der Handlungsverlauf auch ohne biblischen Kommentar für den Leser/Hörer einsichtig. Zum Verständnis des äußeren Geschehens ist der Seewandel Jesu nicht zwingend notwendig.

In einem ersten Schritt werden daher die VV 21–24 (**Arbeitsblatt 2**, S. 85) gelöscht. Nun deutet im Text(fragment) nichts mehr auf einen religiös-biblischen Hintergrund der Geschichte von Suzanne und ihrem Freund hin (es ist davon auszugehen, dass das in unserer Alltagssprache etablierte Sprichwort vom ‚Versetzen der Berge' von Schülern nicht als explizite Rede Jesu erkannt wird). Alles kommt in der **Hinführung/Spontanphase** darauf an, die Liebesgeschichte ohne glücklichen Ausgang als in sich stimmigen und (vermeintlich) vollständigen Text intensiv lesen zu lassen (ein Abspielen der Musik kommt also zum jetzigen Zeitpunkt nicht infrage).

In der **Erarbeitungsphase** leuchten erfundene, sog. „Subtexte" die Figurencharakteristik nun genauer aus. Zwei „Leerstellen" oder „Unbestimmtheitsstellen" sollen zu diesem Zweck von den Schülern geschlossen werden. Zum einen können wir als Leser zwar rekonstruieren, dass das zögerliche Verhalten des Freundes am Ende etwas mit den Lebensplänen Suzannes zu tun haben muss; von welcher Art diese aber genau sind, bleibt unausgesprochen. Rezeptionsästhetisch gedacht, füllt ein jeder Leser bewusst oder unbewusst ohnehin derartige Lücken. Von daher macht es Sinn, diesen Plänen einer „aus dem Rahmen fallenden" Frau in einem kreativen Verfahren auf die Spur zu kommen. Die Schüler erhalten den Auftrag, den Text produktiv fortzusetzen und im Anschluss an V 36 („und du hörst ihre Pläne") aus der Ich-Erzählperspektive Suzannes auszuführen, was ihr an Lebenskonzeptionen vorschwebt und worauf folglich der Freund so skeptisch reagiert.

Um diese Reaktion noch verständlicher zu machen, kann auch die zweite Unbestimmtheitsstelle überbrückt werden. VV 41 ff. offenbaren dem Leser, dass der Freund offensichtlich nicht zuletzt aufgrund der Lebenspläne Suzannes grundsätzliche Fragen an die Beziehung stellt; ausgespart bleibt jedoch auch hier, wie diese Problemstellungen genau lauten. Wie im Falle der ersten Textproduktion, so kann auch bei der Erzählperspektive des Freundes die lyrische Grundform aufgegeben und stattdessen die epische Erzähltechnik gewählt werden, was den Schülern sicherlich leichter fallen dürfte.

In der **Auswertungsphase** sollten die Textproduktionen erörtert werden, um die Metaphorik des Weges zum anderen Ufer nach „drüben" aufzulösen und mit den dann fantasievoll ausgeführten Lebensplänen ins Gespräch zu bringen. So wird letztlich die von van Veen ins Innere des Freundes verlagerte Auseinandersetzung zwischen Suzannes Plänen und ihrer emotional getroffenen, mutigen und risikofreudigen Entscheidung, gemeinsam ans andere „Ufer" zu gehen, einerseits und den Zweifeln, Ängsten und Anfragen des Freundes andererseits breiter entfaltet und damit der Grundkonflikt der Geschichte deutlicher vor Augen geführt. Der Text bleibt dabei natürlich das Bezugssystem, innerhalb dessen sich die subjektive, imaginative Auslotung vollzieht.

Vor diesem Hintergrund wird jetzt in einer **Vertiefung** das Lied abgespielt, die Schüler sollen dabei noch einmal genau auf den Text und seine Vertonung achten. Der Überraschungseffekt stellt sich angesichts des Vergleichs mit dem eingespielten Original sofort ein: Eine Liebesgeschichte mit ausdrücklichem Bezug zum Wunder des Seewandels Jesu!? – Das dürfte für Irritationen sorgen, und so kann nun die biblische Perikope (und damit Baustein 3) ins Blickfeld rücken und Matthäus und van Veen miteinander ins (theologische) Gespräch gebracht werden. In diesem Zusammenhang sollte besonders auf die literarischen Techniken der Raum- und Figurenkorrelation in beiden poetischen Texten eingegangen werden (**Arbeitsblatt 3**, S. 86).

Herbert Grönemeyer: Land unter

Der berufliche Werdegang des 1956 geborenen Herbert Grönemeyer lässt aufhorchen: Nach abgebrochenem Jura- und Musikstudium erhält er noch in den 70er-Jahren von dem Intendanten des Bochumer Schauspielhauses, Peter Zadek, ein erstes Engagement als musikalischer Leiter und Schauspieler. Interessant mutet die Biografie an dieser Stelle deshalb an, weil Grönemeyer nahezu parallel zwei Karrieren startet, eine als Theater- und Filmschauspieler und eine zweite als Popmusiker. Hauptrollen in bekannten Stücken wie „Frühlingserwachen" u. a. belegen seine theaterpraktische Begabung (für einige Stücke komponierte er die Musik). Die Reihen der Werke und der ihn verpflichtenden Schauspielhäuser werden ergänzt durch Filmengagements (z. B. W. Petersens Film „Das Boot"). 1984 läutet das Album „4630 Bochum" auch den musikalischen Aufstieg Grönemeyers ein. Dass seitdem seine süffisant und ironisch vorgetragenen Lieder zur politischen Lage Deutschlands, seine ernsten sozialkritischen Reflexionen und seine bilderreiche Liebeslyrik zu den anspruchsvollsten Texten der deutschsprachigen Popmusik zählen, verwundert bei der skizzierten beruflichen Verwurzelung Grönemeyers in der Arbeit mit der Sprache auf der Bühne und vor der Kamera natürlich nicht.

Das hier analysierte Lied „Land unter" von der 1993 mit Platin ausgezeichneten CD „Chaos" dokumentiert exemplarisch Grönemeyers lyrisches Talent. Kontinuierlich wurden seit 1993 das Lied und der zugehörige Videoclip von den Radio- bzw. TV-Musiksendern ausgestrahlt, bis die Flutkatastrophe im Indischen Ozean Weihnachten 2004 die Radiosender gemäß einem Bericht des „Spiegel" dazu veranlasste, das Lied aus dem Programm zu nehmen (vgl. Der Spiegel, Nr. 1 vom 3.1.2005, 105). Was nur bewog die verantwortlichen Redakteure zu diesem Schritt – die Nähe des Vokabulars Grönemeyers zur asiatischen Naturkatastrophe (allein zur Umschreibung der verheerenden Auswirkungen der Flut nutzt der Leitartikel des „Spiegel" jenes Wort gleich mehrfach, das Grönemeyer zum Titel der CD gereichte: „Chaos"), gar die verwandte Thematik? Eine genauere Auseinandersetzung mit dem Text hätte vielleicht auch zu einem anderen Ergebnis führen können.

Sachanalyse

Die äußere Struktur der ruhig und im nachdenklich wirkenden Stil gesungenen Ballade folgt einem einfachen Schema, dem Wechsel zwischen Strophen, die eine Art Lagebeschreibung des lyrischen Ich darstellen (Strophen 1 und 3), und dem Refrain, der dreimal eingespielt wird (Strophen 2, 4, 5) und der von der ersehnten Befreiung aus der beschriebenen Lage spricht. Das alternierende Prinzip umfasst dabei nicht nur den Wechsel von kürzeren mit längeren Strophen (Strophe 1: 9 Verse, Strophe 3: 10 Verse gegenüber Strophe 2 und 4: 13 Verse; 5. Strophe: 15 Verse), vielmehr auch die Sprünge von reinen Zustandsbeschreibungen (die Verben stehen entsprechend im Indikativ Präsens) zu erwünschten Veränderungen der Situation (auffällig hier die hohe Zahl der Imperative). Die noch näher zu analysierende miserable Lage des lyrischen Ich soll durch ein angesprochenes, aber nicht näher bestimmtes Du korrigiert und verbessert werden. Die durchgängig zur Gestaltung des Dualismus zwischen Gegenwart und Zukunft, zwischen Gefahr und erhoffter Rettung, gewählte Metaphorik entstammt der Seefahrt, was durch das begleitend eingesetzte Akkordeon unterstützt werden dürfte, löst es doch Assoziationen zur Schifffahrt aus.

Ganze vier knapp gehaltene Verse reichen in der ersten Strophe aus, um den Hörer/Leser zusammen mit dem lyrischen Ich in einen äußerst unangenehmen und bedrohlich wirkenden Raum zu stellen. Die ungewöhnliche Personifikation des Windes aus V 1, der elliptische Vergleich über die Kälte aus V 2 (eigentlich: „Luft, die kalt ist wie Eis") und das realistische Bild der kreischenden Möwen sprechen in aller Kürze verschiedene Sinnesorgane (Augen, Ohren, Haut) des Betrachters an und kulminieren in V 4 in einer vorerst abschließenden, personifizierenden Metapher: Die Naturelemente fordern sich gegenseitig zum Duell, was in seiner eigentlichen Bedeutung nichts weniger als einen Kampf um Leben und Tod meint. Dieses Todesszenario kontrastiert in V 5 mit der beruhigend wirkenden, weil im Tonfall der Überzeugung und in der indikativischen Form formulierten Feststellung: „Du hältst mich auf Kurs". Wurde bislang lediglich der Eindruck einer bedrohlichen See- oder Meereslandschaft evoziert, so kommt mit dem Bild vom Halten des Kurses ein ergänzendes Motiv hinzu, das die Verortung des lyrischen Ich (auf einem Schiff auf eben jenem gefährlichen Meer) vornimmt, zugleich aber mit dem angesprochenen Du die Situation des Sprechenden noch genauer erfasst. Das lyrische Ich ist selbst offenbar nicht in der Lage, bei diesem Seegang den Kurs alleine zu halten, ein Steuermann scheint die Navigation so zu beherrschen, dass der Sprecher „keine Angst vor'm Untergeh'n" haben muss (V 6). Eventuell wird ein Stern angesprochen, der traditionelle Orientierungsmöglichkeiten für Schiffe bietet. Kaum ist diese mutige Aussage selbstsicher getroffen worden, zeigt die Natur erneut ihre Waffen. Wenn die „Gischt ins Gesicht schlägt", kann das lyrische Ich noch nicht einmal den Schutz einer Kajüte in Anspruch nehmen. Es steht draußen auf Deck und muss – wie ein Boxer die Fausthiebe des Gegners – die Schläge der Wasserkraft einstecken. Das Duell der Elemente bindet das lyrische Ich auf diese Art in den Kampf ein. Die Verben „schlagen" (V 7) und „kämpfen" (V 8) unterstützen den

Eindruck von einer aggressiven und keinesfalls harmlosen Auseinandersetzung. Die Wahl des Horizonts als Zielpunkt des Kurses (V 8) lässt sich noch recht unproblematisch in die Seefahrtsthematik integrieren, obgleich auffällt, dass das lyrische Ich den Steuermann nicht erwähnt, sondern allein von seinem Kampf zum Horizont spricht.

Die nun folgende zuversichtliche Aussage lässt keinen Zweifel daran, dass die gewählte Szenerie nur metaphorisch zu verstehen ist. Das lyrische Ich wird das angesprochene Du am Horizont treffen, und daran besteht kein Zweifel, wie die grammatikalisch eigentlich nicht korrekte Vorwegnahme eines Ereignisses aus der Zukunft im Präsens unterstreicht. Wenn das Du aber erst dann angetroffen wird, kann es realiter weder ein Steuermann noch ein Gestirn am Himmel sein, der bzw. das den Weg weist. Erst am Ende der ersten Strophe klärt Grönemeyer folglich den Hörer/Leser über die eigentliche Lesart des Textes auf. Was bislang so realistisch klang, war reine Metaphorik, eine Kette von Bildern zur Umschreibung eines abstrakten Sachverhaltes. Gespannt lauscht der Hörer, wie sich die Beziehung zwischen dem lyrischen Ich und dem Angesprochenen im Folgenden näher gestaltet.

Die zweite, wesentlich länger gehaltene Strophe geht in ihrem Inhalt gerade nicht über den Stand der ersten hinaus. Im Gegenteil, die Imperative und Appelle bedeuten diesbezüglich eigentlich einen Rückschritt. Die Zuversicht, sich erfolgreich gegen die Naturgewalten zur Wehr zu setzen und das Du zu erreichen, weicht dem wiederholten Anruf um Hilfe und Rettung aus der Notlage. Der Angerufene soll bei der „Heimfahrt" durch die „raue Endlosigkeit" Geleit geben. Der so gefährlich anmutende Raum weitet sich zur Unendlichkeit, die hyperbolische Synästhesie bezweckt, vor dem Ansprechpartner die eigene Not im rauen Klima der „See" ins Unerträgliche zu steigern. Es folgt der Vorwurf von der zu langen Abwesenheit des Gegenübers (V 12). Dem aufmerksamen Hörer wird nicht entgehen, dass diese Kritik wie auch die folgenden Verse einen gewissen Widerspruch zum Bild aus V 5 implizieren, denn solange das Du das lyrische Ich auf Kurs hält, müssen die nun geforderten Feuer zur besseren Orientierung eigentlich nicht gezündet werden. Alles spricht daher dafür, dass die Hoffnungsfreude aus Strophe 1 viel Zweckoptimismus vorschob, der sich nun nicht länger aufrechterhalten lässt. Dem entspricht auch die Metaphorik, denn die dringend anzumachenden Leuchtfeuer erinnern an die lebensnotwendigen Signale der Feuerschiffe und Leuchttürme, die bei schlechter Sicht und besonders in der Nacht den ufernahen Schiffen eine Havarie erspar(t)en und die sichere Fahrt entlang der Küste zum Hafen sichern soll(t)en. Doch dem lyrischen Ich reicht das Lichtsignal als Orientierungsangebot plötzlich nicht mehr aus. Was zuvor nur vorsichtig angedeutet wurde, muss nun konkret beim Namen genannt werden: Der Angesprochene selbst soll – im Bild – an Bord steigen, die Wacht gleich einem Steuermann übernehmen und das Schiff durch den nächtlichen Sturm bringen. Ausdrücklich ist jetzt von einer „Rettung" die Rede, folglich befindet sich das Schiff des lyrischen Ich in Seenot. Dass dieses Bild von einem in Seenot befindlichen Boot von Grönemeyer auf den zwischenmenschlichen Bereich übertragen werden will, bezeugen eindrucksvoll die VV 19–22, die im Grunde die vorausgehende Metaphorik auflösen und erhellen. An Bord des in Seenot befindlichen Schiffes zu steigen und es erfolgreich durch die raue nächtliche See zu steuern, meint nichts anderes, als dem lyrischen Ich – nachdrücklich bekennend – intim nahe zu sein („fass mich *ganz fest* an"; Hervorhebung von V. G.), ihm erneut, aber jetzt *endgültig* und *unwiderruflich* Halt zu geben („lass mich *nicht wieder* los"; Hervorhebung von V. G.) und zu seiner Selbstentfaltung und Bestimmung im Leben beizutragen („bring mich zu Ende"). Eventuell lässt der letzte Appell auch an den Tod denken, der am Ende des Lebens auf das lyrische Ich wartet und angesichts der Bedrohung sehr nahe gekommen scheint. Es ist aufgrund der denkbaren Assoziationen zum Stichwort „Ende" nicht auszuschließen, dass der Angeredete das lyrische Ich im Leben und im Sterben begleiten soll.

Ganz allmählich haben sich damit in dem Refrain die Verhältnisse verkehrt: Der, der sein Gegenüber anfangs noch selbstsicher und furchtlos am „Horizont" wähnte, es dann zum

Anmachen der „Signalfeuer" aufgefordert hat, zündet momentan selbst ein sprachliches „Feuerwerk" aus Imperativen, eine stilistische „Salve" aus Hilferufen, ein einziges „Leuchtfeuer" aus Appellen und Konsekutivsätzen („damit"/„dass"). Was ist ein Imperativ anderes als ein Ausdruck eines Wunsches oder eines Befehls, der das Gesagte als etwas noch nicht Gegebenes, aber vom Sprecher Gewolltes vorstellt, dessen Realisierung zwar angeordnet und gewünscht, aber keinesfalls gewährleistet ist. Wer so spricht, besitzt eben keine Gewissheit (vgl. Strophe 1) über den Vollzug seiner leidenschaftlich geäußerten Aufforderungen. Wer redet, so die Duden-Grammatik über den Imperativ, wendet sich stets direkt an Anwesende! Mit anderen Worten: Die Pointe des Refrains liegt in der Paradoxie, dass der in „Seenot" Befindliche jemanden sehnsüchtig anspricht, der ihm eigentlich verborgen ist und der sich zu erkennen geben soll, der aber als Verborgener direkt so angeredet wird, als sei er präsent. Und jener, der eigentlich den anderen zur Preisgabe seiner Position nötigen möchte, verrät seine eigenen Koordinaten, indem er selbst unaufhörlich spricht und sich verbal die größte Mühe gibt, als der Übersehene, Verborgene vom Gegenüber endlich (an)erkannt zu werden. Noch die dreimalige Wiederholung des von Imperativen beherrschten Refrains gibt Zeugnis von dem Bemühen des lyrischen Ich, endlich in seiner gefahrvollen Existenz bemerkt zu werden.

Übertragen wir diese Pointe auf den zwischenmenschlichen Bereich, so lässt sie sich plausibel erhellen. Der Sprecher macht dem Herbeigesehnten klar, dass ein Leben ohne ihn nur im persönlichen Versagen, in einer existenziellen Krise enden kann. Allein dessen gespürte und gefühlte (und nicht allein optisch wahrgenommene) Nähe und Intimität garantieren existenziellen Halt und Sicherheit, seine Anwesenheit eröffnet Perspektiven – auch in unruhigen Lebensabschnitten. Dem Sprechenden ist hierbei bewusst, dass nicht die lebenswidrigen Umstände (die „kalte Nacht" und die „tobende See") beseitigt werden können, dass aber der (Aus-)Weg angesichts der ungünstigen Verhältnisse („Seefahrt" durch die „stürmische Nacht") gemeinsam gefunden werden und gelingen kann.

Um zu untermauern, dass die diesbezüglichen Appelle not*wendig* zu beantworten sind, verweist das lyrische Ich in Strophe 3 noch einmal auf die schwierigen augenblicklichen Verhältnisse. Es macht Sinn, die Gewalten erneut personifizierend vorzustellen, um so ihre bedrohliche Macht sowohl akustisch (vgl. die Alliteration „Himmel heult") als auch optisch („die See geht hoch") und haptisch (vgl. den als Widerstand empfundenen und für den Sturz verantwortlichen Wellengang und den auf der Haut gespürten Regen) erfahrbar werden zu lassen. Die alliterierende Metapher „Wellen wehren dich" überträgt Assoziationen aus dem semantischen Bereich des Militärs und des Krieges (vgl. „Abwehr", „Verteidigung", „Schutzwall", „Gewehr" und auch das Verb „verwehren") auf die Natur und manifestiert dadurch die ungebeugte und übermächtige Kraft des Gegners. In diesem Sinne muss das lyrische Ich auch den Regen wie Peitschenschläge empfinden. Die geballte Macht der Elemente ist derart groß, dass es sich dem aggressiven Spiel der Wellen hilflos ausgeliefert und zur Passivität verdammt sieht (vgl. die Alliteration „die Gewalten gegen mich"). Das Bild vom Sturz „von Tal zu Tal" dokumentiert einmal mehr die gefährliche Haltlosigkeit und den aufgehobenen Positionssinn (Kinästhesie). Der zuvor angesprochenen unendlichen Weite des Meeres entsprechend, lässt sich der optische Eindruck („von Tal zu Tal") als raffiniertes Sinnbild für ein Zeitkontinuum, für die zeitlich endlose Qual entlarven. Die Vergegenständlichung der Zeit im Raum spricht ebenfalls aus dem vorwurfsvoll klingenden Neologismus („bist so *ozeanweit* entfernt"; Hervorhebung von V. G.). „Ozeanweit" – das heißt angesichts des Unwetters und der drängenden Zeit eigentlich „viel zu weit" entfernt, um *jetzt* noch rettend eingreifen zu können. Treffend bringt das lyrische Ich daher seine ambivalenten Gedanken über eine Rettung mit dem Adjektiv „sinnlos" auf den Punkt (V 30), wiederholt denselben Sachverhalt aber noch einmal (V 31), um in finaler Stellung innerhalb der Strophe mit einer weiteren Paradoxie aufzuwarten: „ich geb dich nie verlor'n." Das lyrische

Ich, das eigentlich in seiner verlorenen Lage der Hilfe bedarf, um nicht unterzugehen, tut vor dem Ansprechpartner und dem Hörer so, als stünde sein Gegenüber unmittelbar vor dem Untergang und als bemühe es sich daher unaufhörlich um dessen Ortung und Rettung.

Im übertragenen Sinn hofft der Sprecher ganz offensichtlich trotz der verweigerten Wahrnehmung seiner eigenen misslichen Lage durch den Partner darauf, dieser werde sich doch irgendwann zu ihm bekennen, um das Leben gemeinsam fortzusetzen und zu meistern. Diese Hoffnung lässt sich das lyrische Ich entgegen der realistisch eingeschätzten, äußerst geringen Chance auf Verwirklichung nicht nehmen. Das apodiktisch gesprochene „nie" zeigt deutlich, dass die Krise nicht das letzte Wort hat, dass sie den Glauben an und das Vertrauen auf den Angesprochenen nicht unterkriegen wird.

Die beiden abschließenden Refrainstrophen veranschaulichen dementsprechend nochmals das Gewicht der Hilferufe gegenüber den Strophen mit geringerem Umfang, denen es in erster Linie um eine Beschreibung der Misere ging. Die siebenfache Nennung des Akkusativobjekts („mich") in Gemeinschaft mit dem Dativobjekt („zu mir") lässt über die wahren Verhältnisse keinen Zweifel aufkommen. Es ist der Sprecher, der auf den Angesprochenen letztlich angewiesen ist; umgekehrt formuliert: Der andere ist das Subjekt, das über den Ausgang der Krise letztlich entscheidet. Infolgedessen wirken die beiden am Ende wiederholten Verse wie ein letzter, betont nachhallender Aufruf zur Hilfe, ein letztes „abgefeuertes" sprachliches Signal, das von der Position des „havarierten Schiffes" künden soll.

Es stellt sich damit abschließend noch einmal die Frage, an wen sich die Signale denn richten. Eine Affinität des Liedes „Land unter" zu den Psalmen, insbesondere zu Ps 46, 4, ist denkbar: „Darum fürchten wir uns nicht, wenn die Erde auch wankt,/wenn Berge stürzen in die Tiefe des Meeres, wenn seine Wasserwogen tosen und schäumen/und vor seinem Ungestüm die Berge erzittern. Der Herr der Heerscharen ist mit uns." Wie in den Klagepsalmen, so macht auch in dem Lied das lyrische Ich in seiner Not und Orientierungslosigkeit mit einem gebetsartigen Hilferuf auf sich aufmerksam. Trost und Zuversicht, Vertrauen und Hoffnung können trotz des existenziellen „Sturmtiefs" gewonnen werden, weil es mit Gott – ohne dass er im Lied explizit genannt wird – einen Garanten des Sinnhaften gibt. Ebenso denkbar ist die Überschneidung der Transzendenzerfahrung mit dem interpersonalen Bereich der Liebe. Gott wäre in diesem Fall im Gegenüber des geliebten und sehnsüchtig herbeigesehnten Partners präsent.

Alle drei Lesarten von „Land unter" widersprechen dem Textbefund nicht. Das angesprochene Du kann ein geliebter Mensch, ein sich in ihm offenbarender Gott, aber auch allein eine transzendente Bezugsgröße sein, an die sich die Appelle des lyrischen Ich richten. Aufgrund dieser Offenheit des Textes für eine religiöse Interpretation drängt sich eine tiefere theologisch-biblische Einordnung des Liedes geradezu auf.

Theologische Reflexionen

Wenn schon die Elemente der Psalmen (Klage, Bitte, Vertrauen) in Grönemeyers Song eine strukturbildende Rolle spielen, dann steht zu vermuten, dass ein Vergleich zwischen den Erzählelementen von Mt 14, 22–33 und „Land unter" ergiebig ausfallen wird, besitzen doch, wie oben bereits erläutert, gerade die Bilder der Psalmen durchaus eine Vor*bild*funktion für den Schriftsteller Matthäus.

Der Grundkonflikt beider Geschichten ist im Ansatz identisch. Da befinden sich Menschen in existenzieller Not, die sich noch einmal dadurch verschärft, dass jener, der aus der Lage

→ Kapitel 2.3

→ Kapitel 2.4   befreien könnte, abwesend ist. Die Raumangaben steigern die Krise zusätzlich: Matthäus lässt das Boot „einige Stadien vom Land" (und damit von Jesus) entfernt sein, Grönemeyer wählt mit dem „Horizont" den weitesten, gerade noch sichtbaren Orientierungspunkt des in Seenot Geratenen. Die sich daraus ergebende psychische Anspannung im Innern des/der Bedrohten wird sowohl bei Matthäus als auch bei Grönemeyer über die erzähltechnische Äquivalenz von Figuren und Raumattributen veranschaulicht. Die Verzweiflung der Jünger und des lyrischen Ich, ihre Infragestellung der eigenen Existenz findet in dem symbolischen Ausdruck der Chaosmächte eine angemessene Umschreibung. Ihre Existenzen gleichen in ihrer Todesverfallenheit einem aufgepeitschten Meer, das jeden Moment das Boot mit in den Abgrund reißen kann. Sowohl Matthäus als auch Grönemeyer greifen zur Dramatisierung dieser existenziellen Krise auf alle Arten der Chaosmächte zurück (wie bereits der CD-Titel „Chaos" anklingen lässt). Der Raum wird in beiden poetischen Texten mit den Requisiten des „Sturms", des „hohen Wellengangs" und der die Orientierung erschwerenden „Nacht" ausgestattet. Selbst die Bewegung der Figuren im Raum ist identisch, da sowohl die Jünger gegen den Wind segeln („sie hatten Gegenwind") als auch dem lyrischen Ich der Wind heftig ins Gesicht bläst („Gischt schlägt ins Gesicht", „Regen peitscht von vorn").

→ Kapitel 2.6   Die Plots unterscheiden sich in dem wichtigen Zug, dass die Grönemeyer-Geschichte genau an jener Stelle endet, da bei Matthäus die (Er-)Lösung erfolgt: Während Petrus noch vor dem Versinken gerettet wird und sich die Chaosmächte anschließend zurückziehen müssen, endet die Handlung in „Land unter" mit offenem Ausgang. Hier, bei Grönemeyer, lediglich der symbolische Wunsch nach einem Licht in dunkler Nacht, dort, bei Matthäus, der „tatsächliche" Sonnenaufgang. Wortwörtlich stimmen beide Erzählstränge noch in dem Punkt überein, dass der Untergehende um Hilfe ruft. Der Emphase des völlig verängstigten Petrus: „Herr, rette mich!" entspricht im Grunde die ganze Litanei der Imperative, die das lyrische Ich in „Land unter" in die Nacht hinausschreit und die in dem Appell „rette mich durch den Sturm" auf den Punkt gebracht werden können. Der Wunsch des lyrischen Ich nach einer rettenden Hand, die „mich ganz fest anfasst, dass ich mich halten kann" und die „nicht mehr/wieder loslassen" soll, geht bei Matthäus in Erfüllung („Jesus streckte sofort die Hand aus, ergriff ihn"). Was aber dem geretteten Petrus zum Vorwurf gemacht wird („Warum hast du gezweifelt?"), seine Kleingläubigkeit und Ängstlichkeit, wird bei Grönemeyer ganz im Sinne Jesu in sein Gegenteil verkehrt: Das lyrische Ich glaubt und hofft gegen alle Sinnlosigkeit nach augenblicklichem Stand der Dinge an eine Rettung („und ist's auch sinnlos/soll's nicht sein/ich geb Dich nie verlor'n"). Exakt dieses Vertrauen fordert Jesus von seinen Jüngern – und es lässt sich weder bei Grönemeyer noch bei Matthäus anders denn im Paradox formulieren. Glauben heißt in beiden Geschichten – insbesondere mit der Tiefenpsychologie gesprochen: sich auf dem Wasser (also dem Element, was von Natur aus den lebenden Menschen nicht tragen kann und selbst den letzten Schutz in einem Boot bedroht) festmachen; im übertragenen Sinn: sich hinwegsetzen über das, was ängstigt, leben lernen, die Angst vor der existenziellen Bedrohung zu übergehen und in einem unangreifbaren Vertrauen auf einen letzten Halt zu setzen, der uns trägt über den Strom der Zeit. „Nur in diesem Vertrauen hört die Welt auf, ein riesiger verschlingender Mund zu sein; nur in diesem Glauben verliert das ‚Meer' des Lebens seinen Schrecken; nur in dieser Zuversicht gewinnt unser Leben Ausdauer, Halt und Ausrichtung" (E. Drewermann, Markusevangelium I, 449, dort zu der Mt vorliegenden Perikope Mk 6, 45–56).

Was also Jesus, „Gottes Sohn", Petrus und den Jüngern durch seine Rettungstat vor Augen führt, verkehrt sich paradoxerweise bei Grönemeyer: Es ist der Mensch, der sein Gegenüber, eventuell seinen Gott, „nie" verloren gibt. Ganz richtig beobachtet daher M. Everding, wie in „Land unter" der – von Jesus ja gerade eingeklagte – Lebensmut eine Grundstimmung aufkommen lässt, die ein positives Ende assoziiert: „Bei aller beabsichtigten Offenheit (bezogen auf den Adressaten) vermag dieses Lied Trost und Zuversicht zu vermitteln. Es wird keine Problemlösung angeboten, aber in der vertrauensvollen Erwartung, die in diesem Text zum Ausdruck kommt, spiegelt sich bereits etwas von der gesuchten Geborgenheit wider" (M. Everding, Land unter!? Populäre Musik und RU, Münster 2000, 253).

Solche zutreffende Textanalyse lässt sich durch einen zusätzlichen Blick auf die musikalische Form noch erhärten. Das ruhige und zurückhaltende Arrangement, die durchlaufenden zweitaktigen Drumpattern erzeugen in der Tat eine entspannte Atmosphäre. Am Ende werden diese Drumpattern langsam ausgeblendet („Fade-Out"), eine Schlusskadenz oder ein klarer Schlussakkord bleiben aus. M.a.W., die gleichförmige, ruhige musikalische Form steht in bewusster Opposition zur Raumdarstellung (aufgewühlte See) und zur bedrohlichen Lage des lyrischen Ich, verhält sich aber ebenso gewollt äquivalent zu den Motiven von Vertrauen und Hoffnung. Zuversicht, Geborgenheit, Mut – beide Texte eint folglich trotz des nicht zu verharmlosenden negativen Hintergrundes ein harmonischer Zug.

Die festgestellten auffälligen strukturellen Analogien in der Wahl der Räume und der Figurencharaktere, die starke thematische Verzahnung von „Land unter" und der Seewandelperikope können nicht ohne Konsequenzen für die methodischen Überlegungen bleiben. Erneut kann uns die Deutschdidaktik ein Verfahren anbieten, das den Pointen der Sachanalyse und der theologischen Reflexion gleichermaßen gerecht wird.

Methodischer Kommentar

Die folgende Übung der Textmontage (für die Klassen 10–13) leitet sich aus den skizzierten strukturellen Analogien zwischen „Land unter" und Mt 14, 22–33 ab und vereint dabei religions- und literaturdidaktische Methoden zur kreativen Erschließung von fiktionalen Texten. Aus dem Grönemeyer-Song werden einzelne Verse in den biblischen Text montiert (**Arbeitsblatt 4**, S. 87), welcher in der Abfolge nicht verändert, sondern an bestimmten Stellen nur vertieft wird. Damit wird der biblische Text verfremdet und seine Konfrontation mit heutigen Erfahrungen und Konfliktsituationen vorbereitet.

Die hermeneutische Bedeutung der folgenden Textvermischung liegt im kritischen, verzögerten Lesen des biblischen Originals in der **Einstiegsphase**, das den Schülern wenigstens in seiner Pointe zum Seewandel Jesu bekannt sein dürfte. Solchermaßen an den Text aus einer „längst überholten Zeit" gewöhnt, beunruhigt die Wundergeschichte nicht mehr. Entweder, so die eingangs dieser Arbeit formulierten Antithesen, lehnt man den Seewandel süffisant als unrealistische Story ab, oder man glaubt mit konstanter Vehemenz an seine historische Wahrheit. Fragwürdig im Sinne einer kritischen Rückfrage an die eigene Lebensführung erscheint er weder in dem einen noch in dem anderen Falle: „Ausgangspunkt ist die Beobachtung, dass heutige Leser oder Hörer biblische Texte nicht mehr als Nachricht wahrnehmen, weil sie ihnen durch Gewöhnung zu vertraut geworden sind. Verfremdungen sind darauf aus, Texte wieder fremd zu machen, sodass sie in neuer Perspektive aufscheinen und wieder fragwürdig werden" (H. K. Berg, Grundriss der Bibeldidaktik. Konzepte, Modelle, Methoden, München 1993, 192). Ziel ist es, sich über die Verfremdung zu einer neuen Beschäftigung mit dem biblischen Text anregen zu lassen.

Dazu muss in der **Erarbeitungsphase** die Textvorlage entflochten, das biblische Original also identifiziert und von den eingefügten fremden Stellen aus „Land unter" getrennt werden. Das „rekonstruierende Lesen" nötigt die Schüler, ihre biblischen Kenntnisse zu überprüfen und durch genauen Blick auf inhaltliche, formale und stilistische Merkmale den fremden Text auszusondern. Um die Aufgabe etwas zu erschweren, wurde die bei Grönemeyer fehlende Interpunktion dem biblischen Text angepasst, die Versanzeige aufgehoben, wörtliche Rede durch Zeichen signalisiert und die Groß- und Kleinschreibung dem Satzfluss angepasst. Auch gibt es sicher einige auffällige formale Unterscheidungsmerkmale wie die umgangssprachlichen Wendungen. Sie können durchaus in leistungsstarken Kursen dem Hochdeutsch der Einheitsübersetzung angepasst werden. Das Präteritum des biblischen Textes wurde dem Präsens des Popsongs hier angepasst, um den Schwierigkeitsgrad zu erhöhen.

Inhaltlich stehen sich die Texte ohnehin sehr nahe, was ja in der **Auswertungsphase** diskutiert und insbesondere anhand des in beiden Texten vorkommenden Imperativs „(Herr,) rette mich (durch den Sturm)" veranschaulicht werden soll. Eigentlich müsste ja der Appell „rette mich durch den Sturm" eingeklammert werden, da er dem Grönemeyer-Text zugehörig ist. Andererseits zählen Verb und Objekt ebenso zur biblischen Perikope – eine interessante Auflösung dieser Spannung in der Auswertungsphase dürfte garantiert sein.

Selbst wenn den Schülern der Grönemeyer-Song bekannt ist und eine Entflechtung daher leichter fällt, bleibt als **Vertiefung** immer noch die Frage zu klären, welche Beweggründe zu den Erweiterungen des biblischen Originals veranlasst haben könnten. Von dieser Frage aus (vgl. Aufgabenstellung Nr. 3 des **Arbeitsblatts 4**, S. 87) kann ein motivierender Brückenschlag zu Baustein 3, der Erschließung von Mt 14, 22–33, erfolgen.

Reinhard Mey: Ich bring' dich durch die Nacht

Kritiker loben seine einfallsreichen Lieder, denen besonders private Erlebnisse zugrunde liegen, und würdigen sein genaues Auge für die Details des Alltags. Reinhard Mey, Jahrgang 1942, gelinge es immer wieder, das eigentlich Alltägliche und Normale durch einen „geschickten Umgang mit der Sprache" (Der Liedermacher Reinhard Mey: Biografie und Hörproben, zitiert nach http://home.t-online.de/home/r.sedelmaier/mey.htm; 15.11.2004) interessant zu gestalten. Hier steht ein Lied auf dem Plan, das eine ganz „normale" alltägliche, besser: allabendliche Situation beschreibt, die Peinigung des zu Alpträumen und Schlaflosigkeit verurteilten Menschen angesichts seiner mit der Nacht aufkommenden Ängste und Sorgen.

Sachanalyse

Das 6-strophige Lied folgt einem straffen Aufbau. Dazu zählt ein durchgängiger Wechsel zwischen der Darstellung der psychodynamischen Entwicklung des angesprochenen Du in den Abend- und Nachtstunden und dem Refrain, mit dem das lyrische Ich auf diese beklemmende Verfassung beruhigend antwortet. Die Regelmäßigkeit der Form zeigt sich darüber hinaus in der Verwendung des Paarreims, der lediglich in den ersten vier Versen des Refrains zugunsten eines Kreuzreimes aufgegeben wird, wodurch gerade diese Verszeilen ins Auge fallen bzw. ins Ohr dringen. Auch die Verslängen folgen einem gleichbleibenden Rhythmus, insofern einzig die beiden Schlussverse aus den Strophen 1, 3 und 5 (sie thematisieren die innere Befindlichkeit) die anderen Verse deutlich an Länge überragen und damit ein klar erkenn- und hörbares Eigengewicht zugesprochen bekommen. Auffällig zudem, wie sich die nahezu mit einheitlicher Verslänge konstruierten Refrainstrophen von den sich durch differierende Verslängen auszeichnenden Strophen 1, 3 und 5 unterscheiden. Damit tritt der Gleichklang verkörpernde Refrain in Opposition zu jenen äußerlich „unruhiger" verlaufenden Strophen, die in Übereinstimmung mit ihrer Form die unruhige Gemütsverfassung des Angesprochenen zum Inhalt haben. Gerade dieser Kontrast soll im Folgenden noch genauer herausgearbeitet werden.

Die 1. Strophe umreißt die alltägliche Situation: Mit dem Untergang der Sonne, auf den die länger werdenden Schatten hinweisen, endet der Tag. Zwischen die VV 1 und 4, die diesen natürlichen Kreislauf nüchtern festhalten, montiert Mey in den VV 2 und 3 ein Bild, das dem Hörer bereits jetzt signalisiert, dass das Textverständnis über die Realisierung des vordergründigen Naturablaufs hinausgeht. Die lautmalerische Alliteration vom „grauen, gramen Grillenfänger", der zornig „um das Haus streicht", könnte nicht nur die Katze meinen, sondern im übertragenen Sinne die psychische Verfassung eines noch nicht näher identifizierten Menschen. Der Hinweis auf „einen den trüben Gedanken nachhängenden Menschen" (so der aktuelle Duden zur Rechtschreibung) wird vom Untergang der Sonne, vom Ende des Tages (VV 1 und 4) eingerahmt. Die sonderbaren Einfälle, denen sich der Trübsinnige hingibt, kommen unweigerlich Hand in Hand mit der einfallenden Nacht, entstehen zeitgleich mit der Dämmerung.

Dass diese Deutung berechtigt ist, unterstreichen die folgenden VV 5–8, die das Bild vom „Grillenfänger" eingehender ausmalen. Personifikationen und Komparative ermöglichen es dem lyrischen Ich, die aufkommenden Ängste in ihrer Größe vor dem inneren Auge des Hörers nachvollziehbar als eine Bedrohung erscheinen zu lassen, was zudem durch eine personifizierende Metapher ergänzt wird: Wie ein Vogel mit seinen Krallen nachts die Äste eines Baumes umgreift und in Beschlag nimmt, so „krallt" sich die Angst „in deinem Traumgeäst der Seele fest", ergreift sie gemäß dem Neologismus „Traumgeäst" Besitz vom Schlaf des jetzt zum ersten Mal direkt Angesprochenen. Der Vergleich macht unmissverständlich klar, dass die Größe der Ängste zwar eine Verstellung, ein nächtlicher Bluff ist („Sie stell'n sich größer"), dass das „zähe" Trugbild von den Ängsten aber ein für den Menschen nicht einfach abzuschüttelnder Begleiter der Nacht sein wird, zu aggressiv und nachhaltig bohren sich ihre scharfen und spitzen „Krallen" ins „Geäst" der Seele. Konsequent prophezeit das lyrische Ich daher für so manche Nacht einen subjektiv endlos empfundenen Belagerungszustand der Seele durch die Ängste (so der Vergleich vom „nicht enden wollenden Schacht"), eine Aussichtslosigkeit (gemäß dem Vergleich vom „lichtlosen Tunnel"). Beide Vergleiche assoziieren neben End- und Perspektivlosigkeit auch Enge, Dunkelheit und das Bergleuten sicher bekannte Gefühl des Eingeschlossenseins „unter Tage" (etymologisch ergibt sich das Substantiv „Angst" aus der „Enge") – das alles gilt es auszuhalten auf dem Weg zum „anderen Ufer der Nacht". Diese Metapher vergegenständlicht die Zeit im Raum und enthält einen ersten Hinweis auf die für den folgenden Refrain zentrale Seefahrtsmetaphorik.

Gleich siebenmal beteuert das lyrische Ich mit dem Personalpronomen „ich" am Versbeginn die Möglichkeiten seiner Hilfe gegenüber den skizzierten Ängsten, die das Du förmlich in Passivität erstarren lassen. Eine fünfgliedrige Anapher („ich bring(e) dich") unterstreicht einerseits nämlich den definitiv zugesagten Schutz des Sprechenden, zugleich aber auch die ausdrückliche Abhängigkeit einer Genesung von ihm: Aus eigener Kraft ist dem Gegenüber keine Besserung möglich (vgl. die Häufung des Akkusativobjekts). Kann die „Nacht" sowohl real als auch metaphorisch verstanden werden, so verlangen die beiden Metaphern aus der Seemannssprache eine symbolische Interpretation. Das Du soll aus „rauer See" und „von Luv nach Lee" gebracht werden. Da die 1. Strophe eindeutig die konkrete nächtliche Angst als Thema vorgab, zudem nun über den Kreuzreim die Nacht mit den Chiffren von der „rauen See" und „Luv/Lee" formal eng verflochten wird, ergibt sich die Deutung der Metaphern wie von selbst: die „raue See" umschreibt die nächtliche, unruhige innere Verfassung des Du; entsprechend wird es vom „Sturm", von den Ängsten erfasst und soll nun besänftigt, d.h. im Bild von der Sturmseite des Schiffes (= Luv) auf die dem Wind abgekehrte Seite (= Lee) gebracht werden.

Eine vierteilige Anapher („ich bin dein/deine/der") verdeutlicht ebenfalls die enge Beziehung des Sprechenden (Subjekt) zum Geängstigten (vgl. die Possessivpronomen), die nun allerdings eine interessante Nuance erhält. Hatten die ersten vier bilderreichen Verse des Refrains keinen Zweifel daran gelassen, dass das lyrische Ich (grammatikalisch Subjekt des

Satzes) die missliche Lage des hilflosen Du (Objekt) beheben und es in den „Windschatten" bringen kann, so begründen die Gleichsetzungsnominative mit dem jeweiligen Possessivpronomen („dein Lotse", „dein Mann", „deine Schwester") aus den VV 15 und 16 die Rettung. Gerade *weil* das lyrische Ich sich über das Du definiert und sich ihm – ablesbar am Possessivpronomen – als *sein Gegenüber* zugehörig weiß, erfolgt die Hilfeleistung. Das lyrische Ich sichert dem Du Beistand zu, weil es (das Ich) als Frau, Bruder und Freund zu ihm gehört wie ein Lotse zum Schiff (so der Vergleich aus V 15), das nur sicher mit dem Service eines eigens an Bord geholten Lotsen in den Hafen einfahren kann. Das Bild von der „gemeinsamen Wacht" der Freunde komplettiert die Chiffrenreihe aus der Seefahrt. Ihre negativen Attribute („raue See", „Luv", „Nacht") symbolisieren eine aufgewühlte Seele, ihre positiven („Lee", „Lotse", „W(w)acht") hingegen den nahen, beruhigenden, aufmerksamen und weitsichtigen Partner, bei dem man sich „anlehnen" (V 16) und in Sicherheit wissen kann. Die unterschiedlichen Rollen, in denen sich das lyrische Ich selbst sieht („Lotse", „Mann", „Schwester", „Freund"), verraten seine Identität. Es kann der engste Verwandte oder Bekannte des Angesprochenen sein; es ist somit stets in demjenigen präsent, der sich dem Du in seiner verhängnisvollen psychischen Verfassung als erleichternder Beistand, als wohltuende Entlastung erweist.

Dieser Hilfsdienst ist auch zwingend *not*wendig, wie die folgende, 3. Strophe vor Augen und Ohren führt. Zur Steigerung der Not bemüht das lyrische Ich erneut Komparative: Einfach „alles" wirkt mit dem Aufkommen der Nacht be*last*ender und gewichtiger („schwerer"), als es am Tag noch war. Das ganze Leben – wenn man die Hyperbel „alles" als Synekdoche interpretiert – baut sich gedanklich zu einer Bedrohung auf, Hoffnung auf eine Perspektive gibt es kaum. Ursache dafür sind – wie die VV 22–23 offen legen – die (hier personifizierten) Gedanken an eine düstere Vergangenheit („dunkle Zeit"), eventuell an die Kindertage, denn die Ereignisse liegen weit („fern") zurück. Und wie Kinder sich vor dem Alleinsein fürchten, so auch das Du jetzt angesichts der Dunkelheit und Einsamkeit, vernimmt es doch – so die Metapher in V 24 – das unheimliche Flüstern (beachte die Hyperbel „mit *tausend* Zungen"; Hervorhebung von V. G.) der nächtlichen Stimmen, das zur Dramatisierung der Szene in wörtlicher, emphatischer Rede wiedergegeben wird. Der bösartige Hinweis auf die Abwesenheit „aller" und die spitzfindige Wiederholung desselben Sachverhalts als Umkehrschluss „du bist allein" lassen die personifizierte Dunkelheit als überaus lebendiges und bedrohliches Wesen erscheinen. Von ihm hebt sich der Zustand des Du ab, es ist zur „stummen Verzweiflung" verurteilt, hat also niemanden, dem es sich in seiner Pein mitteilen könnte. Das „Knistern im Parkett" gesellt sich zu den bedrohlichen Stimmen der Nacht. Dieser akustischen Nötigung kann der euphemistisch anmutende Verweis auf das „*warme* Licht des Radios an deinem Bett" (Hervorhebung von V. G.) wenig Trost entgegensetzen. Die Schwärze der Nacht verschluckt regelrecht das spärliche und in Wahrheit technisch-kalte Licht der Zeitanzeige. Das Du erlebt daher die Bedrohung der Nacht mit allen Sinnen, mit den Ohren (es hört die Stimmen), mit den Augen (die mächtige Dunkelheit hebt sich von der Leuchtanzeige des Radios nur umso konturierter ab) und mit dem Gefühl (es fehlt an echter – zwischenmenschlicher – Wärme, wenn das Radio der „einzige Trost" sein soll).

In dieser Lage der Kälte, Dunkelheit und Einsamkeit sagt das lyrische Ich dem Du mit der Wiederholung des Refrains erneut Unterstützung zu. An dieser Stelle gibt der Text Rätsel auf. Wenn wir die Mitteilung der „Nacht" ernst nehmen und ihr keine Lüge unterstellen (was für den Einsamen schnell zu überprüfen wäre) und demnach wirklich „*alle* aus sind", kann der Sprechende unmöglich ein anwesender Mensch sein. Drei Interpretationen bieten sich an. Entweder handelt es sich um die Zusage eines Nahestehenden, der vorgibt, in Gedanken immer bei dem Einsamen zu sein, um so an seinem Schicksal – auch über die räumliche Trennung hinweg – zu partizipieren, ein insgesamt wohl recht geringer Trost. Ähnlich diesem Fall könnte es sich zweitens bei dem „Lotsen" um einen Gott handeln, der seine unsichtbare, aber gespürte Begleitung durch die Nacht verspricht. In beiden Fällen müsste das „Anlehnen" aus V 16 im übertragenden Sinne verstanden werden. Die dritte Variante könnte lauten: Aufgrund derartiger hier skizzierter Umstände darf der Verzweifelnde zukünftig auf die reale „nächtliche" Gegenwart des Mannes, der Schwester, des Freundes etc. zählen, jene(r) wird den Einsamen nicht länger der quälenden Hoffnungslosigkeit ausgeliefert sein lassen. Darin liegt sein die Anwesenheit (vgl. V 16) antizipierendes Versprechen, das zukünftig für ähnliche Situationen gilt und hier zur Verstärkung im Präsens formuliert wird („Ich bring dich durch die Nacht").

Noch einmal anders wäre der Chansontext zu lesen, wenn es sich bei dem bösartigen Geflüster der nächtlichen Stimmen um eine, eventuell im Traum erfahrene Täuschung handeln würde. In diesem Falle ist das lyrische Ich zwar ebenfalls von Anfang an zu Hause, doch die Nacht versucht mit Raffinesse, einen Keil in die Gemeinschaft zu treiben und dem Du eine Isolation einzureden. Mit deinen Nöten bist du, so könnte die Nacht vortäuschen, doch letztlich allein mit dir. Der neben dir Schlafende kann dir auch nicht helfen! Auch könnte das Du – aus dem Traum aufgeschreckt – für Sekunden ein Gefühl der Verlassenheit befallen.

Das lyrische Ich erneuert mit dem Refrain (Strophe 4) sein Versprechen zum Beistand und appelliert gleich zu Beginn von Strophe 5 an das Du, die innere Unruhe endgültig aufzugeben und sich vertrauensvoll in den Schlaf fallen zu lassen. Das Bild vom „Lotsen", das mit der Anapher „Ich bring dich" den Refrain inhaltlich und formal in die neue Strophe prolongiert, liefert die Begründung für das Vertrauen: Das lyrische Ich steuert das in „raue See" geratene Schiff verlässlich und „sicher in den Hafen"; es garantiert Sicherheit und Ankunft am Zielort. Die Wendung aus V 39 „Dir kann nichts geschehʼn" erinnert an elterliche Beschwichtigungsversuche angesichts der Ängste ihrer Kinder, und wie zur Bestätigung des (vermeintlichen) Eltern-Kind-Verhältnisses entlarvt das lyrische Ich die – Kindern aus Märchen bekannten – bösartigen Traumgestalten von „Wolfsmann und bösen Feen" als reine Trugbilder. Wie Eltern ihre aus Alpträumen aufgewachten Kinder über die den Traum manipulierenden Geräusche aufklären, so beruhigt auch hier das lyrische Ich das Du mit dem Hinweis auf die Schatten- und Windspiele des Kastanienbaums.

In der Nähe des lyrischen Ich ist der Traum also zum nächtlichen Rückzug verurteilt. Die wiederholte Aufforderung „Lass los" rahmt eindrucksvoll die Strophe, die mit zwei wie zur Begründung des Appells angefügten Bildern endet. Das lyrische Ich beteuert, den Angesprochenen „festzuhalten", ihm folglich den nötigen Halt zu geben. Ein neues Bild wird mit dem Labyrinth eingeführt, aus dem das lyrische Ich selbstbewusst herausführen will. Mit dem Labyrinth dürfte (im Sinne eines Irrgartens) auf die sich im Kreis drehenden Gedanken, auf die – mit E. Drewermann gesprochen – „Selbsthypnose der Angst" angespielt sein, die den Menschen auf gedankliche Irrwege führt und zu keinem Ziel kommen lässt, was letztlich Panik auslösen kann. Wie zur Stabilisierung all der aufgezählten Argumente für eine ruhigere Nacht wiederholt das lyrische Ich abschließend noch einmal den Refrain. Seine Zusage behält damit in der bedrohlichen Szenerie das letzte Wort.

Theologische Reflexionen

Auch dieses Lied eignet sich aufgrund seiner strukturellen Analogien in der Wahl der Erzählelemente ausgezeichnet für einen Dialog mit Mt 14, 22–33. Zur Gestaltung des realen und des metaphorischen Handlungsraumes greift R. Mey auf eben jene Aspekte zurück, die in der Seewandelperikope des Erzählers Matthäus und in den Mythen der Völker bereits auf die eine oder andere Art begegneten. Besonders erwähnt werden müssen die Kontrastsymbole von Raum und Zeit, von nächtlicher Dunkelheit und dem verräumlichten Tagesanbruch („anderes Ufer der Nacht"), der jene Helligkeit impliziert, die das Radiolicht nicht

→ Kapitel 2.4
→ Kapitel 2.5

spenden kann; zur Raumgestaltung zählen des Weiteren die Oppositionen von Sturm („Luv", „Wind in den Zweigen") und Windstille („Lee") sowie von aufgewühltem Meer („raue See") und dem sicheren Hafen. Mey verwendet sogar mit dem „Wolfsmann" eine Fantasiegestalt, die den Chaosmächten verwandt ist. In den nordisch-germanischen apokalyptischen Mythen zum Chaoskampf tritt an die Stelle des altorientalen Drachens der Wolf. Als Bruder der Meeresschlange repräsentiert er dort ebenfalls das den Menschen bedrohende Chaos (vgl. U. Steffen, Drachenkampf, 68; der „Wolfsmann" ist identisch mit einem Werwolf, mit einem Menschen, der sich gemäß Volksglauben zeitweise in einen Wolf verwandelt. Der Begriff Werwolf wurzelt im Althochdeutschen, in dem „Wer" den Mann bezeichnet).

→ Kapitel 2.6
Auch die Bewegungen der Figuren im Raum ähneln der literarischen Technik des Matthäus; wie dort Petrus die Hand Jesu zur Rettung ergreift und anschließend Jesus in das Boot zu den Jüngern steigt, um die heikle Situation zu entspannen, so ist (bei wörtlichem Textverständnis) auch bei Mey der Körperkontakt zur Beruhigung notwendig und so muss auch hier der Retter als Lotse das Schiff betreten, um es in Sicherheit zu bringen.

→ Kapitel 2.7
Wie dem Schriftsteller Matthäus, so dient auch dem Lyriker Mey das Arrangement der Erzählelemente einer Spiegelung der inneren Verfassung der Figuren; wie jenem, so geht es auch diesem um die Umschreibung von Daseinsängsten, um eine Spirale der Angst, die ein selbst bestimmtes Leben blockiert. Einer solchen psychischen Instabilität treten in beiden Geschichten nun Retterfiguren gegenüber, die die Infragestellung der Existenz negativ beantworten. Die dabei von Jesus beanspruchte atl. Offenbarungsformel „ego eimi" wird ebenso als definitive Zusage zur Rettung verstanden wie in „Ich bring dich durch die Nacht" die alternative Identität des lyrischen Ich: „*Ich bin* dein Lotse, *ich bin* dein Mann,/ *Bin* deine Schwester […]/*Ich bin* der Freund" (Hervorhebung von V. G.). Verstehen wir Gotteserfahrungen wie bei Matthäus personal (vgl. etwa Mt 25, 31–46), dann schreibt im Grunde Mey unbewusst die Wundergeschichte vom Seewandel Jesu fort: Jesus heute nachzufolgen, hieße auf dem Hintergrund des Liedes in der Tat, jemanden „durch die Nacht zu bringen", der mit den ängstigenden Chaosmächten zu kämpfen hat. Ganz wie Jesus den Petrus appellativ zum Wagnis des Glaubens ermuntert („Komm!") und ihn zum Loslassen des letzten Halts im Boot auffordert, so ermutigt nämlich auch das lyrische Ich das angesprochene Du zu einem unzerstörbaren Grundvertrauen („Lass los"). Die Verwandtschaft der Seewandelerzählung mit den Dämonenaustreibungen erlaubt es, die Ängste, die das Du im Lied „loslassen" soll, in antiker Weise als „Abergeister" (so E. Drewermann in Anlehnung an F. Stier) zu charakterisieren. Es sind trübe Gedanken („Grillen"), Erinnerungen, die sich in unserer Seele bis in den Traum hinein verhaken können. Sie machen uns das Leben schwer, bedrohen unsere innere Ruhe und besitzen sogar die Dreistigkeit, als geträumter Geisterspuk in Gestalt bösartiger Märchenfiguren aufzutreten, bis wir in Furcht aufwachen und der Teufelskreis der Schlaflosigkeit von vorn beginnt, ein endloses Labyrinth „dunkler" Gedanken.

Die Entgegnung solcher „Grillen" erfolgt bei Mey im Tonfall elterlicher Zuwendung. Die auktoriale Erzählperspektive ermöglicht es dem Hörer zu erkennen, wie sich das lyrische Ich einfühlsam in die Gedanken des Angesprochenen versetzen kann, ohne mit Spott und Hohn auf die Ängste zu reagieren. Das ängstliche Verhalten wird vielmehr ernst genommen wie bei einem durch Alpträume verschüchterten Kind, das durch die Zuwendung erfährt, dass man es mag. Strukturelle Analogie zu manchen ntl. Erzählungen in der Wahl der Sprache: Es muss dieses einfühlende Verständnis, diese emotionale Wärme gewesen sein, die Jesus in Entsprechung seines ebenso liebevoll angeredeten Gottes („Abba") Menschen entgegenbrachte, um sie im Namen seines Gottes „von Luv nach Lee" und „ans andere Ufer der Nacht" zu bringen (was für ihn selbst spätestens am Ölberg und in der Passion galt).

Abschließend sei erneut vermerkt, dass ein mit der Seefahrtsmetaphorik bestückter Text alles andere im Sinn hat als die Warnung vor den tückischen Elementen der Natur. Hier wird sogar die konkrete Ausgangslage der hereinbrechenden Nacht und der von ihr indirekt ausgelösten Ängste zum Korrelationspunkt der Bilder bestimmt.

Methodischer Kommentar

So klar das lyrische Ich grundsätzlich die Ängste, Verzweiflung und Sorgen des Angesprochenen zum zentralen Thema erhebt, so ungenau bleibt das konkrete Profil der Nöte. Diese allgemeine und umfassendere Problematisierung dürfte von Mey bewusste Konstruktion sein, wenn wir uns allein an das breite Angebot der Identifikationsmöglichkeiten für beide Figuren erinnern. Mit der Offenheit der Frage nach den möglichen Ursachen für die beklemmende Situation in der Nacht drängt sich eine methodische Übung geradezu auf.

Im Sinne der Korrelations- und Literaturdidaktik sollen die Schüler (Klassen 10–13) aus ihrer ganz persönlichen Erfahrung die Unbestimmtheitsstelle im Text füllen und im Rahmen der **Erarbeitung** überlegen, welche „fernen Erinnerungen aus dunkler Zeit" denn das Du bedrohen und die Lage „hoffnungsleerer" erscheinen lassen (**Arbeitsblatt 5**, S. 88). Welche Ängste genau „krallen sich in der Seele fest"? Um diesen Fragen nachzugehen, werden die VV 25 und 26 (die Rede der Nacht) gelöscht und die Schüler aufgefordert, nach ihren eigenen Erfahrungen und Fantasien die Nacht „mit tausend Zungen wispern" zu lassen. Um den emphatischen Charakter und die direkte, die Nacht personifizierende Rede beizubehalten, können die Anführungs- und das Ausrufezeichen erhalten bleiben.

Die Antworten sollten in der **Auswertung** im Sinne des Kontextes die allgemeinen Hinweise auf die Ängste konkreter fassen – möglichst aus eigener Erfahrung. Im Schutze der Rolle (hier: der nächtlichen Stimmen) wird damit eine Konfrontation der eigenen Erfahrungen mit dem Unbestimmtheitsbetrag eines Textes erzwungen. Zwangsläufig benötigt die Übung daher eine vertrauensvolle Atmosphäre. Methodisch hat es sich als vorteilhaft erwiesen, die Stimmen nicht einfach nur vorlesen zu lassen, sondern die Schüler die Szene nachspielen zu lassen. Das heißt, man wählt einen Schüler aus, der sich als der Geängstigte auf einen Stuhl setzt. Viele andere Schüler bewegen sich nun, während sie ihren Text wispern, langsam auf den Geängstigten zu („die Ängste kommen näher"), der zudem die Augen geschlossen halten sollte (vgl. den „lichtlosen Tunnel"). Die „Ängste" kreisen nun den Stuhl ein und umrunden ihn mehrfach langsam, wispern dabei immer weiter und wiederholend ihre Texte, sodass die Bedrohung (resp. die Hyperbel „tausend Zungen") an Ausdruckskraft gewinnt. Eine erste Rückmeldung gebührt dem „Geängstigten": Wie hat er/sie das Szenarium empfunden? Wie haben die Stimmen auf ihn gewirkt? Die Beiträge der „tausend Zungen" werden auf Übereinstimmungen und Differenzen hin gesichtet und diskutiert. Wovon haben die Stimmen der Nacht „gewispert"? Vom Verfehlen vorgegebener Erziehungsnormen; von der Bedrohung schulischen Versagens; von der Angst, Eltern oder Lehrer zu enttäuschen; von den Kriegsängsten, etwa angesichts des religiösen Fundamentalismus; von Zukunftsunsicherheiten und Sinnfragen; von Umweltkatastrophen; von Ohnmachtsgefühlen angesichts drohender Arbeitslosigkeit und Konkurrenzkämpfe auf dem Arbeitsmarkt; von Trennungsängsten, wenn die Familie auseinanderzubrechen droht; von Krankheiten; von der Angst vor Verantwortung und vor der Realität?

Alles kommt bei dieser Übung darauf an, sich seiner eigenen oder bereits an Dritten beobachteten Ängste bewusst zu werden, um sie in der **Vertiefung** mit dem Original Meys zu vergleichen und in diesem Zusammenhang die Metaphorisierung der Nöte zu erarbeiten (**Zusatzmaterial 3**, S. 91).

Der abschließende meditative Einsatz des Liedes „Angst" von H. Grönemeyer kann als weitere **Vertiefung** dienen. Der stille Vergleich zwischen den Textproduktionen und den von Grönemeyer aufgezeigten Facetten der Angst könnte eigene Erfahrungen bestätigen und den Blick für neue schärfen (**Zusatzmaterial 4**, S. 92).

Letztlich kann von dieser erschlossenen Bilderwelt der Übergang zu Baustein 3 erfolgen. An die Ergebnisse der Liedinterpretation sollten dort an gegebener Stelle immer wieder erinnert werden.

PUR: Funkelperlenaugen

Viele Kritiker würdigen neben dem musikalischen Stil die engagierten Texte einer der erfolgreichsten Popgruppen Deutschlands in den 90er-Jahren: der Band „PUR" mit dem ehemaligen Germanistikstudenten Hartmut Engler (wie die meisten Bandmitglieder Jahrgang 1961) als Leadsänger und Texter an der Spitze. Deren Songs beschwören ethische Werte und anthropologische Themen, die auch der RU häufig aufgreift. Den Kritikern, die die Lieder als zu unkompliziert und ihrer Dichtkunst zu beschränkt beurteilen, hielt Engler vor wenigen Jahren in der „Berliner Morgenpost" entgegen: „Ich glaube, dass wir Identifikationsfiguren für ganz, ganz viele Menschen sind, die sonst keine Identifikationsfiguren haben. Wir sprechen Menschen an, die sich nicht wiederfinden in diesem Hip-, Trendy- und Cool-Getue, die dann irgendwie nach Inhalten suchen. Die sagen, ‚die Kirche hat mir nichts mehr zu erzählen', und in ein Werte-Vakuum fallen. Und vielleicht ist dann da eine Band, die einen mit dem einen oder anderen Stück ein wenig rausreißt. Ich denke doch, dass man mit Liedern noch ein kleines bisserl mehr machen kann, als bloß in die Charts zu gehen und Geld zu verdienen" (H. Engler, zitiert nach http://www.musicline.de/de/artist_bio/pur; 30.7.2008). Bemerkenswert aus religionspädagogischer Sicht an dieser Interview-Äußerung ist die genau beobachtete Verwandtschaft zwischen einer kirchenfernen Jugendkultur und einer kritischen Lebensdevise, die einen in weiten Teilen der Jugend gelebten Stil ablehnt: Welche Jugendlichen hat er vor Augen, wenn Engler die Attribute „hip", „trendy" und „cool" nennt, von denen sich seine Anhänger absetzen? Mindestens steht zu vermuten, dass das, was als „auf der Höhe der Zeit" gilt, von der Erlebnisgesellschaft und Warenästhetik vorgegeben wird, also eine Lebensausrichtung, die man tendenziell als „hedonistisch", „konsum- und erlebnisorientiert" bezeichnen kann und die angesichts der keine Einschränkungen duldenden eigenen Freiheit kaum gemeinsame Verbindlichkeiten kennt. Zugleich müssen vor dem Hintergrund der Jugendstudien Verdrängungsmechanismen bedacht werden: Man gibt sich ‚cool' und unangreifbar, Schwächen, Angst und Verletzbarkeit darf man nicht zeigen. Dann könnte Engler auch an jene denken, die eben nicht unsensibel auf soziale, politische und persönliche Probleme reagieren, die eben die Verletzbarkeiten nicht verdrängen oder die weniger eine fraglose Befriedigung der narzistischen Wünsche im Hier und Jetzt anstreben. Es gilt als „cool", einen hochorganisierten Tagesablauf zu haben, der sich über die Schul-, die Arbeits- und die Freizeit erstreckt und nur in dieser Fülle eine Lebenser*füllung* garantieren soll. „Cool" auch jene rastlos dem materiellen Erfolg hinterherjagenden Jungen und Männer, die vor ihren Partnerinnen ihre Schwächen und Selbstzweifel verbergen. Gerade vom Gegenteil eines solchen Typs, von einem an sich selbst Zweifelnden, ins Stolpern Geratenen und bei seiner Freundin Halt Suchenden, also – im Jargon der Jugend – völlig „Uncoolen", handelt der folgende Song, dessen Bekanntheitsgrad bei unseren Schülern als hoch einzuschätzen sein dürfte.

Sachanalyse

Das Lied nutzt die alternierende Form zu einer Skizzierung der krisenhaften Ausgangslage und einer refrainartigen Entgegnung dieser Krise, wobei bei der Liveaufnahme die letzte

Strophe als Refrain mehrfach und unter Einbindung des Publikums wiederholt wird, was ihr besonderes Gewicht verleiht. Die Längen der ersten, zweiten und letzten Strophe sind nahezu gleich, allein die dritte Strophe fällt durch ihre Überlänge etwas aus dem Rahmen. Sie bildet daher nicht ganz zu Unrecht den Kern einiger Überlegungen im Rahmen des vorgegebenen Themas. Das lyrische Ich gibt sich als der Gestrauchelte zu erkennen, der der Hilfe der Partnerin bedarf (ich nutze hier das rezeptionsästhetische Argument, dass die männliche Gesangsstimme eine Identität des lyrischen Ich als Mann nahe legt. Allein vom Text her ist ein feminines lyrisches Ich ebenso denkbar).

Strophe 1 stellt uns zunächst durch Ellipsen ein sprechendes Bild zur inneren Verfassung des lyrischen Ich vor Augen. Das Motiv vom „Hürdenlauf", in dem es sich wähnt, stammt aus der Leichtathletik und bezeichnet dort – im Unterschied zu dem motorisch wesentlich einfacher zu bewältigenden, sogenannten „flachen" Sprint – einen Lauf über Hindernisse, der äußerste Konzentration vom Läufer verlangt, weil die Schritte zwischen den einzelnen Hürden genau berechnet und während des Laufes auch eingehalten werden wollen. Nur so kann das Ziel möglichst schnell und unkompliziert erreicht werden. Schon der geringste Schrittfehler führt zu einer Unterbrechung des gewohnten Rhythmus', zu Verzögerungen und möglichen Stürzen. Die Hürden, die im übertragenen Sinn zu nehmen sind, bestehen aus „tausend Wenn und Aber", aus einer schier endlosen Reihe (beachte die Hyperbel „tausend") von Einwänden und Widersprüchen, wie die substantivierte Form der entgegenstellenden Konjunktion „aber" sehr schön belegt. Die Konjunktion „wenn" leitet neben Temporal- gerade Konditionalsätze ein, und in diesem Sinne wird man die Metapher am Anfang des Liedes auch verstehen dürfen: Das lyrische Ich ist auf seinem Weg zu einem anstrengenden Gedankenspiel (vgl. V 4) gezwungen, weil alle Vorhaben vorausschauend hin- und hergewälzt, alle Bedingungen eines Gelingens geprüft, sämtliche Gegenargumente sorgfältig in Erwägung gezogen werden.

Und was für den Athleten im Sport gilt, müsste eigentlich im übertragenen Sinn auch für das lyrische Ich zutreffen. Zumindest beim Hürdenlauf über die Stecke von 110 Metern muss möglichst geradlinig gelaufen werden, doch das lyrische Ich „rennt" weder geradeaus noch weiß es, welches Ziel es anstrebt. In Weiterführung der Metapher vom gedanklichen Hürdenlauf gibt das lyrische Ich vor, sich selbst wiederholt im Weg zu stehen. Es ist sich selbst das größte Hindernis. Während der Hürdenläufer beim 110-Meter- bzw. 400-Meter-Wettbewerb eine überschaubare Anzahl von Hürden überspringt, kann das lyrische Ich in Anlehnung an die Hyperbel von den „tausend" Hindernissen nur gehetzt fragen, wo die „Ruhebank in diesem grenzenlosen Spiel (ist)". Die konkrete Ruhebank dient dem Wanderer auf seinem langen Marsch als Raststätte, dem Sportler im Stadion ist sie willkommener Ort der Pause, der Entspannung und der neuerlich erforderlichen Konzentration. In der Vorbereitungs- oder Erholungsphase auf oder im Anschluss an einen Wettkampf kann die Ruhebank in der Kabine darüber hinaus zur wohltuenden Massage, zur Genesung des geschundenen Körpers genutzt werden.

Die psychische Anspannung wird mithilfe einer syntaktischen Anapher verdeutlicht: „zu viel" denkt es an zu weit entfernt liegende Ziele („übermorgen"), zu stark kreist das Denken nur um sich selbst, sodass die Gegenwart und die Zweisamkeit mit der in einem Atemzug genannten Partnerin (beachte die zweifache Partikel „und") gänzlich aus dem Blick geraten sind. Das Stilmittel der Wortwiederholung („denk zu viel") markiert einprägsam den Spannungspol zu der folgenden Strophe: Es ist die Ratio, die vermeintlich alle Fragen des Lebens klärende und letztlich doch nur alles vernebelnde Vernunft, die der Sehnsucht nach Emotionen im anschließenden Refrain gegenübergestellt wird.

Der gleitende Anfang dieses Refrains („und"), der die Reaktion der Freundin in unmittelbare zeitliche Nähe zu dem „Hürdenlauf" stellt, besitzt für den Hörer – wenn die Strophe erst an ihr Ende gekommen ist – eigentlich adversativen Charakter. Die Frage könnte ebenso gut lauten: „*Aber* was machst du?" Denn *entgegen* der rationalen (Erwartungs-)Haltung des lyrischen Ich reagiert das Du allein mit Gesten der Liebe und körperlichen Nähe. Musikalisch wird die Spannung zwischen Ich und Du, zwischen Ratio und Gefühl dadurch erhöht, dass auf die Frage (V 7) und nach einem vorerst abschließenden Drum eine Pause aller beteiligten Instrumente entsteht, ein formales dramatisches Element, das aufhorchen und gespannt auf die Fortsetzung lauschen lässt. Erst der Einsatz des Sängers hebt diese musikalische Atempause auf, indem er das den vorherigen Vers abschließende Personalpronomen „du" als Verseröffnung aufgreift. Dieses Stilmittel der Wortwiederholung (Anadiplose) betont die wichtige Funktion der Angesprochenen für das lyrische Ich. Während das Du grammatikalisch entsprechend das Subjekt bildet, kommt dem „Hürdenläufer" nunmehr nur die passive Rolle des Objektes zu („du blitzt *mich* an", „da ist so viel für *mich* drin"; Hervorhebung von V. G.).

Dem Neologismus „Funkelperlenaugen" wird eine besondere Stellung im Lied zugedacht, und zwar nicht allein deshalb, weil die Wortneuschöpfung den Titel wieder aufnimmt. Engler fragt das Publikum unmittelbar vor Beginn des Liedes: „Kennt ihr noch diese Augen, die funkeln wie Perlen?" Im Lied selbst werden alle von Engler genannten Bestandteile des Vergleichs zu einem auffälligen Wort kombiniert, und sie eröffnen dem Hörer Assoziationsmöglichkeiten, die Rückschlüsse auf den Charakter des Du zulassen. Die Augen des Gegenübers „funkeln", strahlen wie Sterne in der Nacht; sie bieten folglich Orientierung; im Spiel des Funkelns lösen sie eine eigenartige Faszination aus; funkelnde Sterne ziehen unsere Blicke magisch an; die Augen sind zudem kostbar und wertvoll wie Perlen; diese Augen „blitzen", sie besitzen die Eigenschaft, unvermutet, wie ein Blitz aus heiterem Himmel, überraschend ihre durchdringende Helligkeit und gewaltige Energie zu verschwenden. Dass diese „Entladung" anders als in der Natur ungefährlich ist, ja sogar zum Guten eingesetzt wird, belegt die Anapher aus den VV 9 und 10 („*das* tut so gut" – „*das* hilft"; Hervorhebung von V. G.). Auch die Wiederholung des Adjektivs „viel" dokumentiert den Gewinn, den ein Augen-Blick dieses Menschen bedeutet. Natürlich ist es erzählerisch geschickt, Heilung durch genau jenes Organ (Auge) vermitteln zu lassen, an dem das lyrische Ich ja zuvor litt, indem es sich den *Blick* verstellt hatte (V 6). Der Komparativ „besser" leitet einen Vergleich mit diesem Augenblick der Liebe ein, der deutlich zu Ungunsten der kognitiven Vorgänge des Redens und Denkens ausfällt. Die diese Komparation unterstützende Wiederholung des keine Ausnahme duldenden Pronomens „jedes" trifft nun ihrerseits in V 11 auf eine Wortwiederholung, ihre Gegenspielerin, die syntaktische Anapher „*nur noch* fühlen, *nur noch* spüren" (Hervorhebung von V. G.). Sie bezeichnet den exklusiven Anspruch der Gefühle und der körperlichen Zuwendung, die allein als Antwort auf die Probleme „Sinn machen". Die Ironie ist kaum zu überhören: Ausgerechnet der den Sinn suchende und definierende Verstand unterliegt hier der offensichtlich zuvor als un*sinn*ig eingestuften Emotion. Und dieser Sieg der Gefühle über den Verstand wird in einem letzten Akt der Ratio vom lyrischen Ich noch als *sinn*voll realisiert.

Das anschließende Bild aus Strophe 3 ähnelt der Seefahrtsmetaphorik aus Mt 14, 22–33. Im Leben des „Hürdenläufers" herrscht ein „hoher Wellengang" und „starker Wind", sodass „eine raue See" die angemessene bildliche Umschreibung für die Lebenslage ist. Die Elemente drangsalieren die Person im Boot, was anschaulich über die Aggressivität vermittelnden Verben „schlagen" und „schlägt peitschend" zur Sprache gebracht wird. Die entgegenstellende Konjunktion „doch" (V 13) signalisiert, dass mit der Angesprochenen bereits eine Hilfe im Boot ist, die den Angriff der Natur ertragen lässt und die die durch Peitschenschläge des Windes verursachten Schmerzen des lyrischen Ich mindert – und zwar allein durch ihre Anwesenheit. Im übertragenen Sinn, so V 15, stärkt die Partnerin das Rückgrat des lyrischen Ich, stellt sich hinter es, gleich wie stark der (Gegen-)Wind auch bläst. In Fortsetzung der Bilder aus Strophe 1 lässt sich die gefährliche und letztlich doch sichere Bootsfahrt sinnvoll konkreter interpretieren. Die fehlende „Ruhebank" in einem „grenzenlosen" Gedankenspiel der Pro- und Contra-Debatten, der zahlreichen Erörterungen ist nun gefunden. Inmitten der „rauen See", die analog zum Bild vom „Hürdenlauf" als ein unaufhörlicher innerer und aufwühlender Monolog über die Vor- und Nachteile bestimmter Entscheidungen gedeutet werden kann, inmitten dieser Flut von Grübeleien also erweist sich die Partnerin als beruhigende Stütze. Die folgenden anaphorischen Imperative („Lass mich") bezeugen die Angst des lyrischen Ich vor erneuter Einsamkeit und Angewiesenheit auf sich selbst. Nachhaltig wird das Du aufgefordert, die erfahrene körperliche Nähe nicht aufzugeben: „lass mich ganz bei dir". Die intime Situation wird unter Rückgriff auf den Refrain („will doch noch so viel *spüren*"; vgl. V 11; Hervorhebung von V. G.) auch für die Gegenwart beschworen. Der abschließende Vers korrigiert V 6, denn was dort noch nicht gesehen bzw. gespürt werden konnte („jetzt und hier und dich"), soll nun nicht mehr preisgegeben werden. Dabei wiederholt das lyrische Ich die Reihung („dich und jetzt und hier"), positioniert das Personalpronomen diesmal aber an exponierter Stelle.

Die folgenden drei Verse aus dem Schlussrefrain stimmen wörtlich mit dem ersten Refrain überein. Hatte jener zusätzlich die zärtliche Berührung über „jedes Reden und Denken" gestellt, so vertieft dieser Refrain den Gedanken mittels mehrerer Vergleiche. Die Verbundenheit ausstrahlenden „Funkelperlenaugen" wirken „wie Balsam", wie eine wohltuende Salbe, die zur Heilung auf die Wunde gestrichen wird. Der Vergleich ermöglicht es, die psychische Befindlichkeit tatsächlich als eine Form von Krankheit zu deuten. Den noch in demselben Vers angeschlossenen Vergleich „wie ein echtes kleines Wunder" verstehe ich attributiv, d. h. die Signalwörter „Wunder" und „Balsam" interpretieren sich gegenseitig. Das lyrische Ich versteht die psychische Genesung in der Nähe der Partnerin als eine wunderbare Erfahrung. „Wunderbar" ist sie wohl auch deshalb, weil der Sprechende mit der Gesundung kaum gerechnet hat. Jedenfalls vermitteln die Adjektive „echtes kleines" noch die Vorsicht, mit welcher das lyrische Ich den Vergleich ausspricht. Die Attribuierung verzögert nämlich das Aussprechen des Substantivs „Wunder" und damit das Bekenntnis zu dem Vergleich. V 24 erläutert dem Hörer noch einmal sehr anschaulich, wie das lyrische Ich allein die liebevolle Zuwendung der Partnerin auffasst. Keine Medizin, so betont es, vermag das so gut (beachte den Komparativ „viel besser"), was der Blick in die Augen der geliebten Person bewirken kann: Heilung (Zur Kritik an der von der Schulmedizin häufig vorgenommenen Trennung von Psyche und Körper vor dem Hintergrund der Wunderheilungen Jesu vgl. beispielhaft E. Drewermann, Markus-Evangelium I, 523f.). Die dreifache Anapher („*das tut so gut*" – „*das ist wie Balsam*" – „*das heilt*"; Hervorhebung von V. G.) gerät damit zur Klimax, die in dem zentralen Motiv der Heilung ihren Abschluss und Höhepunkt findet. So entsteht um den Neologismus „Funkelperlenaugen" ein charakterisierendes Wortfeld, bestehend aus positiv konnotierten (im weitesten Sinne) medizinischen Begriffen („Balsam", „heilt"), aus einem Modaladverb des hohen Grades („so viel"), sowie aus Ausdrücken, die Intensität und Qualität verbürgen („so gut", „Wunder", „viel besser"). Einen Menschen, dem diese Qualitäten zugesprochen werden, kann das lyrische Ich nur abschließend auffordern, es festzuhalten und an sich zu drücken. Die Imperative („halt mich", „drück mich") werden daher vom Sänger mehrfach wiederholt.

Machen wir uns das Strukturprinzip des Liedes noch einmal bewusst (der Refrain antwortet auf die problematische psychische Verfassung des lyrischen Ich), lassen sich die wichtigen Motive der „Heilung" und des „Wunders" als Gegenpole zu den Bildern vom „Hürdenlauf" und der gefährlichen „Bootsfahrt" begreifen. Tatsächlich zieht die Anwesenheit der Partnerin, ihre gespürten Gesten der Zärtlichkeit, Liebe und Erotik, eine gleichsam wunderbare Rettung aus „Seenot" nach sich, eine Glättung der Wogen im Sinne einer Heilung der psychischen Verletzungen, eine seelische Beruhigung inmitten nicht mehr zu kontrollierender Hektik, die in ihren mechanischen und rastlosen Abläufen die Seele tyrannisierte.

Theologische Reflexionen

→ Kapitel 2.4 Zur Erhellung der inneren Verfassung einer Figur nutzt PUR u. a. eben jenes Bild von der „Bootsfahrt in rauer See", das auch die matthäische Erzählung zur Darstellung der ängstlichen Verfassung der Jünger kennt. Nah an das griechische Original kommt PUR insofern heran, als sie wie dieses die chaotischen Mächte des hohen Wellengangs und des heftigen Gegenwindes in den Text montieren. Wenn Matthäus davon spricht, dass das Boot von den Wellen „gequält" wird, um über diese Personifizierung den Zustand der Männer noch deutlicher zu umreißen, dann ähnelt dieses Zusammenspiel von Raumattributen und Figurencharakteristik stark jenem in dem PUR-Lied. Hier wie dort werden die Naturgewalten als aggressive Mächte vorgestellt, die dem Menschen Schmerzen zufügen.

→ Kapitel 2.6 Die Rettung aus dieser desolaten Lage entspricht in beiden Erzählungen einer wunderbaren Erfahrung, insofern handelt es sich – ohne dass wir an den PUR-Song ein fremdes Motiv herantragen müssten – in beiden poetischen Texten um eine Wundergeschichte, deren Pointen einander ähneln. Gelingt es Jesus durch sein Erscheinen und durch seine spürbare Hilfestellung, das Boot in ruhigere Fahrwasser zu bringen und die Wogen zu glätten und zu einer entspannten Haltung der Jünger beizutragen, so impliziert die körperlich erfahrbare Nähe der Partnerin im Song exakt jene beruhigende Kontaktverstärkung, eine „Ruhebank", die Jesus den Jüngern war. Nur mit ihr/ihm „im Boot" ist die „raue See" zu ertragen. Die Erzählstrategie der antiken Erzählung liegt darin, über eine vordergründige Seefahrtsgeschichte (in der Nähe zu den Dämonenaustreibungen) Zustände der Bedrohung und Entfremdung zu spiegeln, die in der Gegenwart Jesu offensichtlich behoben werden konnten. Was für die Gemeinde des Matthäus und in ihrer Nachfolge für alle Christen gilt, haben zahlreiche Wundergeschichten poetisch entfaltet. Es muss zu den Grunderfahrungen der Urchristen gehört haben, dass allein die liebevolle Zuwendung des Nazareners im Namen seines Gottes einen psychisch Erkrankten geheilt hat, dass er „wie Balsam" auf die zerkratzten Seelen der Gehetzten und Ausgebrannten, aber auch auf die psychosomatisch geschundenen Körper der Stigmatisierten und an den („kirchlichen") Rand Gedrängten wirkte. Es zeigt sich eine strukturelle Analogie in der Wahl der Krankheitsbilder bei PUR und den Dämonenaustreibungen, wie z. B. die Heilung des Besessenen von Gerasa (Mk 5, 1–20; vgl. V. Garske und U. Gers, Der Besessene von Gerasa). Gemäß der tiefenpsychologischen Interpretation kann der Besessene als Paradigma einer von sich selbst und der Gemeinschaft entfremdeten Existenz betrachtet werden. Seine Antwort auf Jesu Frage, was denn sein Name sei, lässt Rückschlüsse auf sein Krankheitsbild zu. „Legion", sagt er, „denn viele sind wir." Wie von einer Armee besetzt, herrschen in ihm die Stimmen von „tausend Wenn und Aber". So sehr Mk hier ein extremes Verhalten skizziert, so sehr darf man doch grundsätzlich den Vergleich zwischen den Erzählungen wagen. Auf dem Weg zum Glück und zur Selbstverwirklichung begegnen hüben wie drüben die „Abergeister", Stimmen der Opposition und Verneinung, Gegenreden und Einwände: Eben „Tausend Wenn und Aber", ein „Bündel sich widersprechender Befehle" verstellen auch dem lyrischen Ich im Lied den Blick auf sich selbst und führen zu einem Entfremdungszustand, für den die Antike nur ein Wort kennt: Besessenheit.

→ Kapitel 2.7 Während es hinsichtlich der biblischen Wundergeschichte Mt 14, 22–33 allerdings erst der genauen exegetischen Forschung bedarf, um die Nähe der Chaosmächte zur Dämonie zu entschlüsseln, erfolgt dieser Brückenschlag bei PUR ausdrücklich über die geschickte Verflechtung der Strophen. Innere Hektik und Selbstentfremdung spiegeln sich im Bild von der Bedrohung des Bootes durch Wind und Wellen, der heilenden Nähe der Partnerin entspricht ihre Anwesenheit im Boot. Ganz ähnlich dem Erzähler Matthäus erfolgt also bei PUR die Zuordnung der Figuren im Raum des Seefahrtsbildes. Hier wie dort bedarf es auf dem Weg zu Besserung des Körperkontaktes, bildlich gesprochen muss die Retterfigur dem Bedrohten die Hand reichen (vgl. den Appell: „Halt mich fest"), ihm den Rücken stärken, mit ihm „in einem Boot sitzen". Wenn schließlich Jesus den Jüngern und insbesondere Petrus Mut und Vertrauen wünscht, mit deren Hilfe sie über die Chaosmächte von Wind, Wellen und (der bei PUR nicht explizit erwähnten) Dunkelheit herrschen, also ihre „dämonischen" Existenzängste besiegen können, so spricht er eine Dimension an, die allein mit der Ratio nicht zu fassen ist. Auch in diesem Punkt stimmen die Geschichten grundsätzlich überein. Sich von einer Macht selbst in „stürmischen Zeiten" getragen zu wissen, verlangt mehr als „vernünftige" Strategien zur Überwindung der „Hürden" im Leben. Wenn das lyrische Ich an die Kraft der Liebe glaubt, „nur noch fühlen, nur noch spüren macht jetzt Sinn", dann klingt das wie ein Abgesang auf alle ausgeklügelten (Ver-)Sicherungen, die wir in ein auf Karriere und Geld setzendes Leben einbauen. Und so klingt der exegetische Kommentar zur Mt-Perikope zugleich wie eine treffende Erläuterung des PUR-Liedes: „All dies trägt nicht und wird nicht tragen. Aber dieses Bild des Evangeliums ist wahr: die Liebe trägt. Da, wo wir durch den Wellengang und durch das Sausen des Windes uns zutiefst angesprochen fühlen, beginnen diese Welt und unser Herz tragfähig zu werden" (E. Drewermann, Taten der Liebe, 61). Wer je aus einer Lebenskrise mithilfe der Zuneigung vom Partner bzw. von der Partnerin herausgefunden hat, wer je erleben durfte, dass die Nähe eines geliebten Menschen „wie Balsam" sein kann, der wird eine Ahnung von dem erhalten, was die biblischen Erzählungen die „Wunder" Jesu nennen.

→ Baustein 5

Methodischer Kommentar

Ich wies oben darauf hin, dass PUR (unbewusst) mit dem Sturm und den Wogen zwei antike Chaosmächte als Motive aufführt, dagegen aber auf die dritte bei Matthäus vorkommende chaotische Naturmacht, die Dunkelheit, nicht explizit eingeht. Dennoch assoziiert der Song über die „*blitzenden*" „*Funkel*perlenaugen" eine von dem Du ausgehende Helligkeit, eine im wahrsten Sinne des Wortes verschwenderische „Ausstrahlung". Im Bild gesprochen, wirkt ein solcher Lichtblitz aber gerade erst vor dem Hintergrund eines dunklen Kontrastes, der hier zwar nicht expressis verbis genannt wird, aber doch vom Hörer ausgemalt werden kann.

Wenn in der folgenden **Erarbeitung** die Schüler (Klassen 9–13) die Metaphern und Bilder des Liedes in ihre ureigene Symbolisierungsform (zurück-)übersetzen, erhalten sie die Chance, die lediglich indirekt thematisierte Dunkelheit zu berücksichtigen. Der Arbeitsauftrag (evtl. auch für eine Gruppenarbeit) lautet, ein CD-Cover zu entwerfen (**Arbeitsblatt 6**, S. 89). Die Literaturdidaktik verspricht sich von der Erstellung derartiger Bilder(collagen) eine größere Sensibilität für wichtige Stilmittel der Poesie überhaupt, für die vielen Metaphern und Bilder, die Schüler im Text vorfinden und doch in ihrer tiefen Bedeutung zu wenig realisieren, was in ganz ähnlicher Weise auch für die Bildsprache biblischer Erzählungen gilt. Im vorliegenden methodischen Fall gehen wir vom Original des Textes aus und gestalten ihn produktiv, indem etwas Neues (Cover), eine Transformation entsteht.

Das Interpretationsgespräch zur Bilderwelt des Liedes folgt in der **Auswertungsphase** also dem individuellen künstlerischen Zugang zum Song. Um das Cover aber im Grundsatz analog zum Lied zu gestalten, ist der Schüler angehalten, die Bilder genau auszuleuchten und wesentliche poetische Elemente aufzugreifen, um diese dann kreativ neu zusammenzusetzen und hinsichtlich der angesprochenen Farbgebung zu ergänzen. Das Auswertungsgespräch lässt zunächst Raum für die eigenen Gestaltungen, ist aber bereits von einer Interpretation nicht mehr zu trennen, da die künstlerische Umgestaltung den Text zum Bezugspunkt benötigt. Es wird jedoch durch eine sinnliche Erfahrung motiviert.

Erfahrungsgemäß wählen viele Schüler neben den zentralen Motiven der leuchtenden Augen, des Hürdenlaufs, der Bootsfahrt in rauer See und den haltenden Händen auch einen dunklen Hintergrund, von dem sich die „Funkelperlenaugen" einerseits stark abheben, der aber andererseits den entsprechenden Grundton für das Geschehen auf dem Meer abgibt. Die nun angestrebte **Vertiefung** fragt danach, inwieweit die („Chaos"-)Bilder die psychische Verfassung des lyrischen Ich widerspiegeln und worin das „Wunder" folglich besteht.

Das erstellte Cover dient zudem als **Ergebnissicherung**, das aufbewahrt und mit in die Erarbeitung von Baustein 3 genommen werden sollte. Im Rahmen der nun anstehenden Erschließung der Bilderwelt von Mt 14, 22–33 kann das Cover mit dem Bild vom Boot bzw. von den Jüngern auf dem See Gennesaret verglichen werden.

Herman van Veen: Suzanne (Fragment)

Suzanne lacht dich an
auf der Bank, die beim Fluss steht
tausend Schiffe ziehn vorbei
und sie zeigt dir, wie ein Kuss geht
5 du sagst dir
sie muss verrückt sein
denn sie fällt aus dem Rahmen
mit dem Übermut der Menschen
deren Kräfte nie erlahmen
10 und du willst ihr gerade sagen
ich muss gehen
es ist das Ende
doch sie hält deine Hände
über deine Lippen kommt kein Wort

15 Und sie will ans andre Ufer,
und du möchtest mit ihr mitgehn
zusammen Hand in Hand
sie ist deine große Liebe
aber noch kämpft dein Gefühl
20 mit dem Verstand

wenn sie dich allein zurücklässt
würde dich das sehr verletzen
doch du lässt die Zeit verstreichen
anstatt Berge zu versetzen
25 und du weißt wohl, du wirst leiden
doch du kannst dich nicht entscheiden
und sie fragt dich mit den Augen
über deine Lippen kommt kein Wort
und du möchtest mit ihr mitgehn
30 zusammen Hand in Hand
sie ist deine große Liebe
aber noch kämpft dein Gefühl
mit dem Verstand

Suzanne lacht dich an
35 auf der Bank, die beim Fluss steht
und du hörst ihre Pläne
und du denkst, dass dein Bus geht
über euch kreisen Möwen
das Licht wird langsam blasser
40 und du spürst, wie es kalt wird
und du starrst auf das Wasser
niemand gibt dir die Antwort
auf all deine Fragen
was euch 'drüben erwartet
45 kann Suzanne auch nicht sagen

Und du siehst, dass sie aufsteht
und du möchtest mit ihr mitgehn
zusammen Hand in Hand
sie ist deine große Liebe
50 aber über dein Gefühl
siegt der Verstand

© 1967 by STRANGER MUSIC INC; Rechte für Deutschland,
Österreich, Schweiz: EDITION ACCORD MUSIKVERLAG GMBH & CO

1. Setzen Sie den Text in Vers 36 („und du hörst ihre Pläne") produktiv fort, indem Sie aus der Ich-Erzählperspektive Suzannes ausführen, was dieser an Lebenskonzeptionen vorschwebt. Schreiben Sie diesen Monolog in epischer Form.

2. Verfassen Sie daraufhin einen inneren Monolog des Freundes, der an die Verse 36–45 anschließt: Was genau geht dem Freund durch den Kopf, als er über die Lebenspläne Suzannes unterrichtet wird?

Herman van Veen: Suzanne (Original)

Suzanne lacht dich an
auf der Bank, die beim Fluss steht
tausend Schiffe ziehn vorbei
und sie zeigt dir, wie ein Kuss geht
5 du sagst dir
sie muss verrückt sein
denn sie fällt aus dem Rahmen
mit dem Übermut der Menschen
deren Kräfte nie erlahmen
10 und du willst ihr gerade sagen
ich muss gehen
es ist das Ende
doch sie hält deine Hände
über deine Lippen kommt kein Wort

15 Und sie will ans andre Ufer,
und du möchtest mit ihr mitgehn
zusammen Hand in Hand
sie ist deine große Liebe
aber noch kämpft dein Gefühl
20 mit dem Verstand

Hat Jesus nicht bewiesen
dass Wunder noch geschehen
er, der frei von Furcht und Angst war,
konnte übers Wasser gehen
25 wenn sie dich allein zurücklässt
würde dich das sehr verletzen
doch du lässt die Zeit verstreichen
anstatt Berge zu versetzen
und du weißt wohl, du wirst leiden
30 doch du kannst dich nicht entscheiden
und sie fragt dich mit den Augen
über deine Lippen kommt kein Wort
und du möchtest mit ihr mitgehn
zusammen Hand in Hand
35 sie ist deine große Liebe
aber noch kämpft dein Gefühl
mit dem Verstand

Suzanne lacht dich an
auf der Bank, die beim Fluss steht
40 und du hörst ihre Pläne
und du denkst, dass dein Bus geht
über euch kreisen Möwen
das Licht wird langsam blasser
und du spürst, wie es kalt wird
45 und du starrst auf das Wasser
niemand gibt dir die Antwort
auf all deine Fragen
was euch 'drüben erwartet
kann Suzanne auch nicht sagen

50 Und du siehst, dass sie aufsteht
und du möchtest mit ihr mitgehn
zusammen Hand in Hand
sie ist deine große Liebe
aber über dein Gefühl
55 siegt der Verstand

© 1967 by STRANGER MUSIC INC; Rechte für Deutschland,
Österreich, Schweiz: EDITION ACCORD MUSIKVERLAG GMBH & CO

1. Van Veen spielt in den Versen 21–24 ein biblisches Motiv ein (den über das Wasser gehenden Jesus). Was heißt für van Veen, „über das Wasser gehen zu können"?
Diskutieren Sie über die Funktion dieses Motivs für die Kernaussagen des Liedes.

2. Vergleichen Sie diese Deutung des Wunders vom Seewandel Jesu mit Ihren Assoziationen, die Sie bislang mit dem bekannten Wunder verknüpf(t)en.

3. Spekulieren Sie vor einer ausführlichen Beschäftigung mit der Wundergeschichte Mt 14, 22–33 darüber, ob der Seewandel Jesu im Lied „Suzanne" eine zu gewagte und unangemessene Interpretation darstellt.

Textmontage zu einem biblischen Text und einem Lied der Popmusik

Gleich darauf fordert er die Jünger auf, ins Boot zu steigen und an das andere Ufer vorauszufahren. Inzwischen will er die Leute nach Hause schicken. Nachdem er sie weggeschickt hat, steigt er auf einen
5 Berg, um in der Einsamkeit zu beten. Spät am Abend ist er immer noch allein auf dem Berg. Das Boot aber ist schon viele Stadien vom Land ozeanweit entfernt und wird von den Wellen hin und her geworfen; denn die See geht hoch, der Himmel heult, sie haben
10 Gegenwind, Regen peitscht von vorn. In der vierten Nachtwache kommt Jesus zu ihnen, bist zu lange fort; er geht auf dem See, raue Endlosigkeit, die Möwen kreischen stur. Als ihn die Jünger über den See kommen sehen, Wellen wehren dich, erschrecken
15 sie, weil sie meinen, es sei ein Gespenst, und sie schreien vor Angst. Doch Jesus beginnt mit ihnen zu reden und sagt: „Habt Vertrauen, und ist's auch sinnlos, ich bin es, fürchtet euch nicht!" Darauf erwidert ihm Petrus: „Herr, hab' keine Angst vor'm Untergeh'n;
20 wenn du es bist, so befiehl, dass ich auf dem Wasser zu dir komme." Jesus sagt: „Komm!" Da steigt Petrus aus dem Boot und geht über das Wasser auf Jesus zu; Gischt schlägt ins Gesicht. Als er aber sieht, wie heftig der Wind ist – der Wind steht schief, die Luft aus
25 Eis – bekommt er Angst: „Die Gewalten gegen mich!"; und beginnt unterzugehen. Er schreit: „Herr, rette mich durch den Sturm! Fass mich ganz fest an, dass ich mich halten kann, bring mich zu Ende! Lass mich nicht wieder los!" Jesus streckt sofort die Hand aus,
30 ergreift ihn und sagt: „Soll's nicht sein, du Kleingläubiger? Ich geb dich nie verlor'n. Warum hast du gezweifelt?" „Geleite mich heim! Steig zu mir an Bord!" Und als sie ins Boot gestiegen sind, legt sich der Wind. Die Jünger im Boot aber fallen vor Jesus nieder
35 und sagen: „Wahrhaftig, du hältst mich auf Kurs. Du, übernimm die Wacht! Bist Gottes Sohn – bring mich durch die Nacht."

Montiert von V. Garske nach: Einheitsübersetzung der Heiligen Schrift © 1980 Katholische Bibelanstalt, Stuttgart – sowie: Land unter. Text und Musik: Herbert Grönemeyer © Grönland Musikverlag

1. Der Text ist eine Montage zweier fiktionaler Texte, bestehend aus einer vollständigen Wundergeschichte aus dem Neuen Testament und Teilen eines Popsongs. Der Bibeltext wurde in seiner Abfolge nicht verändert, aber Passagen aus dem Popsong wurden in ihn hineinmontiert. Klammern Sie die Elemente des Popsongs im Text ein, sodass am Ende das biblische Original übrig bleibt. Unterstreichen Sie die Passagen des Popsongs in Klammern mit Rot und den biblischen Text mit Grün.

2. Stellen Sie Ihre Ergebnisse im Kurs vor und berichten Sie darüber, ob und an welchen Stellen Ihnen die Entflechtung der Geschichten Probleme bereitet hat.

3. Spekulieren Sie darüber, welchen Sinn Sie in einer derartigen Textmontage erkennen, wenn Sie abschließend die beiden Originale miteinander vergleichen.

Reinhard Mey: Ich bring dich durch die Nacht (Fragment)

Die Schatten werden länger,
Der graue, grame Grillenfänger
Streicht um das Haus.
Der Tag ist aus.
5 Die Ängste kommen näher,
Sie stell'n sich größer, krall'n sich zäher
In der Seele fest,
In deinem Traumgeäst.
Manchmal ist es bis zum anderen Ufer der Nacht
10 Wie ein lichtloser Tunnel, ein nicht enden wollender Schacht.

Ich bring dich durch die Nacht,
Ich bring dich durch die raue See
Ich bring dich durch die Nacht,
Ich bringe dich von Luv nach Lee.
15 Ich bin dein Lotse, ich bin dein Mann,
Bin deine Schwester, lehn dich an,
Ich bin der Freund, der mit dir wacht,
Ich bring dich durch die Nacht.

Alles erscheint dir schwerer,
20 Bedrohlicher und hoffnungsleerer.
Mit der Dunkelheit
Kommen aus dunkler Zeit
Ferne Erinnerungen,
Die Nacht wispert mit tausend Zungen:

25 „_____
_____!"
Mit deiner stummen Verzweiflung und dem Knistern im Parkett
Und als einzigem Trost das warme Licht des Radios an deinem Bett.

Ich bring dich durch die Nacht,
30 Ich bring dich durch die raue See
Ich bring dich durch die Nacht,
Ich bringe dich von Luv nach Lee.
Ich bin dein Lotse, ich bin dein Mann,
Bin deine Schwester, lehn dich an,
35 Ich bin der Freund, der mit dir wacht,
Ich bring dich durch die Nacht.

Lass los, versuch zu schlafen.
Ich bring dich sicher in den Hafen.
Dir kann nichts gescheh'n,
40 Wolfsmann und böse Feen
Sind nur ein Blätterreigen
Vorm Fenster, der Wind in den Zweigen
Im Kastanienbaum,
Ein böser Traum,
45 Der's nicht wagt wiederzukommen, bis der neue Tag beginnt.
Lass los, ich halt dich fest, ich kenn den Weg aus dem Labyrinth.

Ich bring dich durch die Nacht,
Ich bring dich durch die raue See
Ich bring dich durch die Nacht,
50 Ich bringe dich von Luv nach Lee.
Ich bin dein Lotse, ich bin dein Mann,
Bin deine Schwester, lehn dich an,
Ich bin der Freund, der mit dir wacht,
Ich bring dich durch die Nacht.

Nach: Taschenbuch „Alle Lieder", Maikäfer Musik Verlagsgesellschaft mbH, Berlin

1. Die Verse 25 und 26 wurden absichtlich gelöscht. Füllen Sie die Textlücke, indem Sie ausführen, was die „tausend Zungen der Nacht" dem Menschen zuwispern. Sie können wählen, ob Sie die Platzvorgabe und das Reimschema beachten oder ob Sie eine längere Rede der Nacht ohne Verse und Reim bevorzugen.

2. Spielen Sie die nächtliche Szene nun nach: Jemand übernimmt die Rolle des Geängstigten, der mit geschlossenen Augen dasitzt und von den zahlreichen Darstellern der „tausend wispernden Zungen" langsam eingekreist wird. Die „Zungen" umkreisen den Geängstigten eine gewisse Zeit lang und wiederholen dabei permanent ihren Text.

3. Werten Sie im Plenum nun das Spiel aus. Was haben Sie während des Spiels gefühlt bzw. gedacht?

4. Setzen Sie das Spiel fort: Der Kreis der wispernden Stimmen wird durchbrochen vom Darsteller des lyrischen Ich. Wie wird es sich verhalten, um den Geängstigten „durch die Nacht zu bringen"? Achten Sie auf Gestik, Mimik, Worte.

5. Vergleichen Sie Ihre Produktionen mit dem Original. Wie interpretieren Sie die Bilder aus dem Bereich der Seefahrt im Zusammenhang mit der Szenerie, die Sie nachgestellt haben?

PUR: Funkelperlenaugen

Im Hürdenlauf über tausend Wenn und Aber
und statt geradeaus auf ein unbekanntes Ziel,
ich steh mir wieder mal selbst genau im Weg.
Wo ist die Ruhebank in diesem grenzenlosen Spiel?
5 Ich denk zu viel an übermorgen, denk zu viel an mich,
hab mir den Blick verstellt auf jetzt und hier und dich.

Und was machst du?
Du blitzt mich an mit deinen Funkelperlenaugen,
das tut so gut, da ist so viel für mich drin,
10 das hilft viel besser als jedes Reden, jedes Denken,
nur noch fühlen, nur noch spüren macht jetzt Sinn.

Die Wellen schlagen fast schon über uns zusammen,
doch mit dir im Boot ertrag ich jede raue See.
Der Wind schlägt wieder mal peitschend ins Gesicht,
15 mit dir im Rücken tut's nur halb so weh.
Lass mich nicht allein mit mir,
lass mich ganz bei dir,
will doch noch so viel spüren,
dich und jetzt und hier.

20 Und was machst du?
Du blitzt mich an mit deinen Funkelperlenaugen,
das tut so gut, da ist so viel für mich drin,
das ist wie Balsam, wie ein echtes kleines Wunder,
das heilt viel besser als jede Medizin.
25 Halt mich fest und drück mich so fest wie du kannst.

Musik & Text: Hartmut Engler, Ingo Reidl
© Ed. Blue Box Publ. Promotion/Arabella Musikverlag GmbH
(Universal Music Publishing Group), Berlin

1. Sie arbeiten für einen Musikverlag und werden aufgefordert, für die Gruppe PUR ein CD-Cover zu entwerfen. Das Cover soll die Bilder des Liedes „Funkelperlenaugen" aufgreifen und collagenartig zu einem Gesamtthema verknüpfen. Der Entwurf erfolgt zunächst auf einem DIN-A3-Plakat. Die künstlerische Technik bleibt Ihnen überlassen (möglich ist Partner- oder Gruppenarbeit).

2. Stellen Sie Ihre Cover vor und begründen Sie Ihre Entwürfe.

3. Diskutieren Sie darüber, welche Funktion die Raumbeschreibungen für die psychische Verfassung des lyrischen Ich haben und worin genau dessen wunderbare Erfahrung liegt.

Herbert Grönemeyer: Land unter

Der Wind steht schief
die Luft aus Eis
die Möwen kreischen stur
Elemente duellieren sich
5 Du hältst mich auf Kurs
hab' keine Angst vor'm Untergeh'n
Gischt schlägt ins Gesicht
ich kämpf mich durch zum Horizont
denn dort treff ich Dich

10 Geleite mich heim
raue Endlosigkeit
bist zu lange fort
mach die Feuer an
damit ich Dich finden kann
15 steig zu mir an Bord
übernimm die Wacht
bring mich durch die Nacht
rette mich durch den Sturm
fass mich ganz fest an
20 dass ich mich halten kann
bring mich zu Ende
lass mich nicht wieder los

Der Himmel heult
die See geht hoch
25 Wellen wehren Dich
stürzen mich von Tal zu Tal
die Gewalten gegen mich
bist so ozeanweit entfernt
Regen peitscht von vorn
30 und ist's auch sinnlos
soll's nicht sein
ich geb Dich nie verlor'n

Geleite mich heim
raue Endlosigkeit
35 bist zu lange fort
mach die Feuer an
damit ich Dich finden kann
steig zu mir an Bord
übernimm die Wacht
40 bring mich durch die Nacht
rette mich durch den Sturm
fass mich ganz fest an
damit ich mich halten kann
bring mich zu Ende
45 lass mich nicht mehr los

Geleite mich heim
raue Endlosigkeit
bist zu lange fort
mach die Feuer an
50 damit ich Dich finden kann
steig zu mir an Bord
übernimm die Wacht
bring mich durch die Nacht
rette mich durch den Sturm
55 fass mich ganz fest an
dass ich mich halten kann
bring mich zu Ende
lass mich nicht wieder los
bring mich zu Ende
60 lass mich nicht mehr los

Text und Musik: Herbet Grönemeyer
© Grönland Musikverlag

Reinhard Mey: Ich bring dich durch die Nacht (Original)

Die Schatten werden länger,
Der graue, grame Grillenfänger
Streicht um das Haus.
Der Tag ist aus.
5 Die Ängste kommen näher,
Sie stell'n sich größer, krall'n sich zäher
In der Seele fest,
In deinem Traumgeäst.
Manchmal ist es bis zum anderen Ufer der Nacht
10 Wie ein lichtloser Tunnel, ein nicht enden wollender Schacht.

Ich bring dich durch die Nacht,
Ich bring dich durch die raue See
Ich bring dich durch die Nacht,
Ich bringe dich von Luv nach Lee.
15 Ich bin dein Lotse, ich bin dein Mann,
Bin deine Schwester, lehn dich an,
Ich bin der Freund, der mit dir wacht,
Ich bring dich durch die Nacht.

Alles erscheint dir schwerer,
20 Bedrohlicher und hoffnungsleerer.
Mit der Dunkelheit
Kommen aus dunkler Zeit
Ferne Erinnerungen,
Die Nacht wispert mit tausend Zungen:
25 „Sie sind alle aus,
Du bist allein zuhaus!"
Mit deiner stummen Verzweiflung und dem Knistern im Parkett
Und als einzigem Trost das warme Licht des Radios an deinem Bett.

Ich bring dich durch die Nacht,
30 Ich bring dich durch die raue See
Ich bring dich durch die Nacht,
Ich bringe dich von Luv nach Lee.
Ich bin dein Lotse, ich bin dein Mann,
Bin deine Schwester, lehn dich an,
35 Ich bin der Freund, der mit dir wacht,
Ich bring dich durch die Nacht.

Lass los, versuch zu schlafen.
Ich bring dich sicher in den Hafen.
Dir kann nichts gescheh'n,
40 Wolfsmann und böse Feen
Sind nur ein Blätterreigen
Vorm Fenster, der Wind in den Zweigen
Im Kastanienbaum,
Ein böser Traum,
45 Der's nicht wagt wiederzukommen, bis der neue Tag beginnt.
Lass los, ich halt dich fest, ich kenn den Weg aus dem Labyrinth.

Ich bring dich durch die Nacht,
Ich bring dich durch die raue See
Ich bring dich durch die Nacht,
50 Ich bringe dich von Luv nach Lee.
Ich bin dein Lotse, ich bin dein Mann,
Bin deine Schwester, lehn dich an,
Ich bin der Freund, der mit dir wacht,
Ich bring dich durch die Nacht.

Aus: Taschenbuch „Alle Lieder", Maikäfer Musik Verlagsgesellschaft mbH, Berlin

Herbert Grönemeyer: Angst

angst vor der geschichte
angst vor sich selbst
sich in sich zurückzuziehen
aus angst vor der welt

5 angst auszubrechen
sich zu blamieren
sich auf's eis zu wagen
angst zu erfrieren

angst zu verblöden
10 vor der endgültigkeit
sich an alles zu gewöhnen
aus angst vor der zeit
angst zu verblöden
bereits mundtot zu sein
15 angst stellt ruhig
angst kriegt klein

angst braucht waffen
aus angst vor dem feind
obwohl keiner so recht weiß
20 wer ist damit gemeint

angst überholt zu werden
aus angst vor konkurrenz
angst vor der dummheit
vor ihrer intelligenz

25 angst als methode angewandt
das einschüchtern ist geplant
angst stellt ruhig
angst kriegt klein

angst vor einander
30 angst 'rauszugehen
wir sind uns alle verdächtig
angst in die augen zu sehen

angst vor gefühlen
angst vor zärtlichkeit
35 angst aus erfahrung
zuviel vertraulichkeit

angst zu verblöden
vor der endgültigkeit
sich an alles zu gewöhnen
40 aus angst vor der zeit
angst zu verblöden
bereits mundtot zu sein
angst stellt ruhig
angst kriegt klein

45 angst ferngelenkt zu werden
angst vor dem aus
angst es allen recht zu machen
angst frisst auf

angst sich zu wehren
50 angst alleine zu sein
angst vor der angst
wir schlafen ein
angst vor der angst
wir schlafen ein

Text und Musik: Herbert Grönemeyer
© Grönland Musikverlag/EMI Kick Musikverlag

Baustein 3

Texterschließung: Die Raumsymbolik in Mt 14, 22–33

Wiedergabe der Seewandelerzählung in einer Bildgeschichte

Sind die Schüler durch das eine oder andere Lied sensibel für bildhaftes Sprechen geworden, erfolgt nun der Zugang zur biblischen Bilderwelt in Mt 14, 22–33. Die anstehenden methodischen Übungen sind auf die Ergebnisse der Sachanalyse abgestimmt und versuchen, deren Pointen in einem den Schülern angemessenen Maß einzuholen. Die Übungen sind (auch losgelöst von der Popmusik) grundsätzlich bereits am Ende der Unterstufe, dann aber auch – bei leichter Variation und höherer Abstraktion – in der Mittel- und Oberstufe einzusetzen.

→ Kapitel 2

Methodischer Kommentar

Die Methode, einen biblischen Text in einer Bildgeschichte wiederzugeben (vgl. Wendel Niehl, Franz u. Arthur Thömmes, 212 Methoden für den Religionsunterricht, München 1998, 128), bietet eine spielerische und kreative Form, einen Text zu gliedern und zu interpretieren. Dabei sind mehrere Wege denkbar, die einander durchaus ergänzen:

a) Die Schüler werden in der Hinführung gefragt, welche Bilder man zu einer Erzählung malen kann. Die Beantwortung der Frage führt indirekt zur Gliederung des Textes.
b) Es folgt eine Vereinbarung darüber, auf welche Art die Bilder in der Erarbeitungsphase gemalt werden sollen.
c) Denkbar ist dabei, dass in der Auswertung und Präsentation entweder die einzelnen Bilder zu einem Bilderfries zusammengestellt werden oder eine zuvor abgesprochene Bildfolge als Bildgeschichte entsteht.

Der folgende alternative Vorschlag geht über den für die SI konzipierten Ansatz von Niehl und Thömmes in diesen Punkten hinaus:

a) Der Lehrer verzichtet in der **Hinführung** auf den biblischen Text und präsentiert eine Bildfolge zu Mt 14, 22–33 (**Zusatzmaterialien 5–11**, siehe Anlage), die leicht auf einer Plakatwand zusammengestellt werden kann. Einige Schüler werden die Bildfolge sicher mit der Perikope vom Seewandel Jesu identifizieren, wie ihnen in dieser **Spontanphase** jede Art von persönlichem, nicht näher zu diskutierendem Kommentar gestattet sein sollte. Bezüge zu den Liedern der Popmusik können, müssen aber an dieser Stelle noch nicht hergestellt werden.
b) Wenn möglich, wählt der Lehrer einen aus den spontanen Schülerreaktionen abgeleiteten Impuls und fordert die Klasse beim Übergang zur **Erarbeitungsphase** auf, den Bildern einzelne Redewendungen der deutschen Sprache zuzuordnen (sie sind groß auf DIN-A4-Zettel zu schreiben). Diese können von den Schülern begründet unter das entsprechende Bild geheftet werden. Die Redewendungen gibt der Lehrer in der SI vor, in der SII können im Anschluss an ein Beispiel die Schüler selbst nach treffenden Sprichwörtern oder bildhafter Rede suchen. Ziel ist es, die aus der biblischen Perikope im Rahmen der Sachanalyse eruierte Bildsprache, die den Schülern nun als künstlerische Transformation vor Augen liegt, „rückzuübersetzen" in das gesprochene Wort. Die Zuordnung muss

begründet erfolgen, was eine intensivere, langsamere Wahrnehmung voraussetzt und zudem für fruchtbare Diskussionen sorgt, da einige Redewendungen sich für mehrere Szenen anbieten, dann aber einen je etwas anderen Schwerpunkt ausmachen. Auch kann jetzt vergleichend die Bilderwelt der Popmusik mit ins Gespräch gebracht werden (so etwa das Cover zu PUR: „Funkelperlenaugen"). Für die sieben Szenen eignen sich aufgrund der ausgiebigen Textanalyse mindestens folgende Redensarten, von denen je nach Leistungsstand der Schüler von Stufe zu Stufe auszuwählen ist:

Szene 1: Jesus auf dem Berg (VV 22–33; vgl. **Zusatzmaterial 5**, siehe Anlage):

zu Jesus:
- jemandem den Rücken zukehren
- oben auf sein
- auf der sicheren Seite sein (auch bei Szene 7 (**Zusatzmaterial 11**) möglich)
- das ist die Ruhe vor dem Sturm
- in der Ruhe liegt die Kraft
- festen Boden unter den Füßen haben (auch bei Szene 3 (**Zusatzmaterial 7**) möglich)
- felsenfest von etwas überzeugt sein

zu den Jüngern (und Jesus):
- ganz unten sein (auch bei Szene 5 (**Zusatzmaterial 9**) möglich)
- getrennte Wege gehen
- sich aus den Augen verlieren

Szene 2: Die Jünger im Boot (V 24; vgl. **Zusatzmaterial 6**, siehe Anlage)

- Gegenwind haben (auch Szene 5 (**Zusatzmaterial 9**) möglich)
- der Wind bläst mir ins Gesicht (auch Szene 5 (**Zusatzmaterial 9**) möglich)
- stürmische Zeiten erleben (auch Szene 5 (**Zusatzmaterial 9**) möglich)
- dort weht ein eisiger Wind (auch Szene 5 (**Zusatzmaterial 9**) möglich)
- schwarzsehen
- keine Perspektive mehr haben
- kein Land mehr sehen
- keinen Durchblick mehr haben
- keinen blassen Schimmer von etwas haben
- da braut sich was zusammen
- sich so gerade noch über Wasser halten (auch bei Szene 5 (**Zusatzmaterial 9**) möglich)
- wie eine Nussschale auf dem Meer hin und her geworfen werden
- vom Kurs abkommen
- im Dunkeln tappen
- die Sache ist aussichtslos
- nicht wissen, wo oben und unten ist

Szene 3: Jesus geht auf dem See zu den Jüngern (VV 25–27; vgl. **Zusatzmaterial 7**, siehe Anlage)

zu Jesus:
- auf jemanden zugehen (auch Szene 4 (**Zusatzmaterial 8**) möglich)
- sich traumwandlerisch sicher bewegen (auch Szene 4 (**Zusatzmaterial 8**) möglich)
- über den Dingen stehen (auch Szene 4 (**Zusatzmaterial 8**) möglich)

zu den Jüngern:
- einen Silberstreif am Horizont sehen
- wenn du denkst, es geht nicht mehr, kommt von irgendwo ein Lichtlein her
- da kommt Licht ins Dunkel

Szene 4: Petrus geht auf Jesus zu (VV 28–29; vgl. **Zusatzmaterial 8**, siehe Anlage)

- den 1. Schritt wagen
- sich aufs Eis wagen
- volles Risiko gehen
- Kopf und Kragen riskieren
- von einer Welle der Begeisterung getragen werden
- alles hinter sich lassen
- ein Aussteiger sein
- auf der gleichen Wellenlänge mit jemandem liegen
 (auch wenn die Wendung aus dem Funkverkehr stammt, wo Sender und Empfänger auf derselben Wellenlänge funken müssen, ist sie hier geeignet, weil sie die gleiche Art umschreibt, (religiös) zu denken und zu fühlen; das Bild lässt folglich Jesus und Petrus auf „gleicher Wellenlänge", auf gleicher Höhe auftreten, weil es Petrus für Momente gelingt, den Glauben Jesu für sich anzunehmen)

Szene 5: Petrus geht unter (V 30; vgl. **Zusatzmaterial 9**, siehe Anlage)

- den Boden unter den Füßen verlieren
- an Boden verlieren
- sich auf schwankenden Boden begeben
- jemandem wankt der Boden unter den Füßen
- haltlos sein
- das Wasser steht einem bis zum Hals
- in den Sorgen ertrinken
- in der Leistung absacken
- zugrunde gehen
- nicht Fuß fassen können
- nasse Füße bekommen
- Hochmut kommt vor dem Fall
- auf wackligen Beinen stehen
- kein Stehvermögen besitzen
- jemand ist tief gesunken
- das ist mein Untergang
- einer Sache wird der Boden entzogen

Szene 6: Jesus rettet Petrus (V 31; vgl. **Zusatzmaterial 10**, siehe Anlage)

zu Jesus:
- mit anpacken
- Hand anlegen
- jemanden an die Hand nehmen
- jemanden aus dem Dreck ziehen
- jemandem Halt geben
- etwas/jemanden nicht abhanden kommen lassen
- Rettung in letzter Sekunde!
- sich zu jemandem herablassen

zu Petrus:
- nach dem rettenden Strohhalm greifen
- ganz ergriffen sein

Texterschließung: Die Raumsymbolik in Mt 14, 22–33

Szene 7: Jesus und die Jünger im Boot (V 32–33; vgl. **Zusatzmaterial 11**, siehe Anlage)

- in ruhige Fahrwasser geraten
- das ist ja noch einmal glatt gegangen
- die Wogen haben sich geglättet
- das ist ein Unterschied wie Tag und Nacht
- wir sitzen alle in einem Boot
- jemand hat der Sache den Wind aus den Segeln genommen
- wieder ins Lot kommen/im rechten Lot sein
- jemandem geht ein Licht auf (auch Szene 3 (**Zusatzmaterial 7**) möglich, hier jedoch zwingender)
- Auf zu neuen Ufern!

c) Sind die Redewendungen begründet zugeordnet worden, bietet sich folgende **Vertiefung** an: Man konfrontiert Bildfolge und Arbeitsergebnisse mit dem biblischen Text, indem entsprechende Textpassagen mit den Bildern koordiniert werden. So machen sich die Schüler im Unterrichtsgespräch die erstaunliche Verwandtschaft der Bilderwelten bewusst und realisieren zugleich, dass zur Deutung der Wundergeschichte vom Seewandel Jesu ein wörtliches Textverständnis hinderlich ist. Ein kurzer Lehrervortrag zu tieferen exegetischen Hintergründen der Szenen könnte mit der provozierenden Frage eröffnet werden (falls die Schüler diese nicht – wie erfahrungsgemäß häufig – von sich aus stellen), warum die Bildfolge den Sonnenaufgang berücksichtigt, wo doch im Text von diesem explizit gar nicht die Rede ist (vgl. die Interpretationen zum Motiv der „4. Nachtwache").

→ Kapitel 2.5

d) In der SII kann der Lehrervortrag ergänzt oder ersetzt werden durch die Bearbeitung einer **Hausaufgabe** (mit **Transferanteil**), in der die zentralen exegetischen Gedanken zur religiösen Symbolik der Seewandelperikope komprimiert erläutert (**Arbeitsblatt 7**, S. 98f.) und diese exegetischen Arbeitsergebnisse mit den Analysen zu den Liedern aus den Bausteinen 1 und 2 verglichen werden. Religionswissenschaftliche Überlegungen (**Arbeitsblatt 8**, S. 100f.) runden den Baustein ab.

→ Baustein 1
→ Baustein 2

In der SI koppelt der Lehrer an die kürzere exegetische Vertiefung ebenfalls eine Rückbindung an diese Lieder (**Transferübung**). Zu einem Foto (**Arbeitsblatt 9**, S. 102), das eine nachdenkliche, von ihren Mitschülern isolierte Jugendliche auf einem Schulhof zeigt, soll als **Hausaufgabe** analog zur biblischen eine aktuelle Wundergeschichte erdichtet werden (ohne einen Seewandel im wörtlichen Sinne, versteht sich), und zwar mit der Auflage, einige der zur Bildfolge besprochenen Redewendungen geschickt in die eigene Geschichte vom Mädchen auf dem Pausenhof zu montieren. Erfahrungsgemäß konzentrieren sich die meisten Lösungen im Kern auf die helfende Geste der „Handreichung" (Jesu), wohingegen der Aspekt des bedingungslosen Gottvertrauens in die eigenen Wege mehr oder weniger versteckt thematisiert wird. Gute Beiträge werden auch Motive und Figuren verwenden, die Glauben und Gottvertrauen erkennbar als religiösen Hintergrund der Lebenskonzeption aufscheinen lassen. Wie immer die Geschichte über die Schülerin im Einzelnen konzipiert wird: Die große Aktualität zentraler Motive der Wundergeschichte vom Seewandel Jesu soll unterstrichen werden (z. B. Krisensituation – Mut zur Lösung des Konflikts durch rettendes Eingreifen – durchaus unter Bezug auf ethische und spirituelle Akzente von Glauben/Religion – Möglichkeit, eigenes Scheitern und Glaubenskrisen nicht zu verurteilen, sondern als Chance einer umfassenden Entwicklung zu betrachten usw.). Der Transfer lässt sich auch der biblischen Textbegegnung vorschalten. Der Vorteil läge dann darin, dass die Schüler ohne Kenntnis von Mt 14, 22–33 und ohne tiefenpsychologischen Kommentar eine moderne Wundergeschichte verfassen und erst durch die abschließende Konfrontation im Nachhinein die hohe Gegenwartsbedeutung des biblischen Originals verstehen.

e) Wie sehr im Anschluss an die Bausteine 2 und 3 unsere akustischen und optischen Wahrnehmungen oszillieren, wird vielleicht am deutlichsten, wenn man die Schüler als **Ergebnissicherung** eine Textverfremdung selbst komponieren lässt oder ihnen vorstellt (**Zusatzmaterial 12**, S. 103). Die Verfremdung setzt hier jedoch die Besprechung aller Songs aus Baustein 2 voraus. Eine solche resümierende Ergebnissicherung, die Verse und Passagen aller Songs in den biblischen Text Mt 14, 22–33 montiert, sagt eventuell mehr als alle abstrakten Auswertungen.

Eugen Drewermann: Tiefenpsychologische Deutung des Seewandels

Die Religion besitzt die Macht, den Menschen über den Abgrund seiner Existenz hinwegzusetzen und ihn mit Vertrauen zu erfüllen gegenüber den äußersten Infragestellungen der Existenz: gegenüber der Kontingenz (Zufälligkeit) und Endlichkeit des Daseins.

Kein Bild der Bibel ist in diesem Sinne sprechender als die Erzählung vom Seewandel Jesu und Petri. Die Erzählung beginnt mit der Absage an die Verehrung der Menge – es ist nicht die Woge von Menschengunst und -begeisterung, die trägt. Wirklich tragend hingegen ist der Raum des Gebetes, wo ein Mensch sich im Vertrauen der Macht aussetzt, die sein Leben erschuf und erhält; sich in ihr zu bergen nach den Worten aus Ps 56: „Auf Gott vertraue ich, ich fürchte mich nicht; was kann denn ein Mensch mir schon tun?" – das ist der einzig feste Grund der menschlichen Existenz. Was Matthäus hingegen im Folgenden nach alten mythischen Traditionen ausgestaltet, ist wie eine Bestätigung dieser Wahrheit im eigenen Leben.

All die Bilder dieser Szene wird man als Symbole nehmen müssen, die zeigen, wie wir selbst uns fühlen. Ist nicht unser Leben oft genug wie eine nicht enden wollende Nacht? Die Zeit dehnt sich bis zum Morgengrauen und will nicht vergehen; wir selber aber mit unserem Leben wissen nicht ein noch aus, der Wind steht uns entgegen, und wir können noch so tapfer an den Riemen sitzen, das Gefühl vergeht nicht, dass wir einfach nicht vorwärts kommen. Es ist aber dieser Stillstand selber aufs Äußerste bedrohlich, denn es gibt nichts, was wirklich trägt – das Leben als Abgrund, als Meer, das sich bis zum Horizont breitet und jederzeit imstande ist, uns spurlos ins Nichts zurückzureißen. Was trennt uns vom Abgrund Meer außer vielleicht einem Zoll Bordwand, mühsam gezimmert und gegenüber jedem wirklichen Ansturm zerbrechlich und labil?

Oft genug, meint diese Erzählung, erkennen wir das, was uns retten könnte, zunächst nur wie ein Nachtgespenst, wie einen Spuk um Mitternacht, wie einen peinigenden, panikartigen Alptraum. In schlaflosen Nächten, verfolgt von unfassbaren Ängsten, dämmern uns die ersten Ahnungen der Gestalt, zu der zu kommen wir berufen sind und die wie schwebend, wie unheimlich in ihren Umrissen, in wörtlichem Sinne auf uns „zukommt", die uns im Augenblick der Angst so fremd erscheint. Kann es nicht sein, dass das, was uns retten könnte, wenn wir ihm begegnen, uns buchstäblich spukhaft erscheint, als absolut absurd? Die Gestalt Jesu ist für die Jünger etwas geradezu Ungeheuerliches, sie bedeutet eine Antwort auf unsere Angst: „Klammert euch nicht noch mehr im Boot fest, sondern im Gegenteil, lasst all das, was ihr sonst für Halt gehalten habt, endgültig fahren. Setzt euch noch viel mehr aus. Übergebt euch ganz und riskiert vorbehaltlos den Wind und die Wellen, ungeschützt."

So setzt auch Petrus seinen Fuß auf das Wasser im Vertrauen auf die Gestalt, die vom anderen Ufer her ihm in den Weg tritt, und er wagt es, über den Abgrund hinwegzuschreiten. Das „Wasser" steht symbolisch für alles, was im Leben nur irgend an Haltlosigkeit, an Bodenlosigkeit, an Abgründigem zu erfahren ist: die Angst vor dem Tod, die Angst vor dem Scheitern, die Angst vor der Sinnlosigkeit, die Angst vor dem Andrängen der Triebmacht des Unbewussten, die Angst vor allem noch Unfertigen, Ungestalteten, Ungestümen.

Kann man das wagen? Wir werden immer wieder Gelegenheiten haben, festzustellen, dass wir die wirklich großen Gefahrenmomente unseres Lebens nicht vermeiden können. Irgendwann hat das Meer unseres Lebens keine Balken, irgendwo gibt es Ausgesetztheit und Gefährdung, der wir nicht entlaufen können. Wir brauchen nur einen Moment lang wie Petrus von der Person abzusehen, die da sagt, so wie sonst nur Gott spricht: „Ich bin, ich existiere", wir brauchen nur einen Moment lang wie Petrus wegzuschauen und den Andrang der Wogen und das Brausen der Wellen wahrzunehmen, und wir werden im Kessel der Angst immer weiter hinabgezogen.

Und dennoch ist es möglich, mit dem Blick auf Christus diesen Abgrund des Lebens zu wagen und wie traumwandlerisch hinüberzugehen. In dem Moment, wo Christus die Kleingläubigkeit des Petrus beim Namen nennt und ihm zugleich die Hand entgegenstreckt, in gerade dem Moment hört der Wind auf. Denn es gibt nur eine Macht in unserem Herzen, die die Angst überwindet: das Vertrauen und den Glauben, den die Liebe schenkt. In dem Moment finden wir auch zurück ins „Boot", in die eigentliche Existenz, in das Leben während der 16 Stunden am Tag, die wir einigermaßen wach sind und das zu bewältigen glauben, was wir Realität nennen. Das wahre Wunder unseres Lebens ist das einer Begegnung, die trägt, über die Zeit hinweg ins Unendliche; dann trägt das „Wasser", und wir finden heil zurück ins

„Boot" mit Christus, der uns in einem jeden Menschen begegnen kann, den wir so lieben, dass seine Person für uns durchscheinend wird zum Licht vom anderen Ufer. Von daher gilt es, im menschlichen Leben eine absolute Wahl zu treffen zwischen Angst und Vertrauen, zwischen Ufer und Abgrund. Was ist der Glaube anders, als hinwegzuschreiten über die Wasser der Angst und des Todes, unverwandt blickend auf den Herrn?

Aus: Drewermann, Eugen, Tiefenpsychologie und Exegese. Band II: Wunder, Vision, Weissagung, Apokalypse, Geschichte, Gleichnis; ders., Taten der Liebe. Meditationen über die Wunder Jesu; beide © Patmos Verlag GmbH & Co. KG, Düsseldorf

1. Sie haben im vorigen Arbeitsgang der Bilderfolge zu Mt 14, 22–33 Redewendungen der deutschen Sprache zugeordnet. Erläutern Sie, inwiefern auch Drewermanns tiefenpsychologische Auslegung der Perikope auf diese oder ähnliche Bildworte zurückgreift. Unterstreichen Sie dazu diese Redewendungen. Ergänzen Sie seine Argumentation noch durch weitere Redewendungen, die er nicht ausdrücklich erwähnt, die Sie aber zuvor besprochen haben.

2. Nehmen Sie zu Drewermanns Auslegung Stellung.

3. Diskutieren Sie folgende Gegenüberstellung von Zitaten aus dem Drewermann-Kommentar und dem Lied „Der Weg" von H. Grönemeyer:

„Das wahre Wunder unseres Lebens ist das einer Begegnung, die trägt, über die Zeit hinweg ins Unendliche; dann trägt das ‚Wasser', und wir finden heil zurück ins ‚Boot' mit Christus, der uns in einem jeden Menschen begegnen kann, den wir so lieben, dass seine Person für uns durchscheinend wird zum Licht vom anderen Ufer."
Vgl. Z. 95–102

„Wir haben uns geschoben durch alle Gezeiten. Es war ein Stück vom Himmel, dass es dich gibt. Du hast jeden Raum mit Sonne geflutet."
Text und Musik: Herbert Grönemeyer
© Grönland Musikverlag

4. Vergleichen Sie Ihre bisherigen Arbeitsergebnisse zu Mt 14, 22–33 mit weiteren zuvor behandelten Liedern der Popmusik oder der Chansons unter besonderer Berücksichtigung der Landschaftsbilder, vor allem der Bilder aus der Schifffahrt.

Außerchristliche Erzählungen vom Gang über das Wasser

1. *Heutige Künstler nutzen (meist unbewusst) viele Motive, die der Erzählung vom Seewandel Jesu nahe stehen, um die Liebe zu thematisieren. Auch das folgende ägyptische Liebeslied (ca. 1300 v. Chr.) erzählt vom Gang über das Wasser. Es belegt, dass der Gang über das Wasser als Erzählmotiv viele Jahrhunderte vor Jesus existierte.*

„Die Liebe zur ‚Schwester' (Geliebten) geht nach der jenseitigen Seite. Ein Fluss ist zwischen uns. Das Krokodil liegt auf der Sandbank. Ich steige ins Wasser und durchwate die Wellen. Mein Herz ist mutig in der Flut. Das Wasser ist meinen Füßen wie Land. Denn die Liebe zu ihr ist's, was mich fest macht, als hätte sie mir Wasserzauber gesungen."

Aus: W. Berg, Die Rezeption alttestamentlicher Motive im Neuen Testament – dargestellt an den Seewandelerzählungen, Freiburg 1979, 130

a) *Lösen Sie die Metaphorik der einzelnen Motive auf. Wofür stehen die Flut, das Krokodil, das Sich-fest-machen und das Gehen auf dem Wasser im Rahmen der Liebesthematik?*
b) *Vergleichen Sie Ihre Deutungen mit den exegetischen Interpretationen zu Mt 14, 22–33 und entwerfen Sie dazu ein Schaubild.*
c) *Das Judentum kennt den Gedanken, in der partnerschaftlichen Liebe und Sexualität dem Göttlichen zu begegnen. Insofern darf der Seewandel Jesu auch als Vor-Bild für eine vertrauensvolle Begegnung zweier Liebender interpretiert werden – eine für Sie neue Sichtweise?*

2. *Die folgenden Zitate aus dem AT dokumentieren, dass das Judentum offensichtlich am Motiv vom Gang über das Wasser Gefallen gefunden hatte, und es schrieb die Macht, die lebensfeindlichen Kräfte zu beherrschen, seinem Gott Jahwe zu. Mal sah man dabei in den Fluten ein Symbol für den politischen Feind, mal aber auch ein Symbol für persönliche existenzielle Nöte. Matthäus kannte diese Erzählmotive und arbeitete sie in sein Evangelium ein, allerdings nahm er dabei eine wesentliche Veränderung vor. Um welche handelt es sich? Warum könnte sie den jüdischen Zeitgenossen des Matthäus so verärgert haben?*

„Es ging dein [Jahwes] Weg durch das Meer, es gingen deine Pfade durch große Fluten, und nicht war gesehen die Spur deiner Füße." (Ps 77, 20)

„Er [Jahwe] schreitet auf dem Rücken des Meeres einher wie auf festem Boden." (Hi 9, 8)

Beide aus: Einheitsübersetzung der Heiligen Schrift © 1980 Katholische Bibelanstalt, Stuttgart

3. *Die folgenden Buddha-Legenden (5. Jhd. v. Chr.) belegen ebenfalls, dass das Glaubensmotiv vom Gang über das Wasser nicht nur im Christentum und Judentum zu Hause ist.*

„Dies erzählte der Meister, der in Jetavana verweilte, mit Beziehung auf einen gläubigen Laienbruder: Als nämlich dieser gläubige Schüler eines Tages nach dem Jetavana ging, kam er am Abend an das Ufer des Aciravati. Der Fährmann aber hatte seine Schiffe an das Ufer gezogen und war weggegangen, um die Predigt zu hören. Als nun jener an der Furt kein Schiff sah, trat er, von freudigen Gedanken an Buddha getrieben, auf den Fluss. Seine Füße sanken im Wasser nicht ein; er ging wie auf festem Boden. Als er aber in die Mitte gelangt war, sah er die Wellen. Da wurden seine freudigen Gedanken an Buddha schwächer, und seine Füße begannen einzusinken. Doch er erweckte wieder stärkere Gedanken an Buddha und ging weiter auf der Oberfläche des Wassers."

„Einst begab sich der Erhabene hinüber zu einer Insel im Flusse Nairandschana. Gerade als er das Wasser durchschritt, schwoll es aber plötzlich an, sodass es den Kopf eines jeden Menschen überflutet hätte. Der Erhabene befand sich mitten im Wasser; doch auf allen vier Seiten blieben die Fluten vor ihm stehen, und ruhig schritt der Pfadvollender hindurch. Kaschyapa bemerkte den Vorgang von Weitem und dachte: Der große Aszet besitzt derartige Kennzeichen, jetzt aber treibt ihn das Wasser dahin. Und er bestieg mit seinen Schülern ein kleines Boot und fuhr auf den Fluss. Da sah er, dass der Erhabene sich mitten im Strom befand, dass aber dort, wo er wandelte, die Fluten zurücktraten. Er fragte: ‚Großer Aszet, bist du noch am Leben?' Der Erhabene antwortete: ‚Kaschyapa, mein Leben ist nicht bedroht.' Kaschyapa sagte: ‚Großer Aszet, möchtest du nicht in mein Boot steigen?' Da erschien der Erhabene mithilfe seiner übernatürlichen Kräfte plötzlich unbemerkt auf dem Boot. Als Kaschyapa dies wahrnahm, dachte er wiederum: ‚Derartige gewaltige übernatürliche Kräfte besitzt dieser große Aszet! Doch auch ich bin ein Heiliger!'"

Aus: R. Kratz u. R. Pesch, So liest man synoptisch. Anleitung und Kommentar zum Studium der synoptischen Evangelien. Bd. III, Frankfurt 1976, 15 f.

Erheben Sie Gemeinsamkeiten und Unterschiede der Legenden im Vergleich zu Mt 14, 22–33.

Mädchen auf einem Pausenhof

1. Vergleiche die Bilder zu Mt 14, 22–33 mit denen aus den von euch besprochenen Liedern der Popmusik bzw. der Chansons.

2. Erfinde zu dem Foto eine passende Erzählung. Verwende dabei nach Möglichkeit die bei der Bildfolge eingesetzten Redewendungen. Vielleicht gelingt es dir als Erzähler(in), die Redewendungen geschickt in deinen Erzähltext einfließen zu lassen. Impulse für deine Geschichte können sein: Wer ist dieses Mädchen; welche persönliche Geschichte hat sie; welchen Hobbys geht sie nach; welche Freunde hat sie; was erlebt sie in der Familie, in der Schule; wie geht die Geschichte weiter bzw. am Ende aus?

Volker Garske: Textverfremdung zu Mt 14, 22–33

Und gleich darauf fordert er die Jünger auf, ins Boot zu steigen und ans andere Ufer – und sie will ans andere Ufer – vorauszufahren. Was euch drüben erwartet, kann Suzanne auch nicht sagen. Manchmal ist es bis zum anderen Ufer der Nacht wie ein lichtloser Tunnel, ein nicht enden wollender Schacht. Tausend Schiffe ziehn vorbei. Inzwischen will er die Leute nach Hause schicken. Nachdem er sie weggeschickt hat, steigt er auf einen Berg, um in der Einsamkeit zu beten.

Spät am Abend – die Schatten werden länger, das Licht wird langsam blasser, du spürst, wie es kalt wird – ist er immer noch allein auf dem Berg. Der Tag ist aus. Mit der Dunkelheit kommen aus dunkler Zeit ferne Erinnerungen. Das Boot aber ist schon viele Stadien vom Land ozeanweit entfernt und wird von den Wellen hin und her geworfen, die Wellen schlagen fast schon über uns zusammen. Die See geht hoch, Möwen kreischen stur, Elemente duellieren sich, Wellen stürzen mich von Tal zu Tal, die Gewalten gegen mich. Der Wind steht schief, schlägt wieder mal peitschend ins Gesicht, denn sie haben Gegenwind, die Luft aus Eis. Wo ist die Ruhebank in diesem grenzenlosen Spiel?

In der vierten Nachtwache – bist zu lange fort – kommt Jesus zu ihnen, er, frei von Furcht und Angst, geht auf dem See übers Wasser, fällt aus dem Rahmen. Als ihn die Jünger über den See kommen sehen – ist's auch sinnlos, soll's nicht sein –, erschrecken sie, die Ängste kommen näher, sie krall'n sich zäher in der Seele fest, weil sie meinen, es ist zu Ende, es sei ein Gespenst, ein Traumgeäst, Wolfsmann und böse Feen. Und sie schreien vor Angst, Angst voreinander, Angst vor dem Aus. Doch was machst du?

Jesus beginnt mit ihnen zu reden: Habt Vertrauen! Lacht dich an: ich bin es. (Muss verrückt sein.) Fürchtet euch nicht, ich bring dich durch die Nacht. Aber noch kämpft dein Gefühl mit dem Verstand.

Darauf erwidert ihm Petrus: Herr, hab keine Angst vor'm Untergehn, wenn du es bist; dann befiehl, dass ich auf dem Wasser zu dir komme, du hältst mich auf Kurs. Jesus sagt: Komm, lass los! Da steigt Petrus aus dem Boot, sich auf's Eis zu wagen, und geht über das Wasser; und du starrst auf das Wasser, Gischt schlägt ins Gesicht, Regen peitscht von vorn. Der Himmel heult, raue See. Als er aber sieht, wie heftig der Wind ist – hab mir den Blick verstellt auf jetzt und hier und dich –, bekommt er Angst vor sich selbst, Angst aus Erfahrung, zu viel Vertraulichkeit, Angst vor der Angst im Hürdenlauf über tausend Wenn und Aber, rauszugehn, auszubrechen, sich zu blamieren, und beginnt unterzugehen, anstatt Berge zu versetzen. Er – alles erscheint dir schwerer, bedrohlicher und hoffnungsleerer – schreit: Herr, rette mich durch den Sturm, fass mich ganz fest an, damit ich mich halten kann, bring mich zu Ende, lass mich nicht allein mit mir, lass mich nicht mehr los, lass mich ganz bei dir! Halt mich fest und drück mich so fest wie du kannst! Doch was machst du?

Jesus streckt sofort die Hand aus, hält deine Hände, da ist so viel für mich drin, ergreift ihn, das, zusammen Hand in Hand, ist wie Balsam, wie ein echtes kleines Wunder mit dem Übermut der Menschen, deren Kräfte nie erlahmen, und sagt zu ihm: Du, ich halt dich fest, ich geb dich nie verlor'n, Kleingläubiger, über dein Gefühl siegt der Verstand. Warum hast du gezweifelt, dir kann nichts gescheh'n. Ich bringe dich von Luv nach Lee.

Übernimm die Wacht, geleite mich heim, steig zu mir an Bord!
Ich bin dein Lotse, ich bin dein Freund, der mit dir wacht, ich bring dich sicher in den Hafen.

Und als sie ins Boot gestiegen sind, legt sich der Wind, der es nicht wagt wiederzukommen, bis der neue Tag beginnt. Die Jünger im Boot aber fallen vor Jesus nieder und sagen: Das tut so gut, mit dir im Boot ertrag ich jede raue See. Wahrhaftig, das heilt viel besser als jede Medizin. Hat Jesus, Schwester, Mann nicht bewiesen, dass Wunder noch geschehen? Du, Feuer, Weg aus dem Labyrinth, bist Gottes Funkelperlenaugensohn, Horizont.

Montiert und verändert von V. Garske nach: Einheitsübersetzung der Heiligen Schrift © 1980 Katholische Bibelanstalt, Stuttgart – sowie: Suzanne © 1967 by STRANGER MUSIC INC; Rechte für Deutschland, Österreich, Schweiz: EDITION ACCORD MUSIKVERLAG GMBH & CO; Funkelperlenaugen. Musik & Text: Hartmut Engler, Ingo Reidl © Ed. Blue Box Publ. Promotion/Arabella Musikverlag GmbH (Universal Music Publishing Group), Berlin

Baustein 4

Motive aus Mt 14, 22–33 in der Literatur, Werbung, Karikatur und Todesanzeige

Motive aus Mt 14, 22–33 in Benjamin Leberts Roman „Crazy"

Möchte man den Schülern demonstrieren, dass die Parallelen der Topoi bei Matthäus und der Popmusik keine Einzelfälle darstellen, empfiehlt es sich, weitere Betrachtungen fiktionaler Literatur als **Vertiefungen** und **Transfer**leistungen im Rahmen der gesamten Unterrichtsreihe vorzunehmen. Die Kooperation mit dem Deutsch- bzw. Literaturunterricht bietet sich an. Haben wir die Verwandtschaft von Matthäus und der Popmusik damit belegt, dass beide Erzähler nur vordergründig die Handlung am bzw. auf dem Meer spielen lassen, um auf einer tieferen Ebene die psychische Verfassung der Figuren zu beleuchten, so steht nun ein Roman im Mittelpunkt, der ebenfalls die Realisierung der symbolischen Ebene vom Leser erwartet und die Handlung nicht mehr direkt am Meer spielen lässt.

Sachanalyse

In seinem Debütroman „Crazy" (1999) beschreibt der junge Autor Benjamin Lebert die gescheiterte (Schul-)Existenz seiner Hauptfigur Benni, der, Halbseitenspastiker, von seinen zerstrittenen Eltern in ein Internat gesteckt wird, um wenigstens dort einen Schulabschluss zu erhalten. Benni, der am Ende wegen mangelhafter Leistungen erneut die Schule verlassen muss, lernt dennoch viel, so sich vor seinen Mitschülern Respekt zu verschaffen, indem er den mutigen Sprung vom Dreimeterbrett wagt, so wie es ist, zum ersten Mal richtig verliebt zu sein, wie man mit einem Mädchen, das man nicht liebt, (auch zum ersten Mal) Sex hat, usw. Zur Seite steht ihm sein Freund Janosch, uneingeschränkt akzeptierter Anführer seiner Clique, die sich des Öfteren ernsthaft – wörtlich – über Gott und die Welt unterhält:

‚Hast du eigentlich Angst vor dem Tod?', frage ich Janosch.
‚Ein Jugendlicher hat nie Angst vor dem Tod', antwortet er.
‚Wirklich nicht?', frage ich.
‚Wirklich nicht', entgegnet Janosch. ‚Ein Jugendlicher hat erst Angst vor dem Tod, wenn er kein Jugendlicher mehr ist. Vorher muss er einfach leben. Da denkt er nicht an den Tod.'
‚Wie kommt es dann, dass *ich* Angst vor dem Tod habe?', frage ich.
‚Bei dir ist es etwas anderes', erklärt Janosch.
‚So? Und was ist es bei mir?', frage ich.
‚Bei dir ist es das Meer!', sagt Janosch.
‚Das Meer?', frage ich.
‚Das Meer von Angst. Das musst du mal ablegen. Weißt du, in deiner Welt gibt es so viele Dinge, die dich umbringen wollen. Sei es die Trennung deiner Eltern. Das Internat. Andere Typen. Versuch dich nicht selber umzubringen! Das wäre schade, weißt du!'
Janosch zieht an seiner Zigarre. Ich schaue zu ihm auf. Ich bewundere ihn. Ich habe es ihm noch nie gesagt, aber ich bewundere ihn. Janosch ist das Leben. Das Licht. Und die Sonne. Und wenn es einen Gott gibt, dann spricht er durch ihn. Das weiß ich. Und er soll ihn segnen.'

Aus: „Crazy" von Benjamin Lebert. © 1999 by Verlag Kiepenheuer & Witsch, Köln, 147f.

Hier tauchen sie wieder auf, die Motive der alten Mythen: die Angst vor der chaotischen Macht des Meeres, die, symbolisch interpretiert, auch heute noch als Einbruch in die ganz private Welt verstanden wird und natürlich auch immer Teile des sozialen Systems (Elternhaus, Schule) betrifft und umfasst; das Kontrastmotiv der Sonne, erstaunlicherweise von Benni als Symbol seines durch den Mitmenschen sprechenden Gottes begriffen: Gibt es einen prägnanteren Transfer der matthäischen Raumelemente von Meer und Sonne und ihrer christlichen Bedeutung in die Welt der Jugendlichen heute?

→ Kapitel 2.4

→ Kapitel 2.5

Interessant zu beobachten, wie Janosch dem Leser die Abstrahierung der konkreten Gefahr des Meeres vorführt. Janosch wird nämlich zuvor von einer Lektüre zu diesem abstrakten Meeresverständnis angeregt. Benni hatte den Jungen aus Ernest Hemingways Erzählung „Der alte Mann und das Meer" („The Old Man and the Sea", 1952) vorgelesen, und Janosch hatte wie alle anderen gebannt gelauscht. Die Faszination des Buches erhält nachträglich vom zitierten Gespräch eine Begründung. Janosch hat, wie Benni offensichtlich auch, die parabolische Bedeutung der Erzählung vom Kampf des alten Fischers gegen das Meer verstanden. So kommentiert Benni den Lesevorgang, den Janosch mit gleicher Intensität und Begeisterung nachholen wird: „Die Buchstaben und Sätze fliegen mir zu. Es ist ein schönes Buch. Jeder Ausdruck, jede Bemerkung trifft in mein Herz. Schon früh habe ich Tränen in den Augen. [...] Und eines Tages hat er einen richtig großen Fisch an der Angel. Aber bevor er ihn an Land bringen kann, verliert er diesen Fang seines Lebens in einem erschöpfenden Kampf wieder an das Meer und seine Haie. Es ist wirklich ein sagenhaftes Buch. [...] Ich danke meinem Vater, dass er mir dieses Buch gekauft hat. Und ich danke Ernest Hemingway dafür, dass er so eine Geschichte erzählen kann." (142)

Die Leistung Janoschs liegt nun in einem Transfer des Hemingway-Plots auf das Leben seines Freundes. Dabei gelingt es ihm, von der realen Bedrohung des Fischers durch das Meer abzusehen und in wenigen Minuten den Schritt von der einen Lesart mythischer Erzählungen zur anderen zu gehen.

Methodischer Kommentar

Schüler sollten den Roman unter besonderer Berücksichtigung der zitierten Passagen in einem **Kurzreferat** vorstellen. Ein Querverweis auf Hemingways „Der alte Mann und das Meer" kann, muss aber nicht zwangsläufig erfolgen. **Arbeitsblatt 10**, S. 111 soll den Referenten helfen, die Auszüge aus dem Lebert-Roman (und evtl. die Hintergrundinformation zur Hemingway-Erzählung) sinnvoll mit den Erzählelementen aus der biblischen Perikope zu vernetzen, um so einen **Transfer** der exegetischen Erkenntnisse zu erzielen.

Das Motiv des Glaubens in der Werbung

Das Werbeplakat der Firma Reemtsma zu der Zigarettenmarke „Stuyvesant" gehört in eine Reihe von Anzeigen, die in den 90er-Jahren unter dem Motto „Find your world" veröffentlicht wurden und die allesamt mit religiösen Chiffren bestückt waren. Reemtsma erteilte für den Abdruck der Anzeige in diesem Band keine Erlaubnis, da das Unternehmen sich nicht dem Vorwurf aussetzen möchte, im RU bei Jugendlichen Werbung für Zigaretten zu betreiben. Das Motiv ist aber unter http://www.schulstiftung-freiburg.de/de/forum/pdf/pdf_198.pdf [12.8.2008] auf S. 43 als Schwarzweiß-Abbildung, -Ausdruck und als Kopie einsetzbar.

Sachanalyse

„Auch in diesem Bild spielen die Gelb- und die Blautöne wieder eine besondere Rolle. Das Licht kommt von rechts aus einer Ferne, in der kein Horizont mehr ausgemacht werden kann. Dafür spannt sich eine Brücke von dem Felsen rechts bis zum Felsmassiv auf der linken Seite hin. Der Fluss oder der Meerarm, den die Brücke überquert, liegt tief unten, wo ein undeutlich zu erkennendes Schiff die Tiefe noch einmal unterstreicht, ebenso wie die den steilen Felsen hinaufbrandende Gischt. Im Vordergrund, aus dem linken Bildrand kommend und gleich wieder in den unteren Bildrand verschwindend, ist eine Mauer mit lockeren Steinen zu sehen, deren Krone durch das Licht in verschiedenen goldgelben und goldroten Tönen aus dem Bild hervortritt. Von dieser Mauer ist gerade eine junge Frau im *bungee jumping* gesprungen. Ihre Gestalt hebt sich vor dem dunklen Felsmassiv hell, in blauer Farbe ab. Die Kamera ist wieder in ihrem Rücken positioniert und wieder wird ein Teil des Gesichts und der im Nacken zusammengebundenen Haare durch das Licht aus der Ferne erfasst. Am Unterkörper erkennt der Betrachter eine Haltesicherung, die die beiden Hosenbeine und offensichtlich auch die Körpermitte umfasst. Jetzt, am Beginn des Sprungs, hängt das Seil noch durch. Es ist an der Brücke festgemacht. Den letzten Teil des Seiles errät man mehr, als man ihn sieht. Das Wort „glaube" ist wieder wie eine Erscheinung in die Luft geschrieben, diesmal so, dass es zwischen der jungen Frau und der Brücke steht. Das Seil durchquert den Buchstaben ‚b'. Die Frau schwebt in der Luft, aber ihre Haltung wirkt weder aufgeregt noch ängstlich, ja geradezu gelassen. Die Botschaft des Bildes lautet: Es gibt ein Vertrauen in die Technik des Bungee-Springens, die den Nervenkitzel nicht aufhebt, sonst würde niemand dies tun, die aber den ‚Sprung ins Ungewisse' zu einem ‚Erlebnis' macht, dem sich eine junge hübsche Frau durchaus anvertrauen kann. Dies ist unser Leben. Dieser Kick gehört dazu. Daran glaube ich. ‚Glaube' – ein Erlebniswert, ein ‚Event'."

Aus: A. Mertin u. H. Futterlieb, Werbung als Thema des RU, Göttingen 2001, 169

Deutlich wird, wie die Werbung folgende mythisch-religiösen Topoi aus Mt 14, 22–33 inszeniert:

→ **Kapitel 2.5** Da ist der zentrale, ins Bild gesetzte Begriff des Glaubens. Die Werbestrategen sind offenbar biblisch-theologisch bestens geschult, denn die hebräische Bedeutung von „glauben" (= sich festmachen) wird exakt ins Bild übertragen. Die junge Frau hat sich am Seil festgemacht, weiß sich gesichert und kann den Absprung wagen. Die Kontextuierung der Botschaft „glaube" (man spricht vom Produkt-Placement) erfolgt nicht ohne Ironie, bedenkt man ihre diversen kommunikativen Funktionen. So kann sie in Analogie zu Jesu Aufforderung an Petrus („Komm") zwar auch als *Imperativ* gedeutet werden. An die Frau gerichtet, lautet die Botschaft aber lediglich so viel wie: Trau dich, spring ab und genieße das Event! Dieser Ratschlag betrifft ebenso den Konsumenten, der sich mit der Frau und ihrem Lebensstil identifizieren soll. Nicht das zu genießende Nikotin ist dabei entscheidend, sondern das mit der Geste des Rauchens verknüpfte Gefühl von Freiheit und Erlebnis. Mit dem Appell zu glauben werden also letztlich Wünsche für eine erfüllte Freizeitgestaltung mobilisiert. Der in Mt 14, 22–33 veranschaulichte *referenzielle Gebrauch* des (hier zwar klein geschriebenen, aber substantivisch zu verstehenden) Begriffs „glaube" belegt bei Mt eine innere Gewissheit von Gott. Die Rolle desjenigen, der das Getragenwerden – ohne sichtbaren Beweis – garantiert, übernimmt in der Werbung die sichtbare Technik (Brücke und Seil). Auf diese Technik ist Verlass, sei gewiss: Sie gibt Halt. Noch einmal anders ist die Werbung zu lesen, wenn man den *phatischen Charakter* des Schriftzuges „glaube" in Rechnung stellt. In der biblischen Wundergeschichte soll das vorbildliche Verhalten Jesu in Mt 14, 22–33 und damit letztlich die mt Konzeption seines Jesusbildes die Leser/Hörer überzeugen. Ihm und seinem Hauptakteur sollen die Gemeindemitglieder glauben. Ähnlich die phatische Funktion der Werbung: Der Mut der Frau und ihr Lebensstil sollen überzeugend wirken, sodass der Werbung und ihrer Botschaft insgesamt guten Gewissens vertraut werden kann. Beiden, der Anzeige und ihrer Hauptfigur, kann man glauben. Eng verflochten mit dieser Kommunikationsfunktion ist schließlich die *emotionale Leistung* von Werbung. Die Selbstinszenierung der jungen, sportlich-dynamischen und erlebnishungrigen Frau nimmt den Konsumenten emotional gefangen, sie formuliert dessen Träume, Wünsche und Hoffnungen bzgl. eines erfüllten Lebens, das es wert ist, gelebt zu werden, mit. Die suggestive Botschaft könnte etwa lauten: „Glaube daran, du wirst ebenso wie die Frau mithilfe unseres Produktes deine Erlebniswelt entdecken, in der du dich einmal so richtig fallen lassen kannst."

Um das Zentrum des Begriffs „glaube" montieren die Werbestrategen kontrastierende Raumelemente. Die Frau springt vom Berg in die Schlucht (in Richtung der sie anstrahlenden Sonne), und sie muss sicher sein, dass sie getragen wird, denn den ungebremsten Aufprall auf das Wasser des Fjords würde sie nicht überleben. War in der biblischen Erzählung noch mit dem Berg die Kontemplation assoziiert, die erst den souveränen Umgang mit den Chaosmächten ermöglicht, so benötigt die Frau um des besonderen Kicks willen die Absprunghöhe. Sie wird aufgrund der Technik vom tödlichen Wasser nicht verschluckt werden, ein wegen des guten Wetters ruhig dahin gleitendes Segelboot wird sie sicher an Bord nehmen. Die Garantie dafür, dass die Frau sich „über Wasser halten" kann und sich vertrauensvoll fallen lassen darf, übernimmt letztlich kein Gott, sondern eine Zigarettenmarke. Die Marke bleibt dabei in Form der Zigarettenschachtel auffällig im Hintergrund (das Bekenntnis zu dem Lebensstil steht im Vordergrund). Beim Bungeejumping braucht man zum Glauben keinen Gott.

→ Kapitel 2.3

Methodischer Kommentar

Das Bild ist gerade aufgrund seiner suggestiven Kraft positiv aufgeladen und propagiert eine einseitige, weil sehr erlebnisorientierte Sicht auf die Welt, einen „Lifestyle". Dies wird sichtbar, wenn im RU herausgearbeitet wird, was dem aus theologisch-biblischer Perspektive fehlt.

In der **Einstiegsphase** werden stichwortartig spontane Assoziationen notiert: Was fällt (mir) auf? Wo bleibt mein Auge haften? Was geht mir durch den Kopf?

Die kreative **Erarbeitung** versucht zunächst, die von der Werbung intendierte Indentifizierung mit der jungen Frau voranzutreiben. Die entsprechende Aufgabenstellung lautet:

> *Versetzen Sie sich in die Bungee-Springerin. Sie sind gerade von dem Mauerrand gesprungen und blicken in die Tiefe auf das Wasser. Was geht Ihnen jetzt durch den Kopf? Verfassen Sie einen inneren Monolog.*

Die **Auswertung** der Monologe lenkt den Blick fast zwangsläufig auf den Glaubensbegriff, der gemäß der Sachanalyse auch für die Springerin und deren Lebensgefühl von zentraler Bedeutung ist. So können die kommunikativen Funktionen der Werbebotschaft ins Auge gefasst und Farb- und Kompositionstechnik des Bildes systematischer erfasst werden.

In der **Vertiefung** soll dann der Vergleich mit den (Glaubens-)Bildern aus Mt 14, 22–33 über folgenden provokativen Impuls, der an die Tafel geschrieben wird, initiiert werden: *Jesus – ein Bungeespringer?* Ähnlich irritierend wirkt eine Verfremdung, die der Lehrer alternativ vornehmen kann. Er schneidet die Zigarettenschachtel und den Schriftzug „Find your world" aus und ersetzt sie durch zuvor präparierte Folienstücke, auf denen der Name „JAHWE" (als Ersatz für die Schachtel von Peter Stuyvesant) und ein Teil der Offenbarungsformel: „Ich bin (es)." (als Ersatz für den Slogan) zu lesen sind. Der Vergleich soll erhellen, was dem Plakat (und damit der beschworenen Lebensphilosophie) trotz der Aufnahme biblischer Topoi an religiöser Verheißung letztlich fehlt.

Motive aus Mt 14, 22–33 in einer Karikatur

Johann Mayr: „Üben, üben, üben, mein Sohn!"

Sachanalyse

Beschreibung des Bildinhalts: Die Karikatur (**Arbeitsblatt 11**, S. 112) arbeitet nur mit wenigen Bildelementen. Im Vordergrund steht oder watet ein Mann etwas steif im Wasser eines Sees, das seine Fußknöchel bedeckt. Das Ufer, eine Dorfsilhouette und ein Segelboot sind im Hintergrund des Bildes so gerade noch auszumachen. Der hilflose Eindruck des jungenhaften Mannes wird durch seinen fragend-plumpen Gesichtsausdruck (leicht geöffneter Mund, angedeuteter Stoppelbart, übergroße Nase) sowie durch seine ungelenk nach vorn gerichteten Arme unterstrichen, so als könne er die nötige Balance nur schwer erreichen. Um dessen Unselbstständigkeit zu untermauern, hat der Karikaturist dem Mann einen aufblasbaren Rettungsring in Form eines Heiligenscheins über den Kopf gezeichnet. Der Mann blickt ratlos gen Himmel (Wolke), aus dem bzw. der eine große Sprechblase mit dem Schriftzug „Üben, üben, üben, mein Sohn!" herausragt. Sprechblase und Mann bilden somit die beiden gleichgewichtigen Akzente der Karikatur, zwischen denen das Auge des Betrachters oszilliert.

Analyse der strukturellen Mittel: Die vom Künstler verwendeten Codes sind für Schüler an dieser Stelle der Unterrichtsreihe leicht entzifferbar. Die Motive des Wandelns über das Wasser, des (verfremdeten) Heiligenscheins und der Sohn-Anrede aus der Wolke lassen keinen Zweifel daran, dass es sich bei dem ungeschickten jungen Mann um Jesus handelt, der mit göttlichem Beistand dilettantisch das Gehen über den See Gennesaret (vgl. das steile Ufer rechts im Bildhintergrund) trainiert. Der Zeichner lässt jedoch den biblischen Kontext (Seenot der Jünger) und damit die theologische und anthropologische Perspektive der Seewandelszene völlig außen vor, sodass diese Reduktion den Akt des Seewandelns überdeutlich ins Bild setzt. Die dabei Jesus unterstellte anfängerhafte Naivität (beachte Emphase und Wiederholung in der Rede Gottes) enttäuscht die Seherwartung und löst einen Denkprozess aus. Zielt die Karikatur auf eine Verhöhnung Jesu und seiner in der Bibel vermeintlich dokumentierten Fähigkeit, Naturgesetze gleichsam spielerisch-gekonnt außer Kraft setzen zu können? Oder entlarvt Mayr nicht vielmehr ein unhinterfragtes wörtliches Verständnis der biblischen Seewandel-Erzählung bei vielen heutigen Christen?

→ Kapitel 1

Methodischer Kommentar

SI SII

Die Karikatur dient hier der **Zusammenfassung** oder **Wiederholung** von Erkenntnissen aus der zurückliegenden Unterrichtsreihe. Da folglich keine neuen inhaltlichen Akzente gesetzt werden, bietet es sich mit Blick auf eine spätere Leistungsüberprüfung mittels einer Karikatur an, deren formale Kriterien zuvor exemplarisch anhand eines bekannten Themas erarbeiten zu lassen (Klassen 10–13).

Zum **Einstieg** legt der Lehrer den Schülern auf einer Folie die überarbeitete Version des Mayr-Originals vor (**Arbeitsblatt 12**, S. 113). Gegenüber dem Original (**Arbeitsblatt 11**, S. 112) wurden die Rede Gottes deutlich verkürzt („Üben, mein Sohn!"), der Rettungsring bzw. Heiligenschein ganz gelöscht und die Füße sichtbar auf die Wasseroberfläche gesetzt, sodass insgesamt die große Lächerlichkeit, mit der Jesus (bzw. Anhänger der wörtlichen Lesart biblischer Erzählungen) ursprünglich bedacht worden ist (sind), deutlich minimiert wurde und folglich die *übertriebene* Zuspitzung als Wesensmerkmal einer Karikatur weniger erkennbar ist. Die Aufgabenstellung wird zunächst abgedeckt. Die Wesensbestimmung einer Karikatur (**Zusatzmaterial 13**, S. 115) kommt ebenso erst später, nämlich in der Erarbeitungsphase zum Tragen. Die Schüler äußern sich spontan zur (reduzierten) Karikatur.

In der **Erarbeitungsphase** sollen die Bildelemente beschrieben, die Deutung mithilfe der nun veröffentlichten Definition (so gut es eben geht) erzielt und abschließend die Fragen gestellt werden: „Wer oder was soll mit dieser Karikatur kritisiert, welches Verhalten soll verändert werden?"

Die **Vertiefungsphase** wird mit dem Impuls eröffnet, ob der Karikaturist seine Intentionen nicht hätte deutlicher machen können bzw. ob die Schüler die Karikatur ästhetisch gelungen finden. Die Diskussion soll Verbesserungsvorschläge provozieren, sodass die Schüler gemäß der jetzt aufgedeckten Aufgabenstellung reagieren. Die auf der Folie korrigierte Karikatur soll der Definition besser entsprechen. Der Vergleich mit dem Original, die Offenlegung des Bluffs aus der Einstiegs- und Erarbeitungsphase soll diesen Lernprozess abschließen.

Motive der Seewandelperikope in einer Todesanzeige

Sachanalyse

Der gewählte Ausschnitt einer Todesanzeige (**Arbeitsblatt 13**, S. 114) besteht im Kern aus einem an ein Zitat erinnernden Spruch, der aus der Sicht des Verstorbenen in Vers- und Ich-Form dargeboten wird: „Ich lasse mich fallen in eine heile Welt,/wo mich die Wellen der Wirklichkeit/nicht mehr so kalt umspülen." In Entsprechung zum Bild von den „Wellen der Wirklichkeit" platzieren die Hinterbliebenen links neben den Ausspruch eine Schwarz-Weiß-Zeichnung, die ein im Wind liegendes Segelboot zeigt. Sein aufgeblähtes Segel wird von einem fetter gedruckten schwarzen Kreuz überlappt. Die „kalten Wellen der Wirklichkeit" und das hart im Wind liegende Boot, in das bereits Wasser einzudringen droht, lassen Raum für Spekulationen: Es können körperliches und/oder psychisches Leid sein, die dieses Leben im Kontrast zur gewiss erwarteten neuen, diesmal „heilen Welt" so unheilvoll bewerten lassen. Die im Diesseits gespürte Kälte ist dabei derart groß gewesen, dass schon ein wenig Milderung im Jenseits einen enormen Gewinn bedeuten wird: Wellen (und Wind) wird es noch geben, sie werden lediglich „nicht mehr so kalt" sein. Insofern könnte die Zeichnung auch ein Emblem für die neue Welt sein.

Das Kreuz erweist sich vor diesem Hintergrund folglich nicht nur als bloße Chiffre zur Parallelisierung der Passion Jesu mit Leiden und Sterben der erinnerten Person. Es steht zugleich als Hoffnungssymbol für ein Leben nach dem Tod, für die Niederlage der „kalten Wellen". Und damit erfasst die Zeichnung eben jene Deutung, mit denen sich die (Ur-)Christen in den Bildern der Erzählung Mt 14, 22–33 (vgl. nur den in den Wellen einsinkenden Petrus) u. a. so gut identifizieren konnten bzw. können. Die atl. Chaosmächte von Wind und Wellen können Tag für Tag „Kälte" beschwören, sie werden aber über den Tod hinaus nicht länger die Oberhand behalten. „Sich fallen lassen", sich fest machen können – das war für die Urchristen einerseits eine Lebensdevise, und die Unterrichtsbausteine versuchen ihr Rechnung zu tragen. Aber sie galt und gilt jedem Gläubigen andererseits auch angesichts des eigenen Todes. Mt 14, 22–33 ist daher nicht zu verharmlosen, der paradoxen Erzählung geht es um alles.

→ Kapitel 2

Methodischer Kommentar

Zum **Einstieg** werden den Schülern (der Klassen 9–13) bei der Präsentation der Todesanzeige nicht zuletzt aufgrund ihrer emotionalen Dimension ausreichend Zeit für eine ruhige Betrachtung und Raum für spontane und persönliche Reaktionen gegeben. Vorgeschlagen wird daher die Methode des meditativen Schreibgesprächs in Kleingruppen. Die Anzeige wird in die Mitte eines Plakates geklebt, zeitgleich wird sie groß und für alle sichtbar über den OHP an die Wand geworfen (**Arbeitsblatt 13**, S. 114; die für die Ergebnissicherung bedeutsame Aufgabenstellung wird abgedeckt); mit nur einem Stift werden ihr Kommentare zugeordnet, die wiederum aufeinander eingehen dürfen. Das stille und langsame Vorgehen verlangt die nötige Achtsamkeit, und die Auslotung einer Schreibreihenfolge zielt auf Kooperation.

Die **Auswertung** kann die Deutung der Anzeige vorantreiben und wird vergleichend Bezug auf Mt 14, 22–33 nehmen.

Als **Ergebnissicherung** dient eine kreative **Transfer**übung (denkbar als **Hausaufgabe**): Die Schüler überlegen sich in der Rolle eines Bestattungsunternehmers weitere für Todesanzeigen geeignete Aphorismen und Embleme, die sich begründet aus Mt 14, 22–33 ableiten lassen. Dazu erhalten sie eine Kopie von **Arbeitsblatt 13**, S. 114.

Impulse für ein Referat zu dem Roman „Crazy" von Benjamin Lebert

1. In den zurückliegenden Unterrichtsstunden haben Sie die Symbolik der biblischen Seewandelerzählung (Mt 14, 22–33) entschlüsselt und beobachten können, dass viele Motive der Erzählung auch in der Popmusik/in den Chansons eine wichtige Rolle spielen. Ihr Referat hat nun zum Ziel, Ihren Mitschülern zu zeigen, dass die in Mt 14, 22–33 anzutreffende Meeressymbolik auch ganz ähnlich in der modernen Literatur vorkommt. Sie hatten gehört, dass der „Gang auf dem Wasser" im übertragenen Sinn soviel bedeutet wie: sich trotz der Anfeindungen durch das Leben, trotz der vielen Ängste und Entfremdungen nicht unterkriegen zu lassen und selbst angesichts des Todes glaubend darauf zu vertrauen, dass wir von einer göttlichen Macht getragen werden, die die Bibel Jahwe nennt.

2. Bemühen Sie sich zunächst um Informationen zur Biografie des Autors Benjamin Lebert. Ergänzen Sie Ihre Vorbereitungen zum Referat mit der Lektüre seines Romans „Crazy" (1999). Richten Sie Ihr Augenmerk dabei besonders auf die Passagen, in denen von Bennis Lebensängsten erzählt wird. Diese beiden Schwerpunkte können auch die ersten Gliederungspunkte Ihres Referates sein.

3. Indem Sie den Inhalt und besonders die Sequenzen über die Lebensängste Bennis vor Augen haben, widmen Sie sich dem folgenden Textauszug, der die Meeressymbolik mit dem Thema der Angst verbindet:

> „‚Hast du eigentlich Angst vor dem Tod?', frage ich Janosch.
> ‚Ein Jugendlicher hat nie Angst vor dem Tod', antwortet er.
> ‚Wirklich nicht?', frage ich.
> ‚Wirklich nicht', entgegnet Janosch. ‚Ein Jugendlicher hat erst Angst vor dem Tod, wenn er kein Jugendlicher mehr ist. Vorher muss er einfach leben. Da denkt er nicht an den Tod.'
> ‚Wie kommt es dann, dass ich Angst vor dem Tod habe?', frage ich.
> ‚Bei dir ist es etwas anderes', erklärt Janosch.
> ‚So? Und was ist es bei mir?', frage ich.
> ‚Bei dir ist es das Meer!', sagt Janosch.
> ‚Das Meer?', frage ich.
> ‚Das Meer von Angst. Das musst du mal ablegen. Weißt du, in deiner Welt gibt es so viele Dinge, die dich umbringen wollen. Sei es die Trennung deiner Eltern. Das Internat. Andere Typen. Versuch dich nicht selber umzubringen! Das wäre schade, weißt du!'
> Janosch zieht an seiner Zigarre. Ich schaue zu ihm auf. Ich bewundere ihn. Ich habe es ihm noch nie gesagt, aber ich bewundere ihn. Janosch ist das Leben. Das Licht. Und die Sonne. Und wenn es einen Gott gibt, dann spricht er durch ihn. Das weiß ich. Und er soll ihn segnen.'"

Aus: „Crazy" von Benjamin Lebert. © 1999 by Kiepenheuer & Witsch, Köln, 147f.

Die Beschäftigung mit dem Auszug sollte den Höhepunkt Ihres Referates darstellen. Daher sollten Ihre Mitschüler diese Passage vorliegen haben und Ihre Argumentation am Text verfolgen können. Impulse zur Bearbeitung der Szene können sein:

– Machen Sie sich die Symbolik bewusst, die Janosch der chaotischen Macht des Meeres zuschreibt;
– es könnte sein, dass Janosch durch die Erzählung „Der alte Mann und das Meer" von Ernest Hemingway zu seinen Überlegungen zur Meeressymbolik angeregt wurde; lesen Sie die entsprechenden Abschnitte nach und machen Sie sich klar, warum Janosch die Symbolik der Hemingway-Erzählung so faszinierend findet;
– bedenken Sie die Rolle, die Elternhaus und Schule im Kontext der Meeres- bzw. Angstthematik spielen;
– reflektieren Sie das Symbol der Sonne: Wie wird es von Benni gedeutet?
– vergleichen Sie die Symbolik des Meeres und der Sonne mit Ihren Arbeitsergebnissen zu der Raumsymbolik in Mt 14, 22–33;
– entwerfen Sie für diesen Vergleich ein aussagekräftiges Tafelbild, das dem Plenum präsentiert wird.

4. Geben Sie abschließend dem Plenum die Gelegenheit zu Rückfragen und Ergänzungen.

Johann Mayr: „Üben, üben, üben, mein Sohn!" (Original)

Johann Mayr: „Üben, mein Sohn!"

- *Verändern Sie die Karikatur so, dass Ihre Übertreibung und der „komische, lächerliche Angriff" noch deutlicher werden.*

Motive aus Mt 14, 22–33 in einer Todesanzeige

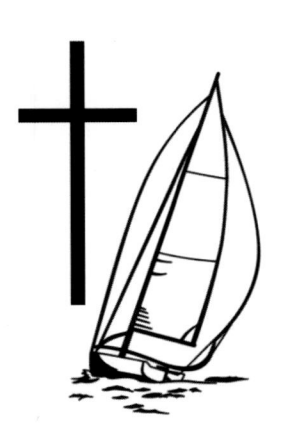

Ich lasse mich fallen in eine heile Welt, wo mich die Wellen der Wirklichkeit nicht mehr so kalt umspülen.

Wir nehmen Abschied von

■ Sie sind ein(e) Bestattungsunternehmer(in), der/die für Todesanzeigen weitere sinnvolle Bilder/Zeichnungen und Sinnsprüche erfinden möchte. Sie sollen sich – wie die vorliegende Anzeige – gut auf die Erzählung Mt 14, 22–33 beziehen lassen. Entwerfen Sie derartige Bilder und/oder erfinden Sie treffende Verse. Begründen Sie Ihre Vorschläge anschließend schriftlich.

Definition „Karikatur"

*In einer Karikatur
wird eine Situation
auf ihre wesentlichen Merkmale reduziert
und diese werden dann **übertrieben**,
sodass ein komischer, lächerlicher Angriff entsteht
(literarisch = Satire, grafisch = Karikatur).*

*Karikatur realisiert sich also immer
in der Form einer komprimierten Zuspitzung,
die **gegen** etwas gerichtet ist,
denn ohne ein **Gegenüber** wäre keine Karikatur denkbar.*

*Sie arbeitet so,
weil* Kritik *an bestimmtem Fehlverhalten geübt werden soll,
weil sie* verandern, verbessern *will.*

Aus: Hansjürgen Schmidt-Rhaesa, Karikaturen und ihr methodischer Einsatz im RU, in: rel. 5 (1991), H. 1–2, 78f.; Schriftbild: V. Garske

Baustein 5
Vorschläge zur Leistungsüberprüfung

Wilhelm Bruners: Abschied (Gedicht)

Sachanalyse

Das Gedicht „Abschied" von Wilhelm Bruners übernimmt zwar wesentliche Motive der Seewandelperikope, verleiht ihnen jedoch durch diverse literarische Techniken auch einen Aktualitätsbezug, sodass eine Identität von Petrus und heutigem Leser erzielt wird. Bruners rekurriert dabei in verständlicher Sprache auf das für die tiefenpsychologische bzw. existenziale Auslegung so wichtige Thema der Angst, sodass eine für Schüler gut nachvollziehbare Auflösung des Motivs vom Gang über das Wasser erfolgt.

→ Kapitel 2.6

Die erste der vier unterschiedlich langen Strophen greift den Moment aus der Perikope heraus, da Petrus von Jesus zum Gang über das Wasser aufgefordert wird. Der an das Ende der Strophe gesetzte Appell „Komm!" wird wörtlich aus Mt 14, 29 übernommen, ohne dass die Situation näher ausgeführt wird. Einem Leser ohne biblische Textkenntnis dürfte daher diese Kontextuierung kaum gelingen. Die Hinführung zu dem Schlusspunkt der Strophe macht schnell klar, dass das lyrische Ich mit dem Appell eine existenzielle Grundentscheidung verbindet.

Die Wiederholung des Negationswortes „nichts" (unbestimmtes Pronomen) klingt im Sinne einer Vergewisserung und Nachhaltigkeit beschwörend-eindringlich: Obwohl noch unklar ist, wie (appellativ oder einfach nur beschreibend) die ersten beiden kurzen Verse zu verstehen sind und wer überhaupt angesprochen wird, so ist doch – gerade auch mit Blick auf den Titel „Abschied" – zu erahnen, dass es sich um eine Aufbruchsituation handelt, in der weder Zeit noch Umstände großes Gepäck oder Reisevorbereitungen ermöglichen.

Kontrastiv setzt das lyrische Ich nun erstaunlicherweise der vehement verteidigten Negation eine Einschränkung entgegen. Das Partikel „nur" gibt Bescheidenheit vor, doch der eine gewisse Spannung erzeugende Doppelpunkt am Ende der 3. Zeile signalisiert, dass das, was jetzt einschränkend gesagt wird, von immenser Bedeutung ist. Wörtlich verstanden, wäre es widersinnig, optische und akustische Zeichen einfangen und mitnehmen zu wollen. Es bleibt offen, ob das lyrische Ich zu sich selbst oder einem heutigen Leser oder in Anspielung auf Mt 14, 22–33 zu Petrus spricht. Für heutige Adressaten gilt: Mitgenommen werden können oder sollen in der Situation des Ortswechsels die hoffnungsvollen Erinnerungen an die (bekannt vorausgesetzte) biblische Erzählung über die vertrauensvolle Begegnung Jesu mit Petrus auf dem See Gennesaret.

→ Kapitel 2.5

Viel ist es im Sinne von Greifbarem, Messbarem wirklich nicht, was das lyrische Ich bzw. der erinnerte biblische Erzähler dem Angesprochenen kurz vor dem Weggang anbietet: das *wenige* Licht der Nacht (beachte den Neologismus „nachtvoll", der an die bekannte Wendung von einer „Handvoll" denken lässt) und eine Stimme (als Pars pro toto für Jesus), die nur *ein* Wort spricht. Im biblischen Kontext könnte mit dem Licht der Nacht die Morgendämmerung (als atl. Zeit- und Raumsymbol für die Offenbarung Jahwes) gemeint sein. Und doch soll mit diesen erinnerten optischen und akustischen Zeichen der Gang über das Wasser, im übertragenen Sinn der „Abschied" gewagt werden.

Strophe 2 ergänzt diesen Appell (Jesu) um zwei weitere Aufforderungen: Der Angesprochene möge nicht auf den Wind achten und stattdessen (einfach nur) gehen. Das Strukturschema aus Strophe 1 (der Negation folgt ein kontrastierender Appell) wird also wiederholt.

Der gleitende Anfang („und") zu Beginn der nächsten Strophe verdeutlicht die Zusammengehörigkeit der Strophen 2 und 3 und kann nicht allein temporal, sondern auch konditional verstanden werden. Nur *wenn* du *nicht* auf den Wind schaust und nur *wenn* du einfach gehst, *dann* kannst du spüren, dass keine Welle nachgibt und du von ihnen getragen wirst. Im Rahmen der existenziellen Situation des Abschiednehmens können die Raumelemente so verstanden werden, dass das Scheiden die Aufgabe von Sicherheiten verlangt. Die Trennung impliziert die Konfrontation mit Widerständen (so die Metapher vom „Wind") und Risiken des Scheiterns (das „Wasser" kann grundsätzlich nachgeben), und sie kann letztlich allein aus einer vertrauensvollen, unbeirrbaren und aktiven Haltung heraus gemeistert werden. Der Ortswechsel ist somit auch verbunden mit einem „Abschied" von Mutlosigkeit, Resignation und Stagnation.

→ Kapitel 2.2

Diese Blockaden für einen Neuanfang werden mit Strophe 4 gebündelt in dem Begriff der Angst. Die Personifikation der Angst ermöglicht es, sie sich wie ein Gegenüber vorzustellen, das keine Mitreisegenehmigung erhält. Sie bleibt „schweißgefleckt" zurück. Der Neologismus verweist auf das schweißgebadete Aufwachen aus Alpträumen, der Exodus kennt keine Panikattacken. Die Figura etymologica („Angst ängstigt sich") veranschaulicht auf absurde Weise, aber im Sinne der obigen Personifikation die Isolation der Angst. Sie hat keinen Angriffspunkt mehr, ihr bleibt nur die Beschäftigung mit sich selbst. Die finale Stellung des Adverbs „allein" (nur ihm gebührt der Raum des Schlussverses) bestätigt formal die endgültige Abkehr des Menschen von seiner Angst. Eine Vernetzung des Gedichtes mit dem Seewandel des Petrus würde nicht ausreichen. Seine Angst blieb nicht allein zurück (so noch denkbar gemäß Mt 14, 29), sie ging vielmehr mit ihm (Mt 14, 30).

Es ist also problematisch, das Gedicht vordergründig als Paraphrase der biblischen Begegnung Jesu mit Petrus zu lesen. In diesem Fall spricht das lyrische Ich Petrus kurz vor seinem Ausstieg aus dem Boot an. Es greift seine offensichtliche Angst beim Anblick der Wellen und des Sturmes auf, von der es sich im Vertrauen auf Jesus und seinen Gott zu verabschieden gilt. Da Petrus sich aber von der Angst – anders als der im Gedicht Angesprochene – nicht endgültig trennen konnte und er hier nicht direkt genannt wird, können sich alle Appelle auch an den Leser des Gedichtes richten. Damit aber öffnen sich die existenziell bedeutsamen Bilder des „Abschieds" von der Angst für unsere Erfahrungen. „Abschied" meint hier also zum einen das grundsätzliche Ende von Angst, Mutlosigkeit und Ermattung angesichts der biblisch erzählten appellativen Verheißung Jesu „Komm!". Diese allgemeine Bedeutung des „Abschieds" könnte zum anderen auch auf konkrete Lebenssituationen bezogen werden: auf das Abschiednehmen beim Tod eines geliebten Menschen; auf den Abschied vom eigenen Leben; auf die schmerzhafte Notwendigkeit, sich von (falschen) Freunden, (Ehe-)Partnern, Eltern und anderen Familienangehörigen, nahe stehenden Menschen zum eigenen Schutz trennen oder distanzieren zu müssen; auf den Abschied von Lebensplänen im Falle von Schicksalsschlägen wie Krankheiten usw.

Methodischer Kommentar

Das Gedicht dürfte sich aufgrund seiner Eingängigkeit bereits für die obere Mittelstufe eignen. Natürlich wäre es möglich, den herkömmlichen Arbeitsauftrag für eine **schriftliche**

Vorschläge zur Leistungsüberprüfung

Übung – „Interpretiere das Gedicht auf dem Hintergrund deiner Kenntnisse zu Mt 14, 22–33" – zu stellen. Hier wird jedoch eine Variante vorgeschlagen: Aus dem Original (**Zusatzmaterial 14**, S. 137) werden einige Passagen gelöscht, sodass die zu füllenden Textlücken zum Nachdenken zwingen. Wie können die Lücken vor dem Hintergrund der Kenntnisse zu Mt 14, 22–33 sinnvoll geschlossen werden (**Arbeitsblatt 14**, S. 128)? Je nach Leistungsstand der Schüler wird man den biblischen Text mit vorlegen oder ihn erinnern lassen.

Bei der **Beurteilung** sollten folgende Punkte beachtet werden:

Erfassen die Schüler in Strophe 1 durch ihre Textfüllung die Spannung zwischen der Negation und der Hoffnungsperspektive, die für die Trennung durch den eingespielten Verweis auf den biblischen Kontext (Stimme Jesu) angeboten wird? Aus Mt 14, 22–33 könnten Begriffe wie Mut, Vertrauen, Glaube übernommen werden; stärkere Lösungen werden die Substantive mit aussagekräftigen Adjektiven wie „ein wenig", „viel" etc. attribuieren; auch könnten hervorragende Vorschläge die Raumsymbolik im Sinne des Originals nutzen und vom Angesprochenen etwa die Morgendämmerung „mitnehmen" lassen.

Ähnliches gilt für die Lückenfüllung in Strophe 3: Aus Strophe 4 geht hervor, dass etwas oder jemand „zurück bleibt", das bzw. der sich für sich „allein ängstigt". Das Schlüsselwort „allein" signalisiert aufmerksamen Schülern, dass der Gehende ohne Angst Abschied genommen hat und damit die Situation erfolgreich meistert. Die Lösung muss diesem Erfolg Rechnung tragen, kann Mt 14, 29 als Kronzeugen dafür benennen, darf sich aber auch bewusst vom Misserfolg Petri (Mt 14, 30) absetzen.

Gespannt darf man sein, wie der gelöschte Neologismus aus Strophe 4 („schweißgefleckte Angst") ersetzt wird. Vom biblischen Text her bietet es sich an, an das Boot der Jünger zu denken, das sich – personifiziert gedacht – „alleine ängstigt". Gute Schüler werden noch intensiver mit der Psychologie des Angesprochenen argumentieren und das Gegenteil von Mut und Vertrauen eintragen; sie könnten weiterhin konkrete (Schein-)Sicherheiten benennen, die bis dato das Leben prägten und Verwandte der Angst sind (etwa die Sorge, das Grübeln, das negative Denken etc.).

Ein Beurteilungsaspekt liegt neben der Begründung ihrer Lösungen sicher in der Art, wie differenziert die Schüler Gedicht und biblische Vorlage einschließlich der erarbeiteten exegetischen Kenntnisse aufeinander beziehen.

Die Doofen: Jesus (Popmusik)

Sachanalyse

Den Jugendlichen sind die Interpreten Wigald Boning und Olli Dittrich, die sich hinter dem Gruppennamen „Die Doofen" verbergen, seit den 90er-Jahren aus zahlreichen Comedy-Shows bekannt. Das Lied malt voller Ironie ein Bild vom Nazarener, das sämtliche Klischees zu seiner Person vereint, die auch viele unserer Jugendlichen besitzen. Genau das aber macht diesen Song so wertvoll für einen RU, der sich mit der Wunderthematik auseinandersetzt.

Die 1. Strophe beschreibt einen Mann, der den Szenen aus jenen Filmen entnommen sein könnte, die die Evangelien in paraphrasierender und in z. T. verkitschender Hollywood-Manier in den 60er-Jahren auf die Leinwand brachten und die ein theologisch höchst bedenkliches Jesus-Bild vermittelten. In unserem Kontext wird jedoch die 3. Strophe im Anschluss an den Refrain bedeutsamer. Das hier vorgestellte Wunderverständnis: Der Seewandel und die Brotvermehrung sind ein magisches Ritual, eine „Zaubershow mit Weltniveau", die man im Grunde nur kopfschüttelnd ironisch kommentieren oder zum festen Glaubensbestand erheben kann. Beide Denkweisen blenden eine mythisch-metaphorische Durchdringung des Wunders aus. Da die meisten Schüler wie „Die Doofen" an eine Durchbrechung der Naturgesetze nicht glauben wollen, bleibt ihnen zunächst nur die Flucht in den Spott.

→ Kapitel 1

Das Bild vom „Wandersmann auf'm Ozean" lässt einen Jesus assoziieren, der ununterbrochen und ohne besondere Absicht genüsslich („am liebsten") über das Wasser lief: eine Art Zeitvertreib. Verstärkung erhält dieser ironische Zug durch die Verfremdung des Sees Gennesaret, der hier zum „Ozean" mutiert und dem Hörer dadurch ein Schmunzeln entlocken soll, dass er als geografischer Begriff unserer Zeit nicht recht in die biblische Welt passen mag (Notabene: wie wenig die Verfremdung ins Schwarze zielt, wie Unrecht „Die Doofen" doch haben, denn der Ozean, griechisch: Okeanos, spielt in den Mythen der Babylonier, der Ägypter und Griechen häufig die Rolle des bedrohlichen Gegenspielers allen Lebens: ein theologisch treffenderer Begriff als der des Ozeans ließe sich gar nicht finden). Die äußerst niveauvolle „Zaubershow" erinnert an Unterhaltungs- und Verwandlungskünstler unserer Tage wie David Copperfield, das legendäre Duo Siegfried und Roy aus Las Vegas oder Uri Geller: allesamt kurzweilige Medienspektakel von höchstem Unterhaltungswert. Dass man diesen Jesus nur abschließend in bitterer Ironie auffordern kann, – im Rahmen seiner Welttournee etwa – noch einmal „vorbeizukommen", klingt konsequent. Wenn er wirklich über das Wasser gehen konnte, wenn er tatsächlich zaubern konnte, müsste es doch ein Leichtes sein, die heutigen Hungerprobleme zu lösen und seine „Kumpel" mit nie versiegenden Weinquellen zu beköstigen. Gerade aber weil „Die Doofen" in diesem spöttischen Song den exegetisch falschen, unter Schülern weit verbreiteten Wunderbegriff zugrunde legen, eignet sich das Lied hervorragend als Antipode zur Deutung vom Seewandel bei Matthäus. In der Tat kann man im Anschluss an diesen Vergleich dem CD-Titel nachträglich nur zustimmen. Die eingespielten magischen Wunderszenen sind allesamt Bilder, die die biblische und die heutige Welt gerade nicht benötigen.

Methodischer Kommentar

Der Liedtext ist in leicht verständlicher Sprache gehalten, die Bilder sind einprägsam, setzen jedoch die Realisierung von Ironie voraus. Insofern dürfte das Lied am besten in den Klassen 9–10 eingesetzt werden. Es sollte auch deshalb im Rahmen einer **schriftlichen Übung** abgespielt werden und damit das **Arbeitsblatt 15**, S. 129, ergänzen, da der Refrain äußerst ironisch (weil betulich) gesungen wird.

Marius Müller-Westernhagen: Es geht mir gut (Popmusik)

Sachanalyse

Betont der Sprechende im Refrain zwar gleich viermal, dass es ihm „gut gehe", so verbirgt sich sicher hinter der Maskerade dieser alltäglichen Antwort auf eine imaginäre Anfrage der Partnerin (V 5) die Unehrlichkeit. Die Erkundigung nach der eigenen Befindlichkeit gehört im Small Talk zur routiniert abgespulten Konversationsregel, auf die man oft ebenso mechanisch mit „gut" oder – unter leiser, aber verräterischer Einschränkung des vorgetäuschten blendenden Zustands – mit „ganz gut" oder „eigentlich gut" reagiert.

Auch dass das lyrische Ich in Wahrheit kein Lebenskonzept und keinen -mut (mehr) besitzt, ist schnell erfasst (eventuell aufgrund des fehlenden Geldes und des fortgeschrittenen Alters

(VV 3–4); aber auch der offensichtlich bevorstehende Tod der Partnerin lässt das lyrische Ich zunehmend müder und resignativer werden (vgl. Strophe 2). Der Umstand, dass das lyrische Ich spontan die offenbar aus Fernsehausschnitten oder Pressemitteilungen stammenden Szenen mit Ginger Rogers, Fred Astaire und Michael Jackson in seine melancholischen und hoffnungslosen Gedanken montiert, muss ebenso beachtet werden wie der Gang des lyrischen Ich über das Wasser (VV 29, 38).

Während die Medien etwa, so wollen doch diese Anspielungen aussagen, die Vorwürfe gegen Michael Jackson penibel registrieren und damit die Gier des sensationshungrigen Lese- und Fernsehpublikums stillen, gleiten derartige Nachrichten gleichgültig am lyrischen Ich ab. „Na und?", hört man es insgeheim sagen, „alle Skandale dieser Welt können mich nicht aus meiner Lethargie befreien". Um die Diskrepanz zwischen der Lebensmüdigkeit und der agilen Welt des Fernsehens und der Presse zu verstärken, fügt Müller-Westernhagen der Montage zu den Künstlern Rogers, Astaire und Jackson das ironisch zu verstehende Bild vom Gang über das Wasser hinzu. Dieses Motiv steht im überdeutlichen Kontrast zu V 27 („keine Lust um aufzustehen") und muss folglich aus diesem Gegensatz heraus ironisch verstanden werden. „Ja doch, du willst es doch anders gar nicht hören, es geht mir gut, es geht mir sogar so gut, dass ich wie Jesus übers Wasser gehen kann." – Das wäre eine mögliche monologische Erläuterung des Bildes, die die Ironie ersichtlich werden lässt und die Spannung zwischen Gesagtem, Vorgetäuschtem und Tatsächlichem widerspiegelt.

→ Kapitel 1

Der Gang über das Wasser steht daher auch in diesem Song einmal mehr für das eigentlich Unmachbare. Damit aber wird die biblische Vorlage natürlich in ihrer Wörtlichkeit begriffen: Über das Wasser gehen kann für das lyrische Ich eigentlich nur Jesus, es selbst bedient sich des Motivs, um die Maskerade der Verstellung derart zu übertreiben, dass die sich dahinter verbergende wahre Gefühlslage der Passivität und Ohnmacht nur umso klarer aufscheint. Das Verständnis des Seewandels Jesu bleibt auch hier ein rein historisches.

Methodischer Kommentar

SII Zu dem Lied ist eine **schriftliche Übung** für die Oberstufe vorgesehen, denn die Realisierung der Lage des lyrischen Ich und insbesondere der Ironie des Bildes vom Gehen über das Wasser verlangt doch ein gewisses Abstraktionsniveau. Auch sollte das Lied zu Beginn der Übung abgespielt werden, denn der lethargische Zustand des lyrischen Ich wird geschickt mit einem Langeweile und Resignation assoziierenden musikalischen Stil untermalt (gerade beim Refrain). So kann die ironisch zu interpretierende Spannung zwischen äußerer musikalischer Form und dem Bild vom Gehen über das Wasser erhört und durch konzentrierte Textarbeit bestätigt werden (**Arbeitsblatt 16**, S. 130).

Ich und Ich: stark (Popmusik)

Sachanalyse

Der mehrfach wiederholte Vers „mein leben ist ein chaos" (**Arbeitsblatt 17**, S. 131) offenbart den wahren Zustand des lyrischen Ich. Das Chaotische äußert sich zum einen in der Flucht aus der als Öde empfundenen Wohnung. Der dort zerschlagene Spiegel lässt einen Blick in das eigene Antlitz nicht mehr zu, er symbolisiert Autoaggression und Selbstablehnung. Mit der Raumbeschreibung korrespondiert die innere Verfassung der Leere und Selbstentfremdung. Das verwirrte lyrische Ich sucht nach einem (Lebens-)Sinn, doch Alkohol und nächtliche Streifzüge erweisen sich als Irrwege. Hinzu kommt die Maskerade, eine demonstrativ nach außen gekehrte Fröhlichkeit, hinter der sich Melancholie, Resignation und Lebensangst verbergen. Die Verstellung kann auch überspielen, dass stets wiederkehrende negative Beziehungsmuster (Eifersucht, Flucht vor der Verantwortung für eine „ernste", dauerhafte Partnerschaft) für den Außenstehenden nicht sofort ersichtlich sind. Der (wohl von der Konzertbühne, von „hier oben" aus) Angesprochene (und damit eigentlich jeder Hörer des Liedes) jedenfalls besitzt offensichtlich ein völlig anderes Bild vom Sprecher, das dieser – immerhin selbstreflexiv – als Trugbild entlarvt: Er ist nicht der „starke", selbstbewusste Mensch, der sein Leben im Griff und für alle Probleme immer eine Lösung parat hat. Fassade und wahres Selbstbild bilden somit einen Kontrast, dessen Spannung an einer Stelle im Sinne eines ersten Schrittes in die richtige Richtung aufgelöst wird: In der vorletzten Strophe appelliert der Sprecher an den Zuhörer, sich mit ihm in die Sonne zu stellen oder mit ein Stück gemeinsamen Weges zu gehen, damit Letzterer – für Momente wenigstens – Einblick in die wahre Verfassung des lyrischen Ich erhält. Mit der Sonne können in diesem Kontext Wärme, Geborgenheit, Lebenskraft und -freude, aber auch Erkenntnis und Weisheit assoziiert werden. Sie und der gemeinsam zurückzulegende Weg kontrastieren mit dem skizzierten Chaos (Isolation, Selbstentfremdung) – eine Kontrastfolie, die analog auch mythisch-religiöse Erzählungen kennen, wie die Sachanalyse zur Chaos- und Sonnenmetaphorik in Mt 14, 22–33 offenlegte.

→ Kapitel 2.4
→ Kapitel 2.5

Methodischer Kommentar

Die **schriftliche Übung** ist wegen des sprachlich einfach vermittelten Inhalts bereits am Ende der SI einsetzbar und zielt zunächst auf eine Reproduktions- und Transferleistung, insofern die Chaos- und Sonnenmetaphorik aus Mt 14, 22–33 erinnert, aber auch mit dem Lied ins Gespräch gebracht werden sollen. Die dritte Frage (SII) verlangt höheres Abstraktionsvermögen, wenn nach Beiträgen der (christlichen) Religion zu einer Lösung des Konfliktes gesucht wird.

Humarot: „Sei brav, bade jetzt!" (Karikatur)

Sachanalyse

Analyse des Bildinhalts. Die Zeichnung von Humarot stellt zwei comicartige Figuren in den Mittelpunkt. Auf der Wasseroberfläche eines größeren Holzbottichs steht ein kleiner Junge, der bis auf einen Lendenschurz, der an eine Windel erinnern könnte, nichts trägt. Er verschränkt demonstrativ beide Arme vor seiner Brust, grinst mit einer Mischung aus Renitenz, Süffisanz und Arroganz und bei geschlossenen Augen eine gegenüber auf dem Boden kniende Frau an. Über seinem fast schulterlangen, gelockten Haar (das an eine Perücke erinnert, wie sie von Adligen einst bei Hofe oder bei Gericht getragen wurde) schwebt ein Heiligenschein. Die Frau kniet vor der Wanne und ist sichtlich empört. Sie deutet demonstrativ mit dem Zeigefinger der rechten Hand auf das Wasser und stützt sich mit der linken auf dem weit nach hinten gestreckten Po ab. Kopf und Hals werden von einem schleierartigen Tuch umhüllt, das über die linke Schulter auf den Rücken fällt. Ihre übertrieben spitze Nase, die weit aufgerissenen, leicht schielenden Augen, ihre schwarzen, konservativ-bieder frisierten Haare und der oval geöffnete Mund lassen sie wenig attraktiv erscheinen. Gestik und Mimik verraten, dass ihr die unter der Zeichnung stehende Emphase in den Mund gelegt werden muss und sie den widerspenstigen Jungen zum Bad zwingen will: „Sei brav, bade jetzt!"

Im rechten Bildhintergrund blickt der Betrachter durch einen Torbogen hinaus auf eine etwas weiter entfernt liegende Häusergruppe im mediterranen Baustil. Sie liegt inmitten einer hügeligen, kargen Landschaft, aus der lediglich die sie zierenden schmalen langen Bäume (wohl Zypressen) herausragen. Dass es sich bei diesem Dorf um Nazareth handeln dürfte, wird aus einem Bild ersichtlich, das in den linken Bildhintergrund gezeichnet wurde. Es hängt an der Wand des Innenraumes, zeigt ebenfalls eine hügelige, von der Sonne überstrahlte Landschaft mit Häusern und Bäumen und wird mit „Nazareth" untertitelt. Neben dem Bild befindet sich links an der Wand ein Schrank mit tonkrugartigen Gefäßen. Vor ihm und links von der Badewanne mit dem kleinen Jungen steht auf einer kleinen Anrichte ein weiterer Krug, ein weiterer ist links daneben angedeutet. Krüge, Schrank, Wanne und angedeutete Bodenfliesen können als Einrichtungsgegenstände einer Badestube gedeutet werden. Einige Dachbalken bilden zusammen mit dem Torbogen, der Wand mit Bild, dem Schrank und den Krügen einen Rahmen, der sich um die Mittelpunktszene aufbaut.

Analyse der Strukturmittel. Die verwendeten Codes sind recht eindeutig zu entschlüsseln. Da es sich um den Ort Nazareth handelt, die Personen mit Heiligenschein versehen wurden und der Junge zudem die Kunst besitzt, auf dem Wasser stehen zu können und nicht darin einzusinken, kann es sich bei der Frau nur um Maria und bei dem Jungen um Jesus, ihren Sohn, handeln. Der Künstler wählt also eine alltägliche Szene aus der Kindheit Jesu und unterstellt ihm eine göttliche Zauberkraft (beachte den Heiligenschein), die von Maria auch nicht bestaunt, sondern nur verärgert als ein dummer Lausbubenstreich interpretiert wird. Sie weiß also um seine Zauberfähigkeit und ist hier lediglich über ihren Missbrauch zornig. So dient ein Erziehungsproblem dazu, die ntl. Wundererzählung vom Seewandel Jesu zu karikieren.

Auch hier lässt sich fragen: Zielt die Karikatur auf eine Verhöhnung Jesu und seiner in der Bibel vermeintlich dokumentierten Fähigkeit, Naturgesetze gleichsam spielerisch-gekonnt außer Kraft setzen zu können? Oder entlarvt Humarot nicht vielmehr ein unhinterfragtes wörtliches Verständnis der biblischen Seewandel-Erzählung bei vielen heutigen Christen?

→ Kapitel 1

Es kann durchaus sein, dass die Kritik sehr wohl auch die antiken Erzähler treffen soll. Die Kombination einer Kindheits- mit einer Wunderszene ist zwar so in den Evangelien nicht überliefert, doch erinnert sie an Szenen aus dem apokryphen Kindheitsevangelium des Thomas (2. Jh. n. Chr.). Der Fünfjährige kann dort z. B. zum Ärger seines Vaters ein spektakuläres Schauwunder wirken, indem er am Sabbat aus Lehm geformte Sperlinge zum Leben erweckt, um nur eines von vielen Wundern aus dem Bereich der Schadensmagie zu nennen (vgl. B. Kollmann, Wundergeschichten, 58 ff.).

Methodischer Kommentar

SII

→ Baustein 4

Vorgesehen ist, die Karikatur in einer Oberstufen-**Klausur** bearbeiten zu lassen (**Arbeitsblatt 18**, S. 132). Die Deutung (Aufgabenstellung 1) setzt jedoch das Training von Karikaturanalysen gemäß Baustein 4 voraus. Zur Beantwortung von Aufgabenstellung 3 (Transfer) können die Schüler ebenfalls auf Elemente zurückgreifen, die im 4. Baustein besprochen worden sein sollten (Popmusik).

„Eiskaltes Wunder" (dpa-Meldung)

Sachanalyse

→ Kapitel 1

Die dpa-Pressenotiz vom 07.04.06 spricht – nach allem, was bislang zum Thema des Seewandels Jesu gesagt worden ist, – für sich und muss eigentlich nicht näher erläutert werden. Es dürfte kein Zufall sein, dass die Hypothese, Jesus sei auf Eisschollen gewandelt, ausgerechnet von US-Wissenschaftlern stammt, feiert doch zurzeit gerade unter den Amerikanern selbst in höchsten politischen Kreisen der ultrakonservative Biblizismus unter dem Namen „Kreationismus" fröhliche Urständ. Diese exegetisch inakzeptable Rezeption der Wundergeschichten als historische Tatsachenberichte zeigt sich offensichtlich vom naturwissenschaftlichen Geltungsanspruch fasziniert und bedeutet einen Rückschritt ins 18. Jhd., als Forscher Jesus unterstellten, er sei auf einem mächtigen Holzbalken zum Boot der Jünger gegangen. „Wahr" ist heute wie damals der Seewandel nach dieser Theorie dann und deshalb, wenn und weil das erzählte Ereignis als naturwissenschaftlich denkbar und erklärbar erscheint (vgl. H. Bee-Schroedter, Neutestamentliche Wundergeschichten, 67). Die Erfahrungs- und Glaubenswahrheit der mythischen Erzählung bleibt vollkommen ausgeblendet.

Methodischer Kommentar

Die Pressemitteilung steht in eklatantem Widerspruch zur Auslegung von Mt 14, 22–33 und wird daher der Prämisse aller theologischen Deutungsversuche der Seewandelperikope von H. Halbfas gegenübergestellt, wonach die christliche wie alle Religionen ohne ihre mythischen Bezugspunkte nicht zu verstehen sind. In Form einer **Erörterung** sollen die Schüler der Oberstufe die beiden Positionen diskutieren und mithilfe ihrer gewonnenen exegetischen Einsichten die Pressenotiz entkräften (**Arbeitsblatt 19**, S. 133).

„Wie weit reicht Ihre Sicherheit?" (Werbeanzeige)

Sachanalyse

Die Anzeige der Privatschutzversicherung „Alte Leipziger" wird von einer Mittelachse in zwei etwa gleich große Blöcke zerteilt. Das Auge des Betrachters dürfte dabei zunächst vom oberen Bildteil angezogen werden, wohingegen der untere, reine Schriftteil zurücktritt. Das Bild der oberen Hälfte zeigt ein nicht allzu großes Segelboot mit zwei Seglern. Die Besatzung in Joppe und schwarzen Mützen steht in einem kleinen Innenraum, von wo aus das Ruder mit einer Hand bedient und das Boot so gesteuert wird. Das Boot fällt zum einen durch eine Plane auf, die fast die gesamte Oberfläche abdeckt, und zum anderen durch einen Masten mit mehreren Verstrebungen, an dem das gewöhnliche Hauptsegel durch eine riesige weiße Feder ersetzt wird, die – einem Segel gleich – vom Wind erfasst und gebogen wird. Der Ersatz des Segels durch eine Feder tut der Segeltour keinen Abbruch. In leichter Schieflage gleitet das Boot souverän über das Meer, an dessen Horizont man die Silhouette von Bergen erkennen kann, die sich dunkel vom Himmel absetzen: Zeichen für einen Sonnenauf- oder -untergang, wobei sich Sonne und/oder Mond in den Wellen spiegeln.

Getrübt wird das harmonische Bild allerdings durch den kursiven Schriftzug „Wie weit reicht Ihre Sicherheit?", der sich links über dem Boot, aber auf Augenhöhe mit dem ausgefransten Mittelteil der Feder befindet und ebenfalls in Weiß gehalten ist, sodass sich eine bewusste Zuordnung von der Frage zur Feder ergibt. Die Kampagne des Versicherungsunternehmens aus dem Jahr 2003 hieß „Feder" – deshalb wurde die Feder in jedes Bild der insgesamt sechs Motive implementiert. Sie unterstützt in diesem Ansinnen unterschiedliche Lebenssituationen „federleicht", hier das Segeln im Boot.

In der unteren Hälfte des Bildes finden sich auf einem chamoisfarbigem Grund mehrere Schriftzüge. Blickt das Auge des Betrachters von der die Anzeige teilenden Mittelachse nach unten, erfasst es als erstes die Antwort auf die obige Frage. In etwas kleineren, schwarzen, ebenfalls kursiv gedruckten Lettern garantiert das Unternehmen „Privatschutz-Versicherung begleitet Sie – auch auf Reisen./Weil wir das sind, wird vieles leichter". Der Schriftzug ist über zwei Zeilen zentriert ausgerichtet. Jeder Satz füllt genau eine Zeile, sodass das Schriftbild ästhetisch ansprechend und klar gegliedert erscheint. So dürfte die Form Vertrauen wecken und Seriosität garantieren. Unterhalb des Schlusswortes „leicht", seitlich etwas versetzt, rundet eine kleine weiße Feder den Zweizeiler ab. Sie ergänzt und steigert damit die inhaltliche Aussage, denn eigentlich wird mit der Versicherung alles nicht nur leichter, sondern federleicht. Die versprochene Leichtigkeit erhält klangliche Unterstützung, da sie viele i- und e-Laute und besonders die Diphthonge in aussagekräftigen Wörtern (beglei*tet* – R*ei*sen – W*ei*l – l*ei*chter) lautmalerisch assoziieren lassen. Mit dieser Interpretation dürfte auch die obige Frage klarer zu beantworten sein: Die Feder repräsentiert das Unternehmen, seine Begleitung und unkomplizierte Absicherung auf schwierigen (Lebens-)Reisen.

Noch in dem darunter abgedruckten Firmennamen „Alte Leipziger" schwingt diese Lautmalerei mit. Das darüber platzierte Firmenlogo erinnert von der Form her ebenfalls an die kleine Feder, die in etwa dieselbe Größe wie das Logo besitzt und von der das Auge fast zwangsläufig zum Logo abschweift. Logo und Firmenname werden durch einen etwas kleineren, in Grau gehaltenen Schriftzug „Privatschutz-Versicherung" sowie durch einen deutlich nach unten abgesetzten Hinweis auf die Internetadresse ergänzt. Auch dieser Teil der Anzeige ist zentriert, jedoch ohne Kursivdruck gestaltet worden und hinterlässt erneut einen geordneten und einladenden Eindruck. Am rechten Anzeigenrand findet sich noch eine sehr klein und vertikal abgedruckte Liste über die einzelnen Versicherungssparten.

Methodischer Kommentar

→ Kapitel 2.7

→ Baustein 2.4

Die Deutung der Werbeanzeige (**Arbeitsblatt 20a**, S. 134) innerhalb einer **schriftlichen Übung** für die Oberstufe soll zunächst für *die* Motive der Anzeige sensibel werden lassen, die auch in Mt 14, 22–33 bedeutsam waren. Zu nennen ist hier in erster Linie das Versprechen der Versicherung, die nächtliche Seefahrt zu begleiten, also im übertragenen Sinn Reisen und weitere nicht ungefährliche Lebenssituationen wie Unfälle, Krankheiten und Schicksalsschläge (siehe die Liste der Versicherungsabteilungen) abzusichern und eventuelle Folgeschäden finanziell aufzufangen. In der Bibel verheißt Mt dem Gläubigen eine sichere nächtliche Überquerung des Sees, im übertragenen Sinn eine psychische Erleichterung bei gefährlichen Lebenssituationen bis in den Tod, insofern er sich von einer höheren Macht getragen wissen darf. Stimmen beide, Anzeige und Mt-Erzählung, noch in den beschworenen Bildern für die Lebensbedrohung und in der Zusage des Beistandes grundsätzlich überein, so unterscheiden sie sich in der Qualität dieser Begleitung doch erheblich. Die Versicherung schützt den Versicherten materiell, verhindern kann sie die Gefahrenmomente nicht. Die „Sicherheit", die unsere Religion verspricht, kann nur glaubend angenommen und nicht vertraglich geregelt werden. „Beurkundet" wird sie von den mythischen Erzählungen.

Der Vergleich zwischen Werbung und Mt 14, 22–33 wird motiviert durch ein Drewermann-Zitat, das in zuspitzender Weise deren Kontrast auf den Punkt bringt und den Schülern eine Basis ihrer Argumentationen sein soll (**Arbeitsblatt 20b**, S. 135).

Fjodor Michailowitsch Dostojewski: Schuld und Sühne (Roman)

Sachanalyse

In dem Kriminalroman „Schuld und Sühne" (1866) erzählt F. M. Dostojewski von dem jungen, verarmten Studenten Rodion Raskolnikow, der im Petersburger Armenmilieu Mitte des 19. Jhds. einen Doppelmord begeht. Der Erzähler schildert minutiös den Bewusstseinsprozess, den der Mörder durchläuft, angefangen von den raffinierten Mordplänen über die seelischen Qualen und Selbstmordabsichten nach der Tat bis hin zum Schuldgeständnis, der Strafe in Sibirien und der späten Reue, vom Erzähler metaphorisch als „Auferstehung" umschrieben. In diese Kriminalgeschichte wird eine gegenläufige Handlungslinie eingeflochten, die Liebesgeschichte zwischen dem atheistischen Mörder und der gläubigen Prostituierten Sonja. Während die Tat Raskolnikow geradewegs in die Verzweiflung, seinen psychischen und physischen Untergang führt, leitet die Begegnung mit der Dirne Sonja das Erwachen zu neuem Leben ein. Sie hält ihn vom Selbstmord ab und ermuntert ihn zum Geständnis und zur Sühne. Als Sonja dem Mörder nach Sibirien zum Straflager folgt, um in seiner Nähe zu sein, realisiert auch er endlich das ganze Ausmaß ihrer Liebe, die wiederum von einem unerschütterlichen Glauben motiviert wird. Tief bewegt von diesem entgegengebrachten Gefühl der Zuneigung, von Sonjas Solidarität und Gottvertrauen, erkennt Raskolnikow seinen ganzen Irrweg, bereut jetzt aufrichtig sein Verbrechen und besiegt seine hasserfüllte Einstellung zur Welt. Sonja und Raskolnikow beschließen, die mehrjährige Strafe in Verbundenheit zu überdauern, um dann ein neues, gemeinsames Leben zu beginnen.

Dostojewski arbeitet mit einem (biblischen) Metaphernkomplex, bestehend vor allem aus symbolischen Zeit- und Raumangaben. Die drangvolle Enge seines ärmlichen Zimmers spiegelt Raskolnikows Beklemmung und Abgeschnittensein von der Welt nach der Tat wider. Hier liegt er stinkend im Fieberwahn und ringt um Luft, da ihm die Morde nachgehen und seine Verfolger ihm auf den Fersen sind. Es ist vor dem Hintergrund der Lazarusgeschichte, die vom Erzähler leitmotivartig eingespielt wird, nicht übertrieben zu sagen, dass sein Zimmer an eine Totenkammer erinnert.

Auf die beiläufige Frage des Untersuchungsrichters, der einen vagen Verdacht gegenüber Raskolnikow hegt, ob er denn an Gott und die Erweckung des Lazarus glaube, beschwört der Mörder seinen „buchstäblichen" Glauben an das Wunder (F.M. Dostojewski, Schuld und Sühne, München 2007, 333). Von dieser Stelle aus wird vor dem Leser ein Verweisungsnetz gesponnen. Da der Mörder nur so getan hat, als kenne er die Lazarusepisode (Joh 11, 17–44), lässt er sich von Sonja nachträglich die Erzählung vorlesen. Er erfährt in diesem Zusammenhang, dass das zweite Mordopfer ebenso gläubig wie Sonja war und dass es ihr die Bibel gegeben hat, aus der ihm jetzt vorgelesen wird (414 ff.). Dieses zweite Opfer wurde im Affekt getötet, weil es zufällig Zeuge der ersten Tat war. Den Mord an einer Wucherin legitimiert Raskolnikow vordergründig mit dem Recht der starken Persönlichkeit, die zum Wohl der Allgemeinheit und um ihre eigene Größe zu etablieren die Normen der bürgerlichen Moral übertreten darf. Napoleon dient Radion wie vielen jungen Intellektuellen Russlands als Vorbild – nur unterschätzt Raskolnikow seine eigene Gefühlswelt. Er ist letztlich nicht in der Lage, wie ein Napoleon über Leichen zu gehen, und Dostojewski schildert einsichtig die Psyche eines Mannes, der seine eigenen Gefühle wie sein übergroßes Mitleid und seine soziale Sensibilität vergewaltigen muss, um der erhabenen Theorie über die großen Führer der Menschheitsgeschichte nachzukommen. Psychoanalytisch interpretiert, ist Raskolnikows Tat in Wahrheit eine einzige Kompensation seiner eigenen Familiengeschichte, eine Rache für seine durch die Armut geschändete Mutter (daher muss das Opfer eine Wucherin sein), die er wiederum dafür hasst, dass sie sich für ihre Kinder aufopfern muss (hierin gleicht sie Sonja, die sich für ihre Familie prostituieren muss). Raskolnikow spürt zunehmend die verlogene Legitimation seines Verbrechens, und diese Verzweiflung bringt ihn nahezu sprichwörtlich „ins Grab", daher die Hinweise auf Lazarus.

Am Ende des Romans greift der Erzähler das Lazarus-Motiv noch einmal auf. Noch begreift der Sträfling Raskolnikow nicht, wie sehr ihn Sonja liebt, noch geht er in Gedanken zurück in die Zeit von Petersburg, da es für ihn die Möglichkeit zum Selbstmord durch Ertrinken gab, und er „vermochte nicht zu erkennen, dass er vielleicht schon damals, als er am Wasser gestanden hatte, die tiefe Lüge in sich selbst und in seinen Überzeugungen geahnt hatte. Er erkannte nicht, dass diese Ahnung ein Vorbote der nahenden Umwälzung in seinem Leben sein könnte, ein Vorbote seiner künftigen Auferstehung, seiner künftigen neuen Anschauungen." (695f.)

Die Anspielungen des auktorialen Erzählers sind überdeutlich. Nachdem Raskolnikow „bis zum Ende der Karwoche im Lazarett" (698) gelegen hatte und „die zweite Woche nach Ostern" (700) angebrochen ist, gelangt seine persönliche Lazarusgeschichte an ihr glückliches Ende. Raskolnikow setzt sich an das Ufer des Flusses, der das Gefangenenlager von den weiten Steppen und den im Sonnenschein zu erkennenden Nomaden trennt. „Da war die Freiheit, und da lebten andere Menschen, die mit den Menschen hier nichts gemein hatten; dort schien sogar die Zeit stillzustehen, als wären die Tage Abrahams und seiner Herden noch nicht vorüber. Raskolnikow saß da und schaute unverwandt in die Weite; seine Gedanken verloren sich in Träume, in Visionen; er dachte an nichts, aber eine schwermütige Sehnsucht erregte und quälte ihn." (701) In dieser schwermütigen Stimmung erscheint nun am frühen Morgen unbemerkt Sonja, reicht ihm die Hand. „Wie es geschah, wusste er selber nicht, aber plötzlich packte ihn gleichsam etwas und warf ihn ihr zu Füßen. Er weinte und umfing ihre Knie […] Doch sofort, in derselben Sekunde noch, verstand sie alles. In ihren Augen leuchtete unendliches Glück auf; sie hatte erkannt […], dass er sie liebte, grenzenlos liebte und dass dieser Augenblick endlich gekommen war… Sie wollten sprechen, konnten es aber nicht. Tränen standen in ihren Augen. Beide waren sie blass und mager; doch in ihren kranken, bleichen Gesichtern leuchtete schon das Morgenrot einer neuen Zukunft, der Auferstehung zu einem neuen Leben. Die Liebe hatte sie erweckt; in ihren Herzen waren unversiegliche Lebensquellen füreinander aufgebrochen." (702)

→ Kapitel 2 Zeit- und Raumsymbolik entsprechen einander und werden zusammengehalten von der Lazaruserzählung. Die Gruft des Lazarus verweist zeichenhaft auf das karge Leben im heruntergekommenen Petersburger Zimmer, die Strapazen des Sträflingslebens in Sibirien und die völlige Verzweiflung Raskolnikows, der unter seinem Leben nur noch zu leiden hat (wofür das Lazarett sinnbildlich steht). Aus dieser Dunkelheit, der Totenkammer des Lebens kann Lazarus-Raskolnikow am frühen Morgen, bei Sonnenaufgang, auferstehen; die Rolle Jesu aus dem Evangelium übernimmt im Roman Sonja. Ihre Liebe „ruft" den leichenblassen Kranken aus dem „Grab". Dass sich Raskolnikows Sehsucht nach einem Leben in Freiheit und innerem Frieden, gespiegelt in dem Nomadenleben der Steppe, erfüllen wird, deutet der Erzähler an, als er den Leser auf eine Fortsetzung des Romans verweist, „die Geschichte der allmählichen Erneuerung eines Menschen, die Geschichte seiner allmählichen Wiedergeburt, seines allmählichen Übergangs aus einer Welt in die andere […]" (703).

Der Übergang von einer Welt in die andere – das ist im wörtlichen wie im übertragenen Sinne der Weg über den großen Strom vom Ufer des Gefangenenlagers hinüber in die Weite der Steppe, wohin die Liebenden wie die Sippe Abrahams in biblischer Zeit im Vertrauen auf Gottes Zusage ziehen und leben werden (vgl. Gen 12), hinter sich lassend die vielen Strapazen und Enttäuschungen ihrer persönlichen „Urgeschichten" einschließlich des Brudermords. Es war die gläubige Prostituierte Sonja, deren Liebe und Glaube es ermöglichten, dass Raskolnikow vom tödlichen Sprung ins Wassers abgehalten wurde und den Weg über den Strom hinüber an das Ufer eines neuen Lebens wagen kann.

Methodischer Kommentar

Im Sinne eines Transfers soll ein **Referat** oder eine **Facharbeit** zu dem Roman veranschaulichen, wie man im übertragenen Sinne heute „über das Wasser" gehen kann. Anders als B. Leberts Roman „Crazy" thematisiert „Schuld und Sühne" das Meeres- bzw. Flussmotiv etwas versteckter; die explizite referenzielle Funktion übernimmt der theologische Kommentar Drewermanns, der die Schüler motiviert, ein Referat oder eine Facharbeit unter einer gezielten Fragestellung auszuarbeiten (**Arbeitsblatt 21**, S. 136). „Schuld und Sühne" eignet sich aufgrund des hohen Schwierigkeitsgrades bzgl. Inhalt und Form nur für die 12. und 13. Klasse.

S.II
→ Kapitel 2.5

Wilhelm Bruners: Abschied (Fragment)

Nichts mitnehmen
nichts
nur das:

_____

5 und die Stimme
über den Wassern
die ruft
Komm!

Schau nicht
10 auf den Wind
Geh!

Und du spürst:

_____

Zurück bleibt

15 _____

_____

und ängstigt sich
für sich
allein

_{Nach: Wilhelm Bruners, Verabschiede die Nacht, Klens Verlag, Düsseldorf 1999}

1. Füllen Sie die Textlücken sinnvoll aus und interpretieren Sie anschließend „Ihr" Gedicht. Berücksichtigen Sie dabei Ihre erworbenen Kenntnisse über die Erzählung vom Seewandel Jesu (Mt 14, 22–33).

2. Beschreiben Sie Situationen, in denen es im Sinne Ihrer Gedichtinterpretation „Abschied" zu nehmen gilt. Welche Funktion besitzt in derartigen Situationen der Glaube?

Die Doofen: Jesus

Jesus war ein guter Mann,
der hatte einen Umhang an.
Jesus war ein flotter Typ,
den hatten alle Leute lieb.
5 Jesus hatte langes Haar
und braune Augen wunderbar.
Jesus hatte Latschen an
wie kein anderer Mann.

Jesus, Jesus, du warst echt okay,
10 Jesus, Jesus, everytime fair play.

Jesus war ein Wandersmann,
am liebsten auf'm Ozean.
Ja, und seine Zaubershow,
die hatte wirklich Weltniveau.
15 Ja, aus Wasser da machte er Wein,
wer will da nicht sein Kumpel sein?
Aus einem Brötchen da wurden zwei,
Mensch, da komm doch noch mal vorbei.

Jesus, Jesus, du warst echt okay,
20 Jesus, Jesus, everytime fair play.

Text & Musik: Oliver Dittrich, Wigald Boning
Alle Rechte für Deutschland, Österreich, Schweiz
bei SMPG Publishing (Germany) GmbH

1. Welches Verständnis von Wundern legen „Die Doofen" in ihrem Lied zugrunde?

2. Vergleiche diesen Wunderbegriff mit dem biblischen Verständnis vom Seewandel Jesu (Mt 14, 22–33).

Marius Müller-Westernhagen: Es geht mir gut

Mach dir keine Sorgen,
es wird schon weitergehen.
Wir werden uns was borgen
und wieder jung aussehen.
5 Für ein paar neue Kinder
ist es jetzt eh zu spät,
und hör auf zu fragen,
wie dieser Film ausgeht.

Es geht mir gut,
10 es geht mir gut,
es geht mir gut,
es geht mir gut.

Schreib' mir mal 'ne Karte,
wenn du da drüben bist
15 und ob man als Leiche
von goldenen Tellern isst.
Wirst du mich vergessen?
Vielleicht ist's besser so,
denn ich bin viel zu müde,
20 und das seit gestern schon.

Es geht mir gut,
es geht mir gut,
es geht mir gut,
es geht mir gut.

25 Keine Ahnung,
keine Meinung,
kein Konzept,
keine Lust um aufzustehen.
Ginger Rogers hat mit Frank Astaire gesteppt
30 Und ich kann über's Wasser gehen.

Es geht mir gut,
es geht mir gut,
es geht mir gut,
es geht mir gut.

35 Keine Ahnung,
keine Meinung,
kein Konzept,
keine Lust um aufzustehen.
Michael Jackson geht mit kleinen Jungs ins Bett,
40 und ich kann über's Wasser gehen.

Es geht mir gut,
es geht mir gut,
es geht mir gut,
es geht mir gut.

© 1996 by EMI KICK MUSIKVERLAG GMBH & CO KG; MORE MUSIC
MUSIKVERLAG GMBH; Rechte für Deutschland, Österreich,
Schweiz: EMI KICK MUSIKVERLAG GMBH & CO KG

1. Beschreiben Sie mit eigenen Worten Stimmung und Situation, in denen sich das lyrische Ich des Songs offensichtlich befindet.

2. Interpretieren Sie vor dem Hintergrund dieser Situationsanalyse die Funktion von V 38 („und ich kann über's Wasser gehen") für das Lied.

3. Vergleichen Sie diesen Wunderbegriff mit der exegetischen Deutung vom Seewandel Jesu (Mt 14, 22–33).

Ich und Ich: stark

ich bin seit wochen unterwegs
und trinke zu viel bier und wein
meine wohnung ist verödet
meinen spiegel schlag ich kurz und klein
5 ich bin nicht der, der ich sein will
und will nicht sein, wer ich bin
mein leben ist das chaos, schau mal genauer hin

ich bin tierisch eifersüchtig und ungerecht zu frauen
und wenn es ernst wird, bin ich noch immer abgehauen
10 ich frage gerade dich, macht das alles einen sinn
mein leben ist ein chaos, schau mal genauer hin

und du glaubst, ich bin stark und ich kenn den weg
du bildest dir ein, ich weiß, wie alles geht
du denkst, ich hab alles im griff
15 und kontrollier, was geschieht
aber ich steh nur hier oben und sing mein lied

ich bin dauernd auf der suche
und weiß nicht mehr wonach
ich zieh nächtelang durch bars, immer der,
20 der am lautesten lacht
niemand sieht mir an, wie verwirrt ich wirklich bin
ist alles nur fassade, schau mal genauer hin

und du glaubst, ich bin stark und ich kenn den weg
du bildest dir ein, ich weiß, wie alles geht
25 du denkst, ich hab alles im griff
und kontrollier, was geschieht
aber ich steh nur hier oben und sing mein lied

ich steh nur hier oben und sing mein lied

stell dich mit mir in die sonne
30 oder geh mit mir ein kleines stück
ich zeig dir meine wahrheit für einen augenblick
ich frage mich genau wie du, wo ist hier der sinn
mein leben ist ein chaos, schau mal genauer hin

und du glaubst, ich bin stark und ich kenn den weg
35 du bildest dir ein, ich weiß, wie alles geht
du denkst, ich hab alles im griff
und kontrollier, was geschieht
aber ich steh nur hier oben und sing mein lied

ich steh nur hier oben und sing mein lied

Musik: Annette Humpe/Florian Fischer/Sebastian Kirchner/Adel Tawil
Text: Annette Humpe
© 2007 by Edition Ambulanz c/o George Glueck Publishing GmbH/ Edition Aquarium

1. Beschreiben Sie mit eigenen Worten Stimmung und Situation, in denen sich das lyrische Ich des Songs offensichtlich befindet.

2. Vergleichen Sie vor dem Hintergrund dieser Situationsanalyse die Redewendungen „mein leben ist ein chaos" und „stell dich mit mir in die sonne" mit den exegetischen Deutungen zu den Chaosmächten in der Erzählung vom Seewandel Jesu (Mt 14, 22–33).

3. Welche Chancen bietet die (christliche) Religion im Sinne von Mt 14, 22–33, den Fragen und Problemen des lyrischen Ich heilsam zu begegnen?

Humarot: „Sei brav, bade jetzt!"

»Sei brav, bade jetzt!«

1. Beschreiben und deuten Sie die Karikatur, indem Sie das ihr zugrunde liegende Wunderverständnis erläutern.

2. Vergleichen Sie diese Deutung mit dem neutestamentlichen Wunderverständnis am Beispiel von Mt 14, 22–33.

3. Zeigen Sie auf, inwiefern ein derartiges biblisches Wunder im übertragenen Sinne heute noch möglich ist. Greifen Sie bei Ihrer Argumentation ruhig zunächst auf die im Unterricht erarbeiteten Medien wie die Popmusik zurück. Nennen Sie dann auch weitere aktuelle Möglichkeiten, der wunderbaren Erfahrung aus Mt 14, 22–33 auf die Spur zu kommen.

„Eiskaltes Wunder" oder mythische Erzählung?

Eiskaltes Wunder

(dpa) Jesus ist nach einer neuen Theorie von US-Wissenschaftlern auf dem See Genezareth über Eisschollen gewandelt. Das könnte den in den Evangelien beschriebenen Gang über das Wasser erklären. Nach Wetter-Analysen gab es vor 2000 Jahren zwei längere Kälteperioden in der Gegend. Es könne Überfrierungen auf dem See gegeben haben – und das könnte aussehen, als gehe jemand übers Wasser.

Aus: Der Patriot, 7.4.2006

„Keine Religion der Welt ist ohne ihre mythische Matrix (lat.: Gebärmutter, Quelle, Ursache) zu verstehen, auch nicht der christliche Glaube."

Hubertus Halbfas

Aus: Hubertus Halbfas, Religionsunterricht in Sekundarschulen. Lehrerhandbuch 8, Patmos, Düsseldorf 1995

1. Erläutern Sie die These des Religionspädagogen Hubertus Halbfas am Beispiel des Seewandels Jesu nach Mt 14, 22–33.

2. Diskutieren und kommentieren Sie vor diesem Hintergrund den Zeitungsartikel mit dem Titel „Eiskaltes Wunder".

„Wie weit reicht Ihre Sicherheit?"

Wie weit reicht Ihre Sicherheit?

Privatschutz-Versicherung begleitet Sie – auch auf Reisen.
Weil wir da sind, wird vieles leichter.

ALTE LEIPZIGER

Privatschutz-Versicherung

„Wie weit reicht Ihre Sicherheit?"

1. Beschreiben und deuten Sie die Werbeanzeige.

2. Vergleichen Sie Motive und Botschaft der Anzeige mit der biblischen Botschaft gemäß den Bildern aus Mt 14,22–33. Beziehen Sie in Ihre Argumentation das folgende Zitat mit ein.

„Weder indem wir die Macht vermehren noch indem wir den Besitz vermehren, den Einfluss vergrößern, die Medizin oder die Rentenversicherung oder die Krankenkasse oder was immer sonst beschwören, schützen wir uns vor irgend etwas Wirklichem im Leben. All dies trägt nicht und wird nicht tragen. Aber dieses Bild des Evangeliums (Mt 14, 22–33) ist wahr. Wir werden immer wieder Gelegenheiten haben, festzustellen, dass wir die wirklich großen Gefahrenmomente unseres Lebens nicht vermeiden können. Irgendwann hat das Meer unseres Lebens keine Balken, irgendwo gibt es Ausgesetztheit und Gefährdung, der wir nicht entlaufen können, und dennoch ist es möglich, mit dem Blick auf Christus, die Augen unverwandt auf die Gestalt gerichtet, die uns vom anderen Ufer her entgegenkommt, diesen Abgrund des Lebens zu wagen und wie traumwandlerisch hinüberzugehen."

Aus: Eugen Drewermann, Taten der Liebe. Meditationen über die Wunder Jesu, © Patmos Verlag GmbH & Co. KG, Düsseldorf

Impulse für ein Referat/eine Facharbeit zu dem Roman „Schuld und Sühne" von Fjodor Michailowitsch Dostojewski

1. In den zurückliegenden Unterrichtsstunden haben Sie die Symbolik der biblischen Seewandelerzählung (Mt 14, 22–33) entschlüsselt und beobachten können, dass viele Motive der Erzählung auch in der Popmusik/in den Chansons eine wichtige Rolle spielen. Ihr Referat hat nun zum Ziel, den Mitschülern zu zeigen, dass die in Mt 14, 22–33 anzutreffende Meeressymbolik auch auf existenzielle Probleme übertragen werden kann, die in der modernen Literatur thematisiert werden.

2. Sie haben erfahren, dass der „Gang auf dem Wasser" im übertragenen Sinn soviel bedeutet wie: sich trotz der Anfeindungen durch das Leben, trotz der vielen Ängste und Entfremdungen nicht unterkriegen zu lassen und selbst angesichts des Todes glaubend darauf zu vertrauen, dass wir von einer göttlichen Macht getragen werden, die die Bibel Jahwe nennt. Der folgende theologische Kommentar erläutert Ihnen anhand eines Beispiels aus der Literatur, wie man im übertragenen Sinne heute „über das Wasser gehen" kann.

„Die einzige ‚Sicherheit' im Sinne Jesu ruht in der Geborgenheit des Vertrauens selbst, mit der ein Mensch sich aussetzt und sich wagt; und das Bild, das Matthäus selber liebevoll ausgestaltet (Mt 14, 22–33), stimmt vollkommen: ‚Glauben' – das heißt ein ‚Land' zu betreten, in dem ein Mensch an sich umkommen müsste, und doch: Er geht wie schlafwandlerisch über das Wasser,
5 er versinkt nicht, er wird beschützt von seinem Vertrauen und von seiner *Liebe*. Die Liebe kann erstickt werden an einer Gesetzlichkeit der Angst und der Starre, die jedes Abenteuer der Seele von vornherein stranguliert.
Es gibt in Dostojewskis Roman ‚*Schuld und Sühne*' einmal eine Stelle, die sehr gut zeigt, was gemeint ist. Als der Student *Raskolnikow* die Dirne *Sonja* kennenlernt, die sich prostituiert für ihren
10 trunksüchtigen Vater, für ihre lungenkranke Mutter und für ihre hungernden Geschwister, denkt er spontan, dass diesem jungen Mädchen eigentlich nur drei Wege übrigblieben: Entweder sie werde sich umbringen, oder sie werde wahnsinnig werden, oder sie werde wirklich in die Gosse gezogen werden und moralisch verkommen. Doch *Sonja* tut nichts von alldem; sie geht über das ‚Wasser', sie erweckt sogar in *Raskolnikow* all die Gefühle wieder, die diesem an Einsamkeit und
15 Stolz bis zum Mörderischen abhanden gekommen waren; sie bleibt eine Heilige des Vertrauens auf Gott."

Aus: Eugen Drewermann, Das Matthäus-Evangelium. Erster Teil: Mt 1,1–7,29 – Bilder der Erfüllung, © Patmos Verlag GmbH & Co. KG, Düsseldorf

3. Nehmen Sie dieses Zitat zum Ausgangspunkt Ihres Referates/Ihrer Facharbeit und führen Sie die Gedanken Drewermanns noch aus, indem Sie
   – Informationen zur Biografie Dostojewskis und besonders zu seinen religiösen Einstellungen anbieten;
   – den Inhalt des Romans kurz wiedergeben und dabei Sonjas und Raskolnikows Charakter erläutern;
   – besonders im Epilog das Lazarusmotiv sowie die Zeit- und Raumsymbolik herausarbeiten;
   – Drewermanns Bezug zum Seewandel Jesu für den Kurs präsentieren (Referat) und den Vergleich mit Ihren Erkenntnissen zu Mt 14, 22–33 ergänzen;
   – das Plenum weitere Beispiele aus der Literatur oder dem eigenen Leben für die von Drewermann vorgenommene Aktualisierung von Mt 14, 22–33 finden lassen (Referat) bzw. selbst solche Beispiele erläutern (Facharbeit).

Wilhelm Bruners: Abschied (Original)

Nichts mitnehmen
nichts
nur das:
Eine nachtvoll Licht
und die Stimme
über den Wassern
die ruft
Komm!

Schau nicht
auf den Wind
Geh!

Und du spürst:
keine Welle gibt nach

Zurück bleibt
schweißgefleckte
Angst
und ängstigt sich
für sich
allein

Aus: Wilhelm Bruners, Verabschiede die Nacht,
Klens Verlag, Düsseldorf 1999